工程建设理论与实践丛书

建筑工程
全过程咨询管理

JIANZHU GONGCHENG
QUANGUOCHENG ZIXUN GUANLI

乔培铭 刘 军 罗美术 主编

华中科技大学出版社
http://press.hust.edu.cn
中国·武汉

图书在版编目(CIP)数据

建筑工程全过程咨询管理/乔培铭,刘军,罗美术主编. —武汉:华中科技大学出版社,2023.12
ISBN 978-7-5772-0191-7

Ⅰ. ①建… Ⅱ. ①乔… ②刘… ③罗… Ⅲ. ①建筑工程-咨询服务 Ⅳ. ①F407.9

中国国家版本馆 CIP 数据核字(2023)第 223110 号

建筑工程全过程咨询管理

乔培铭　刘　军　罗美术　主编

Jianzhu Gongcheng Quanguocheng Zixun Guanli

策划编辑：周永华	
责任编辑：陈　骏　李　琴	
责任校对：刘　竣	
封面设计：杨小勤	
责任监印：朱　玢	
出版发行：华中科技大学出版社(中国•武汉)	电　话：(027)81321913
武汉市东湖新技术开发区华工科技园	邮　编：430223
录　　排：华中科技大学惠友文印中心	
印　　刷：武汉科源印刷设计有限公司	
开　　本：710mm×1000mm　1/16	
印　　张：21	
字　　数：377 千字	
版　　次：2023 年 12 月第 1 版第 1 次印刷	
定　　价：98.00 元	

本书若有印装质量问题,请向出版社营销中心调换
全国免费服务热线：400-6679-118　竭诚为您服务
版权所有　侵权必究

编 委 会

主　编　乔培铭（郑州大学，河南省城乡规划设计研究总院股份有限公司）
　　　　　刘　军（陕西省工程监理有限责任公司）
　　　　　罗美术（墨点狗智能科技（东莞）有限公司）

副主编　于茂泽（临沧工业园区国有资产投资经营有限公司）
　　　　　黄香春（四川省川建勘察设计院有限公司）

编　委　聂浩帆（四川省川建勘察设计院有限公司）
　　　　　潘　玲（广东华路交通科技有限公司）
　　　　　王　珺（上海长宁建设项目管理有限公司）
　　　　　曹成浩（临沧工业园区国有资产投资经营有限公司）
　　　　　张皓杰（临沧工业园区国有资产投资经营有限公司）
　　　　　张清海（浙江大学城乡规划设计研究院有限公司）

前　言

随着建筑业的快速发展,传统的工程咨询模式已不能满足我国建筑行业持续发展的要求,全过程工程咨询凭借着项目"一体化"的思想,从立项开始就对建设工程项目进行连续、可控的精确化管理,为企业更高效地制定项目决策提供了帮助,成为现阶段工程咨询模式的一大亮点。

全过程工程咨询采用多种服务方式组合,为项目决策、实施和运营持续提供局部或整体解决方案以及管理服务。与单项工程咨询最大的不同就是引入了全过程管理的概念,对于一般工程项目来说,至少有前期设计、中期施工和后期维护三大阶段,在整个过程中所涉及的技术问题、质量问题、安全问题、经济问题、进度问题和法规问题等都属于全过程工程咨询的业务涵盖范围。全过程工程咨询的管理模式能够弥补设计单位和施工单位自身因技术问题或意识问题所带来的一系列隐患。另外,提供咨询的企业,其技术实力和管理能力往往处于行业领先水平;业主方若能采取全过程咨询管理,就能够规避多种风险。

全书分为10章,分别为:绪论、全过程工程咨询管理的组织设计、建筑工程决策阶段的咨询管理、建筑工程建设阶段的咨询管理、建筑工程运维阶段的咨询管理、绿色建筑的工程设计及咨询管理、装配式建筑的工程设计及咨询管理、全过程工程咨询风险管理、全过程工程咨询项目常用分析方法以及基于"1＋N"项目思维的全过程工程咨询管理模式。

本书引用了大量相关专业文献,在此对相关文献的作者表示感谢。由于时间有限,书中难免存在疏漏之处,恳请广大读者批评指正。

目 录

第1章 绪论 (1)
1.1 全过程工程咨询的兴起与发展 (1)
1.2 建筑工程全过程咨询管理概述 (17)

第2章 全过程工程咨询管理的组织设计 (22)
2.1 全过程工程咨询项目的组织模式 (22)
2.2 全过程工程咨询项目部的组织设计 (31)
2.3 全过程工程咨询企业的组织设计 (53)

第3章 建筑工程决策阶段的咨询管理 (69)
3.1 市场分析 (69)
3.2 可行性研究报告 (74)
3.3 项目环境影响评价 (88)
3.4 项目评估 (99)
3.5 建设方案研究与比选 (105)

第4章 建筑工程建设阶段的咨询管理 (117)
4.1 勘察设计阶段咨询 (117)
4.2 招标采购阶段咨询 (134)
4.3 施工阶段咨询 (143)
4.4 竣工阶段咨询 (161)

第5章 建筑工程运维阶段的咨询管理 (177)
5.1 项目后评价 (177)
5.2 项目绩效评价 (188)
5.3 设施管理 (203)
5.4 资产管理 (223)

第6章 绿色建筑的工程设计及咨询管理 (226)
6.1 设计原则与设计目标 (226)
6.2 设计过程与设计方法 (234)
6.3 绿色建筑设计要点及咨询管理工作内容 (235)

第 7 章 装配式建筑的工程设计及咨询管理 ……………………… (248)
  7.1 装配式建筑概述 ………………………………………………… (248)
  7.2 装配式建筑设计 ………………………………………………… (252)
  7.3 装配式建筑全过程工程咨询管理 ……………………………… (269)

第 8 章 全过程工程咨询风险管理 ……………………………………… (282)
  8.1 项目风险管理 …………………………………………………… (282)
  8.2 建筑工程项目风险管控内容及措施 …………………………… (287)

第 9 章 全过程工程咨询项目常用分析方法 ………………………… (292)
  9.1 系统分析法 ……………………………………………………… (292)
  9.2 对比分析法 ……………………………………………………… (294)
  9.3 综合评价法 ……………………………………………………… (296)
  9.4 逻辑框架法 ……………………………………………………… (299)

第 10 章 基于"1＋N"项目思维的全过程工程咨询管理模式 ……… (304)
  10.1 相关概念及模型概述 ………………………………………… (304)
  10.2 全过程工程咨询推进中存在的问题 ………………………… (309)
  10.3 构建"1＋N"项目思维下全过程工程咨询三维系统模型 … (310)
  10.4 基于实体工程的案例分析 …………………………………… (317)

参考文献 ………………………………………………………………………… (326)

后记 ……………………………………………………………………………… (328)

第1章 绪 论

1.1 全过程工程咨询的兴起与发展

1.1.1 工程咨询的含义及发展

1. 工程咨询的含义

(1)咨询的含义。

咨询(consultancy)通过知识经验对各种信息资料进行综合加工,从而产生智力劳动的综合效益。在汉语中,"咨"和"询"原是两个具有不同语义的词,"咨"为商量,"询"是询问,后来逐渐形成一个复合词,具有以供询问、参谋策划等含义。作为一项服务性的社会活动,咨询在军事、政治、经济等领域中发展起来,已成为社会、经济、政治活动中辅助决策的重要手段。咨询是对任务或一系列任务的内容、过程、结构提供帮助的形式,而现代咨询则以信息为基础,依靠专业人士的知识和经验,对客户委托的任务进行分析、研究,提出建议、方案和措施,并在需要时协助其实施。显然,咨询是一种智力密集型服务活动。

(2)工程咨询的含义。

工程咨询(engineering consultancy)是咨询的一个重要分支,是适应现代社会经济发展和工程建设的需要而产生的。工程咨询专业人士通过充分利用信息、集中群体智慧,运用现代科学技术、经济管理、法律和工程技术等方面的知识,为工程建设项目决策和管理提供智力服务。故工程咨询是受客户的委托,将知识和技术应用于工程领域,为解决建设工程实际问题而提供的服务。《工程咨询行业管理办法》(国家发展改革委 2017 年第 9 号令)将工程咨询定义为一种遵循独立、公正、科学的原则,综合运用多学科知识、工程实践经验、现代科学和管理方法,在经济社会发展、境内外投资建设项目决策与实施活动中,为投资者和政府部门提供阶段性或全过程咨询和管理的智力服务。

(3)工程咨询的分类。

根据服务阶段的不同,工程咨询一般可以划分为项目投资决策阶段的咨询、项目建设准备阶段的咨询、项目实施阶段的咨询、项目运维阶段的咨询。工程咨询公司在工程建设项目前期阶段提供的咨询主要是投资决策综合咨询;建设准备阶段的咨询是在项目确定以后,直到施工开始之前的阶段,为项目建设准备工作所提供的咨询服务,主要包括工程设计、设计审查等;项目实施阶段的咨询是从项目开工到竣工的时间内,为保证项目的进度、质量等目标和要求而实施的项目管理等;项目运维阶段的咨询就是对已建成的项目进行运维咨询、后评价、项目绩效评价等咨询。

(4)工程咨询的服务范围。

《工程咨询行业管理办法》(国家发展改革委2017年第9号令)中规定的工程咨询服务范围包括以下四种,如图1.1所示。

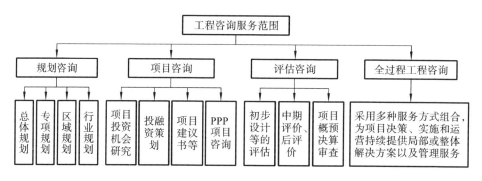

图1.1 工程咨询服务范围

规划咨询:含总体规划、专项规划、区域规划以及行业规划的编制。

项目咨询:含项目投资机会研究,投融资策划,项目建议书(预可行性研究)、项目可行性研究报告、项目申请报告、资金申请报告的编制,政府和社会资本合作(public-private partnership,PPP)项目咨询等。

评估咨询:各级政府及有关部门委托的对规划、项目建议书、可行性研究报告、项目申请报告、资金申请报告、PPP项目实施方案、初步设计的评估,规划和项目中期评价、后评价,项目概预决算审查,及其他履行投资管理职能所需的专业技术服务。

全过程工程咨询:采用多种服务方式组合,为项目决策、实施和运营持续提供局部或整体解决方案以及管理服务。

2. 工程咨询业的发展历程

(1) 国际工程咨询业的发展阶段。

国际咨询业产生于19世纪90年代,至今已有百余年的历史。咨询业的形式从最初单人单项的个体咨询发展到多人单项或多人多项的集体咨询,咨询内容从单一的专业咨询发展到多方面的综合咨询,咨询范围逐渐扩展到政治、法律、金融等多个领域。

工程咨询业作为咨询业的一个重要分支,自第一次工业革命起,在100多年的发展历史中呈阶段性发展,共经历了个体咨询、合伙咨询、综合咨询三个发展阶段。最早自称"土木工程师"的人是设计埃迪斯通灯塔的建筑家约翰·斯米顿,随后一些工程师在英国开办了土木建筑事务所专门从事咨询,从而形成了早期的个体咨询。为了提高竞争力,咨询业者之间开始出现联合,咨询形式也由个体咨询发展到合伙咨询。第二次世界大战以后,欧美各国在恢复建设中加快了向现代化发展的步伐。由此出现了很多大型、巨型工程,这些建设项目技术复杂、规模巨大,对建设项目的组织和管理工作提出了更高的要求。专门从事建设项目管理的工程咨询公司逐步形成和建立起来,建设管理的业务内容也逐步扩大。从个人执业发展到个体联合,再发展为全过程执业,工程咨询的服务范围逐渐拓展,服务内容日益丰富。20世纪50年代,信息技术的产生和发展掀起了第三次工业革命的浪潮,促进了工程咨询业的进一步演进。国际工程咨询业各发展阶段的主要特点及业务范围如表1.1所示。

表1.1 国际工程咨询业各发展阶段的主要特点及业务范围

时间	19世纪	第二次世界大战以后	20世纪50年代至今
划分	个体咨询阶段	合伙咨询阶段	综合咨询阶段
主要特点	工程师个体成立咨询机构,以个人执业为主	个体咨询业者之间联合,整合能力、扩大咨询业务及范围	项目复杂,不确定性大;咨询产品多样化、一体化;咨询内容向纵深扩展
典型代表	1909年W.A.Bethtel创立W.A.Bethtel公司	1930年,Hoover Dam水坝项目中,以Bethtel公司为首的六大公司联盟	
业务范围	以土木、铁路工程为主,兼顾公路工程	从土木工程扩展到工业、交通、能源等领域	进一步向水利、化工、航天等领域扩展,全过程执业

从咨询服务的内容维度来看,工程咨询可分为分阶段的专业咨询和全过程的综合咨询两种类型。分阶段的专业咨询专注于特定的某个领域,采取聚焦战略和差异化战略,在建设工程的某个阶段为项目提供深度的专业化咨询。全过程的综合咨询为响应客户个性化整体咨询解决方案的需求,为项目提供综合性、跨阶段、一体化的咨询服务。

(2)国内工程咨询业的发展阶段。

中国工程咨询业的发展始于20世纪80年代初期,1982年,由中华人民共和国国家计划委员会(下文简称"国家计划委员会",现为中华人民共和国国家发展和改革委员会)组建的中国国际工程咨询有限公司成立,随后各省、自治区、直辖市等相继成立了41家省级工程咨询公司。中国工程咨询业的发展大致经历了以下四个阶段。

①"一五"时期,中国的投资决策体制沿用苏联模式,采用方案研究、建设建议书、技术经济分析等可行性研究方法,初步形成了主要围绕项目建设前期工作的工程咨询服务体系。

②20世纪60年代,工程咨询服务能力的发展处于停滞状态。

③改革开放以来,随着经济体制改革和对外开放的实行,各行业和各省市先后成立了各种专业性、综合性的工程咨询公司,形成了较完备的工程咨询服务能力体系。

④20世纪90年代以来,中国工程咨询的产业化进程加快,工程咨询行业逐渐趋于规范。随着中国加入世界贸易组织,中国工程咨询业的发展也进入全面迎接国际竞争的时代。工程咨询业的发展离不开国家各级部门的政策推动,以国家政策发布为时间节点,中国工程咨询业发展历程如图1.2所示。

1982年,国家计划委员会明确规定,把可行性研究纳入基本建设程序,开始了中国在建设领域的工程咨询服务。1984年,国家计划委员会发布的《关于工程设计改革的几点意见》首次引入了"工程咨询"的概念,将其视为工程设计工作的拓展和延伸。1994年,国家计划委员会第2号令将工程设计和工程监理纳入工程咨询的范围。1995年12月,建设部决定开始全面推行建设工程监理制度。1997年颁布的《中华人民共和国建筑法》在第三十条规定,国家推行建筑工程监理制度,国务院可以规定实行强制监理的建筑工程的范围。1998年,国务院在建设部改革的"三定"方案中,明确提出"工程勘察设计咨询业"的概念。随着相关行业协会的成立和法律法规的颁布实施,中国工程咨询业的发展进程不断加

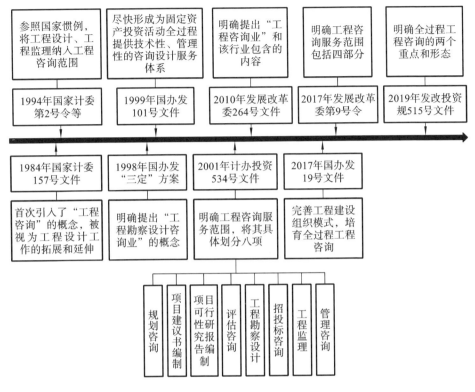

图 1.2 中国工程咨询业发展历程

快,工程咨询市场逐步发育,行业的业务范围也逐步多样化。产业分工的进一步推动,使工程咨询的服务范围逐渐得以明确。2001 年,国家计划委员会委托中国工程咨询协会发布《工程咨询单位资格认定实施办法(修订)》(计办投资〔2001〕534 号)将工程咨询服务范围具体划分为规划咨询、项目建议书编制、项目可行性研究报告编制、评估咨询、工程勘察设计、招投标咨询、工程监理、管理咨询八项业务。2017 年,中华人民共和国国家发展和改革委员会(下文简称"国家发展和改革委员会")颁布第 9 号令,将工程咨询的服务范围划分为规划咨询、项目咨询、评估咨询和全过程工程咨询四个部分。2019 年,国家发展和改革委员会、中华人民共和国住房和城乡建设部(下文简称"住房和城乡建设部")联合印发《关于推进全过程工程咨询服务发展的指导意见》(发改投资规〔2019〕515号),明确了全过程工程咨询的两个重点和形态。

与此同时,国外工程咨询机构开始大力开拓中国市场,国内工程咨询业也开始尝试融入国际市场。随着政府机构改革、科研设计单位的全面转制及各工咨询市场的进一步开放,中国工程咨询业的发展进入一个全面迎接国际竞争的时代。

1.1.2 国内全过程工程咨询的兴起

1. 集成化项目交付方式与全过程工程咨询

美国总承包商协会(associated general contractors of America,AGC)将项目交付方式(project delivery method,PDM)定义为:为设计和建造一个工程项目而分配合同责任的综合过程,确定了为项目绩效承担合同责任的主要参与方。Anderson 和 Oyetunji 等则认为,PDM 定义了工程项目阶段的顺序、项目参与各方及其角色和职责的隐性分配。不同研究从不同属性来界定 PDM,包括管理过程、采购和风险分配策略、工作打包和排序、团队建设策略、角色与责任、融资策略等。

美国建筑业学会(construction industry institute,CII)认为,PDM 只有三种基本的表现形式:设计-招标-建造(design-bid-build,DBB)、设计-建造(design-build,DB)和管理客户关系(customer-managed relationship,CMR),其他方式都是这三种方式的变异形式或混合体。学者王卓甫等、丁继勇等指出,经典的 PDM 包括 DB、EPC、CMR 和 DBB 模式,它们的核心差异是承包范围不同。他们以工程设计深度或工程建设阶段为坐标,建立了建设工程项目的交付方式谱系并列出了 PDM 的各种衍生方式,如图 1.3 所示。由此可见,不同 PDM 的设计深度和工程实施阶段是不同的。

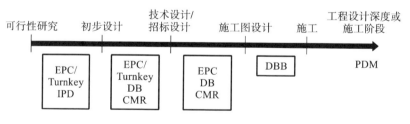

图 1.3 建设工程项目的交付方式谱系

注:EPC 即 engineering-procurement-construction,设计-采购-施工。

Turnkey 指交钥匙。

IPD 即 integrated project delivery,集成产品开发。

第1章 绪论

项目集成交付模式是将人、各系统、业务结构及实践经验集合为一个过程的项目交付方式,在集成的过程中,项目的参与方可以充分利用各自的才能和洞察力,通过在项目实施的各个阶段中通力合作,最大限度地提高生产效率,减少浪费,为业主创造更大的价值。在集成交付模式下,项目各参与方之间在工程实施各阶段的交流沟通较为顺畅,群策群力,只要项目的最终成本低于目标价值,就可以实现成员之间的利益共享。集成交付模式则可认为是在 DB 模式的基础之上发展而来的一种更为综合的 PDM。从国内外发展趋势来看,工程建设行业正在转向越来越综合的项目交付模式,如 EPC/Turnkey 以及 IPD 等模式,逐渐显现出集成化趋势。

基于分工范式的 DBB 三角模式,由于业主管理能力不能满足日趋复杂的项目,故自身仅负责项目重大问题的决策。而工程师作为雇主代表直接从事工程项目的管理,一方面促成了项目管理作为一个专业的出现,同时也促进了项目管理技术与方法的不断发展。在分工范式下,工程建设是一种"推式"思维方式,导致项目存在极大的信息不对称性。建设项目组织实施方式日益向集成化交付方式转变,如工程总承包模式已成为当前国际上大型工程项目发承包的一个趋势,此集成范式下,工程建设是一种"拉式"思维方式,即以终(项目运营和使用的最终目标)为始(指导全过程建设管理),因此发承包双方更多表现为伙伴式关系,项目控制权向承包方集成,而全过程工程咨询就成为项目集成化交付方式中的重要一方,有利于形成责任明确、业主对承包人能有效监督和控制的"业主—咨询—承包商"的新三角关系。理论和实践表明,建设单位在固定资产投资项目决策、工程建设、项目运营过程中,对全过程工程咨询的需求日益增强,综合性、跨阶段、一体化的咨询服务能够更好地实现投资建设意图,尤其是在重大/复杂工程项目中引入全过程咨询是一种必然。

在对项目管理进行外包的情况下,业主方项目管理工作是组合还是拆分应该与项目特征匹配,才能使业主方项目管理的交易成本和生产成本之和最小。业主方项目管理委托管理的方式和范围需要根据业主需求和发承包模式来设置,如图 1.4 所示。

在图 1.4 中,工程咨询在建筑市场中起着非常重要的作用,围绕工程项目建设活动的主体主要有三方关键参与人,即业主、工程咨询方和承包方。他们在相关法律法规的约束下,构成相互制约的合同关系,在很长一段时间里形成了稳定的建设项目管理三角模式。

全过程工程咨询模式就是与集成化建设项目组织实施方式匹配最典型的工

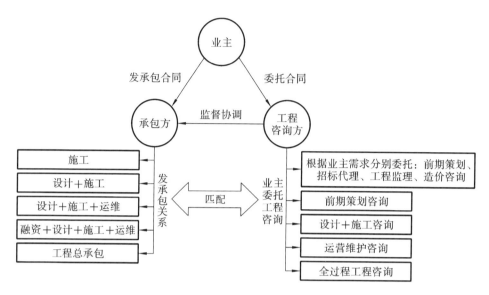

图 1.4 工程发承包模式与工程咨询模式的匹配

程咨询模式。此时,它把项目生命周期分阶段的咨询融为一体,通过新技术、新管理在项目上的应用和专业综合人才投入使得相关方满意,最大化地实现项目目标。工程咨询业将走向综合型和国际化,突破以技术为核心的狭义服务,向融资、建设和经营领域逐渐延伸。

2. 全过程工程咨询的内涵

(1)全过程工程咨询的定义。

就建设工程项目管理而言,业主方项目管理主要分为三种模式,即业主方依靠自身条件与资质自行管理,业主方委托一个或多个工程管理咨询单位进行全过程全方位的项目管理和业主方委托一个或多个工程管理咨询单位进行项目管理,但业主方的人员也需参与管理。整体管理模式逐步由传统建设管理模式的业主自管向委托管理转变,然而咨询服务机构在不同阶段介入建设项目,为业主提供的碎片化服务易导致管理困难、工作推诿等问题,因工程咨询涵盖内容过广而形成的信息和资源壁垒也同样阻碍了组织间的协同。为此,中华人民共和国国务院办公厅(以下简称"国务院")于 2017 年 2 月 21 日发布的《国务院办公厅关于促进建筑业持续健康发展的意见》(国办发〔2017〕19 号)中首次明确提出了"完善工程建设组织模式,培育全过程工程咨询",它标志着全过程工程咨询这一国际成熟的咨询模式在中国落地生根。随后,住房和城乡建设部发布了 5 份规范性文件,在 8 省市以及 40 家企业开展全过程工程咨询试点工作。全过程工程咨询应运而生,中国工程咨询行业也由此进入了转型发展的新时期。

国家大力推行全过程工程咨询,各相关部门和各省市纷纷针对全过程工程咨询的发展颁布了诸多政策,在政策文件中也给出了全过程工程咨询的定义,政策文件中全过程工程咨询的定义见表 1.2。

表 1.2 政策文件中全过程工程咨询的定义

政策文件名称	发文部门	全过程工程咨询的定义
《国务院办公厅关于促进建筑业持续健康发展的意见》(国办发〔2017〕19 号)	国务院办公厅	采用多种服务方式组合,为项目决策、实施和运营持续提供局部或整体解决方案以及管理服务
《工程咨询行业管理办法》(国家发展改革委 2017 年第 9 号令)	国家发展改革委	全过程工程咨询是对工程建设项目前期研究和决策以及工程项目实施和运行(或称运营)的全生命周期提供包含设计和规划在内的涉及组织、管理、经济和技术等各有关方面的工程咨询服务
《关于推进全过程工程咨询服务发展的指导意见》(发改投资规〔2019〕515 号)	国家发展改革委和住建部联合发文	大力发展以市场需求为导向、满足委托方多样化需求的全过程工程咨询服务模式; 重点培育发展投资决策综合性咨询(项目决策阶段)和工程建设全过程咨询(建设实施阶段)

表 1.2 中,全过程工程咨询的定义明确了两个特点:一是服务的时间范畴,即全过程工程咨询是对工程建设项目前期研究和决策以及工程项目实施和运营的全生命周期;二是服务范围,即全过程工程咨询提供包含设计和规划在内的涉及组织、管理、经济和技术等各有关方面的工程咨询服务。因此,全过程工程咨询是工程咨询业务的一种,是一种高端的业务形态。

学术界也对全过程工程咨询有所定义。丁士昭认为,全过程工程咨询的实质是在全生命周期项目管理视角下对工程建设项目前期研究和决策以及工程项目实施和运营阶段提供包含规划和设计在内的涉及组织、管理、经济和技术等各有关方面的工程咨询服务。王伟等认为,全过程工程咨询是由具有一定执业水准的土木工程勘察、设计、监理等专业人员组成全过程工程咨询企业,建设单位

按照自己意图和建设工程项目的基本要求,将项目建议书、可行性研究报告编制、项目实施总体策划、报批报建管理、合同管理、勘察管理、规划及设计优化、工程监理、招标代理、造价控制、验收移交、配合审计等全部或部分业务一并委托给一个全过程工程咨询企业,全过程工程咨询企业组织符合要求的专业力量,全权负责包括建设单位委托的事项在内的全过程一体化项目管理。

此外,提供全过程工程咨询服务的单位需要在提供单项咨询服务的基础上向上下游进行服务的延伸以满足业主对一揽子服务的需求。各省市在全过程工程咨询试点方案中对全过程工程咨询涵盖的服务内容作出了相关的规定,具体见表1.3。

表1.3 全过程工程咨询服务内容分析表

省份	服务内容							
	前期策划	工程设计	工程监理	招标代理	造价咨询	工程勘察	项目管理	后期运营
福建	√	√	√	√	√			
湖南	√	√	√		√			
广东	√	√	√	√	√	√	√	
四川	√	√	√	√	√			√
广西	√		√		√			
河南	√							
浙江	√	√	√	√	√	√	√	
江苏	√	√	√		√	√		

因此,全过程工程咨询服务的内容主要包括前期策划、工程设计、工程监理、招标代理、造价咨询、工程勘察以及项目管理等咨询服务,涵盖了工程建设项目前期研究和决策以及工程项目实施和运行的全生命周期。而除了这些传统工程咨询服务之外,如何将全过程工程咨询与建筑数字技术领域的创新技术结合起来,以拓展全过程工程咨询的服务内容也是目前研究的焦点,包括发展建筑信息模型(building information modeling,BIM)咨询、绿色建筑咨询等。不同的项目类型所需要的咨询服务内容也具有一定的差异,如输变电工程的全过程工程咨询服务还可以包括环境保护、水土保持监理、质量评价、工程后评价等。

(2)全过程工程咨询的核心理念。

全过程工程咨询的重要转变是"对碎片化进行整体性治理",这也是全过程工程咨询的核心理念。现阶段中国的勘察设计、监理、造价、招标代理、设备监理等同属于工程咨询范畴,但却由多头主管,组织管理碎片化。多头主管、管理内容重复交叉等导致了工程咨询服务产业链条松散化和碎片化。理论上,解决松散化和碎片化的关键是整体治理。工程管理是一个整体性的、持续的、动态的过程。根据整体性治理理论,对于碎片化问题要进行有机协调和整合,不断从分散走向集中,从部分走向整体,从破碎走向整合,协调、整合、逐渐紧密与相互涉入,为工程业主提供全方位服务,如图1.5所示。

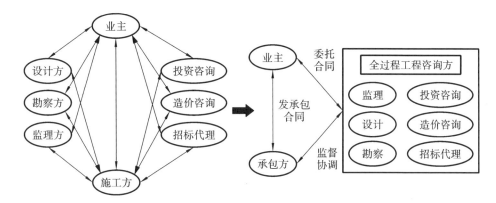

图1.5 碎片化向整体集成转变

对全过程工程咨询核心理念的理解可以包含以下三个层面。

①以业主需求为导向。业主需求是全过程工程咨询服务的基本出发点,全过程工程咨询方应以业主需求为导向,为业主提供定制化的咨询服务。

②整体性的咨询服务方案。全过程工程咨询实现了多专业、多阶段、多组织的协同。首先,全过程工程咨询涵盖了如规划、设计、造价等多个业务条线,各业务条线通过技术和管理手段相互配合,实现成果文件的一体化和连续性;其次,全过程工程咨询单位在工程前期参与项目战略目标的制订,在项目的实施阶段保证目标的落实和调整,以及在项目运营阶段进行总结反馈,多个阶段环环相扣,实现了跨阶段的协同,有效打破各阶段之间的壁垒;最后,前期咨询、设计、造价、监理等多个业务条线都具有其相应的服务组织,而这些组织共同构成了全过程工程咨询服务团队,通过制订管理措施、形成组织文化等实现多个组织之间的全过程工程咨询理论与实务协同。

③以实现项目价值增值为目标。全过程工程咨询是一种以项目(业主)需求为导向,以协调(协同)、整合、责任为治理机制,为项目(业主)提供整体性服务的工程咨询业务。其目标是通过一系列整体性的解决方案,实现项目成功乃至项目管理的成功,从而实现项目价值增值。

(3)全过程工程咨询服务运作的内在逻辑。

全过程工程咨询是中国咨询业升级换代的突破口,也是中国咨询业核心竞争力不断增长、提高咨询水平走向国际市场的助推力。但是,业界对全过程工程咨询的研究忽视了其服务运作内在逻辑研究的重要性。实际上,只有明确了咨询服务过程中做什么、谁来做,以及怎么做这三个全过程工程咨询项目实施中所需要解决的通用性问题,才能在此框架上结合项目类型、业主类型、业主需求等项目实际情况针对性设计项目的具体实现方式,如咨询项目的交易模式以及全过程工程咨询企业内部的管理模式等,两者关系如图1.6所示。

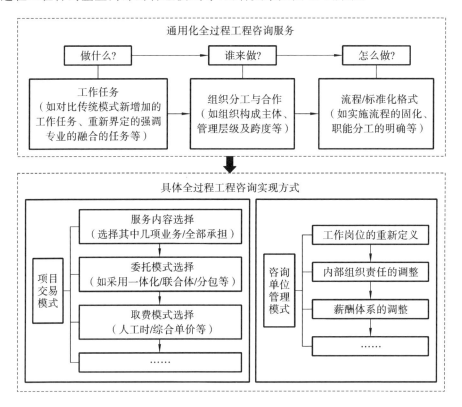

图1.6 全过程工程咨询通用化服务与具体全过程工程咨询实现方式的关系

1.1.3 全过程工程咨询的发展之路

1. 全过程工程咨询服务业主需求导向视角

(1)以业主需求为导向的全过程工程咨询服务的内涵。

国家发展和改革委员会、住房和城乡建设部于2019年发布《关于推进全过程工程咨询服务发展的指导意见》(发改投资规〔2019〕515号),肯定了业主的多样需求,倡导多种形式的全过程工程咨询业态。而全过程工程咨询采取何种业态应由市场中的客户来决定,咨询方需提供满足业主方项目管理需求的咨询服务。

为了满足各类型业主需求、适应不同的项目特征,工程咨询方需要根据项目的实际情况,充分了解业主的需求,凭借自身的资源和实力,向业主提供有针对性的、个性化的工程咨询服务。全过程工程咨询存在的意义是为业主提供管理和技术服务,做好协助业主实现管理目标的管家,因此,满足业主多样化需求是工程咨询业务模式的重要切入点。以业主需求为导向开展定制化的全过程工程咨询服务,是指工程咨询企业遵循匹配承发包方式开展咨询活动,并满足业主战略性需求,继而把复杂的咨询业务系统拆分成各个模块,使这些模块之间能够在标准结构中通过标准化接口实现即插即用。其中,企业经营业务整合形成模块化的针对性咨询业务,并结合业主的特定需求提供定制化的差异化咨询。咨询服务标准模块与定制模块或定制方案进行搭配,既可以解决业主对于建设项目管理的基本需求,又可满足业主对项目管理效率整体提升的要求,解决标准化与定制化的问题,减少企业资源的消耗。

(2)满足业主战略层级的需求。

业主对于工程咨询服务要求逐渐提高,不再只是满足阶段性的目标和聚焦于项目实施阶段,而是针对其更高层级的战略性需求,在业主产生建设意图时,工程咨询方为业主提供项目决策、实施以及运营阶段的全局观、全过程的咨询服务。同时,业主需求的多样化与动态性特点,导致工程咨询方识别和理解业主需求变得困难。一般的工程咨询方仅能达到"业主要什么,咨询给什么"的简单要求,理解并引导业主需求成为难题。工程咨询企业需要清楚的是如何满足业主的战略性需求,而非仅针对某一目标或某一阶段的需求。

(3)匹配业主项目管理的策略。

业主与承包方、业主与咨询方的合作方式及内容体现着业主对项目的管理策略,同时这两种关系是相互影响的,业主与承包方之间的合作形式也限制了业主选择工程咨询服务的委托方式。如采用集成程度较低的项目交付方式时,业主对工程咨询服务集成程度要求较低,分阶段的专业化的咨询服务即可满足业主需求,而业主采用工程总承包模式则会配备综合性与一体化的咨询服务。因此,所有项目的业主不会采用同一种全过程工程咨询实施模式,实施模式应是由业主、项目特点、客观条件、承发包方式等共同决定的。从业主需求出发开展全过程工程咨询服务,势必要考虑业主选择承包商的策略,即以业主主导的全过程工程咨询业务模式要根据业主需求和工程承发包模式进行设置。承发包模式集成程度的高低,影响着工程咨询业务的集成程度。工程咨询方在选择心仪的项目投标时,需要注意在咨询方案设计时协调三者之间合作方式的匹配性。

2. 全过程工程咨询服务协同管理导向视角

(1)基于协同管理的全过程工程咨询服务的内涵。

以协同管理开展定制化的全过程工程咨询服务包括两层含义:一是指多主体协同管理,各方管理主体之间协同合作,共同对建设项目全要素目标进行管理,包括构建责任体系等;二是指多业务的集成管理,各管理主体不仅要依据职责分工完成各自的全要素集成管理任务,要将咨询成果加以转化以供其他类型咨询方所使用,节省管理成本,扩展咨询视角,促使各类业务咨询服务的衔接与集成,提升咨询的整体效率。以协同管理为导向的全过程工程咨询服务,将多主体参与、多业务衔接的工程咨询整合成具有主线的咨询活动,不再是简单业务的堆积与叠加,形成效率高且整体最优的咨询解决方案。由此可见,全过程工程咨询实现协同管理的基础是组织集成,并在此基础上构建信息沟通平台为业主提供整合服务方案。

(2)细分阶段与专业的咨询业务,完善一体化责任体系,实现组织集成。

工程咨询方在开展服务过程中,各方分工明确,权责利划分明确,"谁干活谁负责"的原则清晰,不会造成无人追责的困境。而全过程工程咨询允许多主体参与,同一项咨询工作将有多方参与,工作责任划分不明确,责任体系不完善,更容易产生责任主体不确定、权利与责任不对等、产生问题无人问责等问题。在全过程咨询服务开展中,通过集成管理,明确了咨询工作实施主体与责任主体,各个咨询参与方要按照一定的责任制度协调一致。通过建立一致性的咨询服务目标,形成统一的组织目标,有利于各业务团队建立项目全局意识,通过统筹性规划布局将各项专业服务有机结合起来,解决各专业之间条块分割的问题。各方在提供服务时,应确保总目标分解后,权责利落实到团队中的一线员工以及直属领导,构建完整的全过程工程咨询机构责任体系,组织内部形成责任一体化,保证制订的责任体系对工程咨询任何一方实行一体化决策、一体化组织、一体化控制,增加责任制度的有序性,提升各责任主体间的协同。

(3)建立多组织信息沟通平台,提高合作效率。

在建设项目中,项目团队各成员间的沟通是否顺畅,是决定项目团队能否发挥最高的生产力水平的关键因素,也是决定工程咨询团队能否切实地把握项目的质量和效率状况,使其能够按期、按要求、保质量完成的重要保障。传统的工程咨询服务分割给各家专业咨询单位,项目咨询各方之间存在严重的交流障碍,各阶段的完成咨询成果与信息不能及时传递和有效沟通,导致工程咨询项目管理的混乱和无序状态,仅能达到局部最优,影响项目整体管理效率。因此,尤其强调处理各技术系统界面和多专业、多组织的协同性,通过集成管理手段,将技术与信息作为管理要素,将管理技术、建造技术、经济技术、信息技术等相互融合与综合集成,增强知识的创造性。设立各咨询参与方之间的信息交流机制,建立信息共享平台,设计高效的信息交流机制,降低不同业务和不同阶段信息孤岛和信息不对称的负面影响,如将设计咨询与造价咨询的意见反馈到投资决策阶段,提升项目决策的科学性。同时,咨询信息也有助于实现连贯性,全过程工程咨询内部形成良好的信息沟通渠道和信息共享平台,有效保证数据信息的互通,为组织的高效运作提供基础。

3. 全过程工程咨询服务全生命周期的视角

(1)基于项目全生命周期的全过程工程咨询服务的内涵。

根据工程项目的阶段性,一个工程项目全过程的工程咨询服务可以被分解成各阶段以及各个专业的咨询活动,每个阶段不同专业的咨询活动所涉及的管理目标、管理内容、管理方法、管理手段、管理范围均不同。而项目从产生概念到最终废止,本身就是一个有机的整体,如图1.7所示,各阶段之间存在着千丝万缕的联系,决不能因为各阶段咨询活动不同而割裂地进行管理。

图1.7 建设项目全生命周期示意图

全过程工程咨询服务也要遵循项目周期规律和建设程序的客观要求,破除在项目决策阶段和建设实施阶段的制度性障碍,充分体现以全生命周期管理为导向的管理思想,为投资者和建设单位提供高质量智力技术服务,全面提升投资效益、工程建设质量和运营效率。否则,各阶段之间管理目标和管理标准脱节,只将管理重点放在建设项目的某个阶段,仅仅实现某一阶段的管理目标,会对项目运营阶段造成极大阻碍。基于全生命周期的视角思考全过程工程咨询服务运作,就是从整体的角度,以运营为导向,考虑各阶段相互促进与制约。

(2)构建统一的项目目标。

将全过程工程咨询项目看作一个复杂系统,要建立基于工程总目标的项目定义文件,将整个建设项目全生命周期工程咨询相关的组织、管理、经济、合同、技术等方面的知识和经验进行有效集成,以便管理目标与管理标准能够得到各阶段相关关系方的同一理解,而不至于对于同一标准,出现各阶段理解上的误差,造成阶段的割裂和整体管理的失败,如图1.8所示。

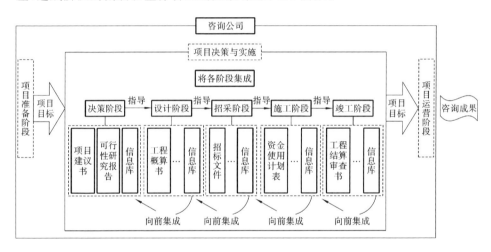

图1.8 建设项目全生命周期下的全过程工程咨询内涵

(3)突破边界的业务融合。

以项目全生命周期视角思考全过程工程咨询的运作,是指要以工程的规划、设计、建设和运营维护、拆除、复原为对象提供相应的工程咨询服务。在项目的决策、实施和运营阶段的投资咨询、勘察、设计、监理、招标代理、造价、运维等咨询服务,在业主目标下真正地融合起来,按照系统管理理论,尤其是在管理理念、管理目标、管理组织、管理方法与手段等各方面进行有机融合,即在项目的策划阶段充分考虑项目实施将会面对的问题和项目运营的各项要求,在项目的实施过程中充分考虑运营阶段可能出现的情况,对设计提出要求,即将设计与施工融合(设计过程中充分地考虑施工技术和工艺对设计成果的影响)、将设计与招标采购和造价融合(设计过程中充分地考虑采购与造价对设计的制约)、将设计与运维融合(设计过程中充分考虑产品的使用与维护)。通过项目的筹备、生产、经营等环节的充分结合,使工程咨询各参与方利用公共的、统一的管理语言和规则以及协调的成功标准,秉承贯穿于项目全生命周期的系统管理思想,在开展咨询服务的过程中从超越阶段、超越主体、超越专业的视角思考工程问题,真正形成一体化、全过程的整体最优的咨询方案,以使项目创造最大的经济效益、社会效益和环境效益。

(4)以项目运营成功为导向的策划和项目实施。

工程咨询服务的阶段性独立使得建设项目三个阶段的目标存在冲突与脱节的问题,尤其是在建设项目的运营目标无法导向决策和实施时,最终用户需求无法得到准确、全面的定义,达不到让用户满意的项目目标。阶段性独立的服务造成信息支离破碎,形成许多信息孤岛或自动化孤岛,决策和实施阶段生成的许多对运营管理有价值的信息往往不能在运营阶段被准确地使用,造成很大的资源浪费,不利于全生命周期目标的实现。而工程项目的价值是通过建成后的运营实现的。工程项目通过它在运营中提供的产品和服务来满足社会需要,促进社会发展。因此,各阶段的项目运作要充分考虑项目运营成功的影响,从策划阶段就开始贯彻最终用户的需求,准确、全面地定义项目管理目标,以实现项目运作的优化。

1.2 建筑工程全过程咨询管理概述

1.2.1 我国建筑工程全过程工程咨询管理的实际情况简述

全过程工程咨询这一领域具有综合性较强的特点,对于科学理论和实践模式都有较高的要求,已经逐渐成为我国在建设管理行业所采用的主要有效方式之一。其结合了现代科学和智能的管理模式以及长期积累的建设管理经验,再借鉴其余领域的专业知识,加强了我国工程建设工作的高质量和高效率开展,对于我国社会经济的发展和综合国力的提高有极大的帮助,有利于带动我国建筑工程行业走向国际、加大我国建筑工程行业在世界范围内的影响力。

近年来,我国建筑工程咨询管理行业在政府的大力支持和社会经济快速发展的大环境下,逐渐朝着多元化的方向发展,衍生出了各项优良的现代化管理模式,从而催生了建筑工程全过程工程咨询管理体系。

现如今,我国建筑工程全过程工程咨询管理已经涵盖了较多的建筑类型,有了一定数量的技术复合型的优秀管理人才储备,为其今后的长远健康发展打下了坚实的基础。与此同时,建筑工程全过程工程咨询管理涉及的内容越来越丰富,包含了建筑工程建设的整个施工工程。但是,这对我国正处于发展期的建筑工程全过程工程咨询管理体系来说是一个较大的挑战,它所隐藏的一些不足之处逐渐显现出来,例如智能化程度较低的问题,故而其仍旧有较大的可完善空间。

1.2.2 建筑工程全过程工程咨询管理具体内容、服务与模式

(1)具体内容。

建筑工程全过程工程咨询管理的具体内容会受到建筑工程各方的影响而有所调整和改变,但是其始终会在工程设计、工程管理、工程施工等整个流程和环节中为建筑工程提供管理、技术的协助和服务。与此同时,绝大部分建筑企业都会选择将这一工作委托给特定的建筑工程全过程工程咨询企业,以便能够获得更为专业、更高质量的全过程工程咨询服务。

(2)服务。

建筑工程项目管理规定在一定的时间内,必须落实原有的施工建设目标,科学而有效地管控投入的各项资源与成本,以此来获取更多的综合效益。建筑工程全过程工程咨询管理主要管理的对象是咨询企业所提供的咨询服务,为建筑施工企业提供技术和管理两个层面的服务,并根据实际的施工建设情况和需求适当地提供智力类的服务。

(3)模式。

工程咨询企业若是开展全过程工程咨询工作,则不单单只是提供技术层面的服务,反而会以建筑企业的视角和角色,来设法管理每一个建筑工程的施工环节以确保建筑工程项目能够获得最佳的经济效益,并不断地根据实际的施工情况调整管理方式和内容,以期望获得最为理想化的管理效果。

在初始阶段,工程咨询企业会根据项目开展的倾向性、利润率、实施难易度等层面,来对建筑工程项目落实提供经济层面的数据与信息,并根据此制定优良的建筑工程施工方案,为之后的勘察、规划等工作提供有力的保障。而且在勘察、规划这些环节中,因为咨询企业全过程参与其中,所以其可以全面而系统地

掌握建筑工程项目的规划目标,了解建筑工程施工的重难点和倾向,从而可以更好地提供有效的咨询服务以保障建筑工程的经济效益。在建筑工程项目招标和投标的环节中,工程咨询企业在深入知悉委托方目的的前提下,充分展现全过程工程咨询的集成性及专业性,科学制定评标定标的主要途径和原则,正确制定招标资料、施工逾期量、标底等内容,并搜集资料以保证建筑企业能够选用到综合水平高、专业性强、报价合理的承包施工单位,从而保障建筑企业获取最大化经济利润。与此同时,建筑工程全过程工程咨询企业还要管理技术规格书的编撰,及时地落实建筑工程项目原材料购买、施工装置选用等工作的咨询工作,确保建设企业能够以较低的成本投入采购到高质量的施工材料和装置。

在建筑工程项目建设过程中,全过程工程咨询服务企业必须严格管控工程的进展、施工安全性、完成部分的质量、成本投入等,第一时间解答施工企业所提出的各项困惑,全方位地解析建筑工程项目的全过程投资情况,及时地根据投资情况来调整工程项目资金成本和其余资源的分配情况,并对因为出现调整可能产生的风险进行预判,以此来平衡不同施工方之间的利益关系。

由于工程咨询服务企业对建筑工程全程跟踪,所以其对实际建设过程中可能产生的干扰性外界因素、施工方案调整情况有着全面而深入的了解。故而,在竣工建设阶段,工程咨询服务企业需要管理建筑工程的审核验收工作,确保审核验收工作是由合法合规的专业单位来开展和落实,并积极而细致地探究与既定施工协议之间的相符性。

1.2.3 建筑工程全过程工程咨询管理的要点

因为绝大部分的建筑工程项目规模庞大,所以需要较多的资源和成本投入来保障建筑工程得以顺利建设。而只有确保投入的资源和成本能够被高效地利用,才能够提高经济效益,所以建筑工程全过程工程咨询管理人员必须注重建筑工程全过程工程咨询管理的要点,确保工程造价能够得到有效控制以及建筑工程的施工全过程都能够高质量、高效率地完成。

(1)项目决策环节。

项目决策环节是指项目建设初始阶段对建筑工程整体的研究,会对委托方提供各项科学、真实、有效的指导性决策意见,并对项目的实际建设规模和成本投入给予合理的建议。

在这个环节中,建筑工程全过程工程咨询管理人员必须注重对收集的资源与信息的真实性和有效性的管理,确保所制定的各项与建筑工程项目建设技术等有关的施工方案具有足够的科学性,为后续工作的顺利开展奠定坚实的基础。

(2)项目规划环节。

项目规划环节会对建筑工程项目的建设目的等展开深入而细致的探究,是提高建筑工程建设效率的核心环节。在这一环节中,建筑工程全过程工程咨询管理人员必须始终控制咨询工作开展的经济性,将其作为建筑工程全过程工程咨询管理工作的核心原则,以此来确保项目规划的科学性,为之后的工程造价管理工作打好基础。除此之外,项目规划环节是有效控制工程造价的重要环节,所以管理人员必须设法提高初步概算和资金流程概算的准确性,并通过多次审查来减少成本投入和资源的浪费,确保建筑工程项目实施的所有阶段都能够有足够的资金与资源来予以支撑。

(3)项目招标环节。

在项目招标环节,建筑工程全过程工程咨询管理人员必须协助委托方设定合理的投标计划,确保计划内的所有内容都符合专业性原则和要求,确定具体的定工程量清单和基准价格。因此,在该环节中,管理人员必须注重风险管理和投标计划可实行性两者的咨询管理工作的开展。

管理人员必须严格考察相关人员评估投标企业的资质、经验、综合能力等,确保投标计划有足够强的可实施性;必须将签署的合同与协议作为工程预结算的重要依据文件,确保能够在落实工程造价管理工作时有依据可寻,并确保造价管理控制目标和合同、协议的内容相符合,牢牢把握住造价管理的大方向。

(4)项目施工环节。

该环节是落实合同内容和资金管控的主要环节,由于此环节会受到市场环境等的影响,会在很大程度上加大建筑工程成本管理的整体难度,所以建筑工程全过程工程咨询管理人员必须要选用合理的管理方法,及时地根据实际的施工情况来调整管理方案,确保工程造价管理工作能够得到落实。

除此之外,管理人员必须严格地审核施工组织设计,借助经济技术比较法,及时地调整工程咨询的具体内容和标准以及确定价格波动的区间,减少建筑工程成本增加的可能性。

(5)项目验收环节。

该环节是建筑工程的最后一个环节,是反馈工程建设实际情况的重要环节,决定着建筑工程是否能够投入使用。故而,在该环节中,建筑工程全过程工程咨询管理人员必须重视咨询工作的开展,能够充分地根据施工方案和计划来保障验收工作完成的时效性,确保前期各项成本和资源投入使用的合理性,给予委托方一份全面、系统而详细的对比分析报告。对比分析报告能够为之后类似的建筑工程全过程工程咨询工作保留实际的经验记录,而且还能够确保委托咨询的企业更为详细地了解具体施工情况,提高企业的运营效率和整体经济效益。

第2章 全过程工程咨询管理的组织设计

在全过程工程咨询项目中,组织设计的内容可以归纳为组织模式、任务与管理职能分工和工作流程三个方面。全过程工程咨询项目组织是由业主、勘察、设计、施工、监理等多方责任主体在一定规则和程序规定下,为了实现全过程项目管理功能和项目绩效而形成的网络组织。

2.1 全过程工程咨询项目的组织模式

2.1.1 全过程工程咨询项目组织模式的内涵

理论上讲,推行全过程工程咨询模式时,工程咨询项目组织的主要责任主体就演化为以业主、全过程工程咨询企业以及承包人为核心的三方责任主体。显然,在开展全过程工程咨询服务的过程中,项目组织中责任主体之间存在多种关系,各任务间具有相互依赖性,共同为项目的特定目标而努力。因此,在开展全过程工程咨询服务过程中,首要工作是进行全过程工程咨询项目的组织模式设计,明确责任主体之间的组织结构、权力边界和正式关系。合理的组织模式有利于建设单位与全过程工程咨询单位更好地协作,保证全过程工程咨询的顺利进行。

全过程工程咨询项目的组织模式概念有狭义和广义之分,其中狭义的组织模式即组织结构,是指为实现组织目标,在组织理论指导下经过组织设计所形成的全过程工程咨询项目参与主体及各个部门之间的构成方式;广义的组织模式包括全过程工程咨询项目参与主体之间的关系类型以及动态的运作机制。

2.1.2 全过程工程咨询项目组织模式的类型与项目内部组织关系

1. 全过程工程咨询项目组织模式的类型

在国际上,全过程工程咨询的概念被称为"全生命周期工程顾问(life cycle

project consulting)",其大致分为两类:一类以美国为代表,通常将设计、工程管理统一由一个大的组织机构提供全过程的工程咨询服务,提倡由大型工程顾问公司为业主提供一站式全过程工程咨询服务,包括工程项目的规划设计类服务以及项目管理类服务;另一类以德国为代表,自1996年以后,通过立法认定项目控制和项目管理不属于建筑师的业务范畴,认为设计类任务和项目控制与管理任务委托一个组织承担,在咨询实践和法律方面都存在一些问题。因此,业主分别与提供规划、设计类服务的公司和提供工程项目控制与管理类服务的公司签约,并且这两类公司可以建立联合体或合作体和业主签约,其法律上应该承担的责任都有明确界定。

国际上主要工程咨询服务模式见表2.1。在德国模式中,工程顾问公司B1和B2建立联合体、合作体或分别为委托人提供不同属性的全过程工程咨询服务。工程顾问公司B1承担的基本设计服务包括基本数据及资料准备、规划和初步设计、深化设计、审批设计、施工图设计等工作;设计延伸服务包括工程施工招标发包准备,招标发包工作,施工监控、验收及相关的设计工作,工程管理工作,保修期的工程巡查、建档及相关的设计和工程管理工作。工程顾问公司B2承担的业务主要是依据AHO和业主签订项目控制与管理的合同。

表2.1 国际上主要工程咨询服务模式

模式	服务提供者	主要服务内容	合同结构
美国模式	大型工程顾问公司,如AECOM、凯迪斯	工程项目规划和设计类服务及项目管理类服务	一站式全过程工程顾问合同
德国模式	工程顾问公司B1	工程项目规划和设计类服务(基本设计服务、设计延伸服务)	工程项目设计合同(依据HOAI)
德国模式	工程顾问公司B2	工程项目控制与管理服务	工程项目控制与管理合同(依据AHO)

注:HOAI指原德国工程师协会法定计费委员会(现为德国工程师和建筑师酬金协会的专业委员会)编制的《建筑师与工程师服务费法定标准》;AHO指德国工程师和建筑师酬金协会的专业委员会。

借鉴国际上全生命周期工程顾问的国际经验和全过程工程咨询组织模式,国内全过程工程咨询的主要组织模式可以大致分为三种,如图2.1所示。

住房和城乡建设部颁发的《关于征求推进全过程工程咨询服务发展的指导意见(征求意见稿)》,在实践中,业主对全过程工程咨询的委托方式也存在以下三种:其中一体化全过程工程咨询提供商(A模式)为委托单一咨询企业,联营体(B模式)为委托多家企业组成的联合体,部分咨询组合形式(C模式)为分阶段

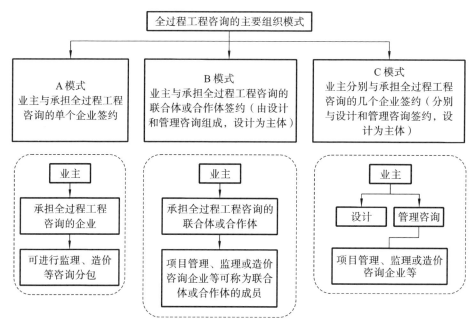

图 2.1　国内全过程工程咨询的主要组织模式

委托多家咨询企业。其中，A 模式与美国模式类似，业主将建设项目全生命周期的工程咨询服务全部委托给一家总咨询企业，包括规划设计类咨询与管理类咨询。由一家咨询公司负总责，与业主之间的权责利关系更容易约定。其他各家咨询公司在勘察、设计或施工监理业务上做类似于分包性质的咨询企业，与咨询总负责企业签订合同关系，或直接与业主签订合同关系。B 模式，业主将设计与管理咨询服务委托给由多家咨询企业组成的联合体或合作体，并一同或分别签订相关服务合同，其中以设计工作执行单位为主体。C 模式，业主可根据工程重点与自身能力，划分几个大的阶段和工作，将全部工作连续或跳跃式地与多个咨询企业分别签订合同，分为设计和管理两大类咨询活动。三种组织模式的具体分析见表 2.2。

表 2.2　全过程工程咨询的三种组织模式的具体分析

组织模式	承担单位	承担业务	协调配合
A 模式：一体化组织模式	一体化咨询服务提供商（又称集成化咨询服务提供商）	前期策划、勘察设计、招标代理、造价咨询、工程监理、项目管理及其他咨询业务	一体化咨询服务提供商负责全部咨询工作

续表

组织模式	承担单位	承担业务	协调配合
B模式:联合体组织模式	多家咨询企业组成联合体	各单位分别承担各自的一项或多项咨询服务	各单位签订基于项目的联营合同,以一家咨询单位作为牵头企业负责总体协调,共同合作完成项目咨询服务
C模式:部分组合组织模式	多家咨询企业	各单位分别承担各自的一项或多项咨询服务	由业主或业主委托的一家咨询企业负责总体协调

2. 全过程工程咨询项目组织模式的具体介绍

（1）一体化组织模式。

①案例选择。

在一体化组织模式中,受托咨询企业是项目唯一责任人,在其完成自有资质证书许可范围内的业务并保证项目完整性的前提下,可在经业主单位同意后,按合同约定将部分咨询业务转委托给具有相应资质或能力的企业。一体化模式减少了不同企业沟通、对接上容易出现的纠纷和问题,且风险和责任具有针对性,减少业主管理与协调难度。该模式的管控难点在于分包管理问题,工程咨询单位应对转委托单位的委托业务承担连带责任。

此处选取江苏省现有全过程工程咨询项目案例为研究对象,发现完整意义的全过程咨询项目一体化组织模式较少,仅有4个,且均采用邀请招标的方式选择咨询企业。这4个案例在项目类型、业主类型、全过程工程咨询单位类型、承发包类型及工作内容等方面都不尽相同,基本上涵盖了一体化模式中可能涉及的情况,具有一定的代表性和可借鉴性。案例项目概况见表2.3。

表2.3 案例项目概况

序号	项目名称	项目类型	业主单位及类型	全过程工程咨询单位及类型	承发包模式	工作内容
1	某国投大厦建设工程	办公建筑	某投资经营有限责任公司（私营业主）	某建筑设计研究院有限公司（设计单位）	EPC	前期策划、勘察设计、造价咨询、工程监理、项目管理

续表

序号	项目名称	项目类型	业主单位及类型	全过程工程咨询单位及类型	承发包模式	工作内容
2	某开发区商务中心工程	办公建筑	某有限公司（私营业主）	某建设监理有限公司（监理单位）	DBB	前期策划、勘察设计、招标代理、造价咨询、工程监理、项目管理
3	某科教研发用房项目	科研建筑	某研究院集团股份有限公司（私营业主）	某工程监理有限公司（监理单位）	DBB	前期策划、勘察设计、招标代理、造价咨询、工程监理、项目管理
4	某公司迁建新工厂项目	工业建筑	某有限公司（私营业主）	某设计研究院股份有限公司（设计单位）	DBB	前期策划、勘察设计、招标代理、造价咨询、工程监理、项目管理

②一体化组织模式的特点。

a.一体化咨询服务体现了全生命周期的特点。4个案例中一体化咨询服务所涵盖的业务范围包括前期策划、勘察设计、招标代理、造价咨询、工程监理以及项目管理等六项，尽管某国投大厦建设工程中，咨询业务承包单位为全过程工程咨询企业，施工业务承包单位为EPC工程总承包企业，不涉及其他业务的招标工作，但是也可近似理解为一体化咨询服务模式。因此，未来大型企业应该向具有项目前期咨询、项目管理和融资等集成化服务能力的咨询公司发展；有条件的设计企业应以设计与研发为基础，拓展装备制造、设备成套、项目运营维护等业务，逐步形成工程项目全生命周期的一体化服务体系。

b.一体化咨询企业早期介入。当全过程工程咨询企业具有较强的项目管理能力和专业技术能力时，项目管理能力和经验较弱的业主方更倾向于选择一体化模式，此时的全过程工程咨询企业内部关系应更加简洁且应在项目实施的早期阶段介入。

c. 采用邀请招标选择一体化咨询企业。一体化组织模式下，复合型的专业人才对于项目的成功是至关重要的。现阶段，国内全过程工程咨询对于一体化咨询服务提供商的模式应用较少，关键在于目前企业缺乏资质及优秀的管理人才，导致一体化咨询服务提供商在承揽项目过程中遇到很多困难，很少有企业具备一体化咨询服务的能力，因此在招标模式上最常见的是邀请招标。

d. 一体化咨询组织模式的控制机制。在一体化组织模式下，业主往往选择一家具有综合能力的工程咨询企业实施，与一体化全过程工程咨询提供商签订合同，以正式控制的手段保证全过程工程咨询单位按照合同约定提供不同层面的组织、管理、经济和技术等咨询服务。这种全过程工程咨询项目团队在咨询工作的开展过程中存在很多优点，如流程、各种决策监督执行的责任和义务的划分很明确，易于形成非正式组织和进行相对复杂的协调。但其局限性也很明显，如办公室政治、小团体、组织内交织的各种关系影响，部门之间都有自己的立场等，因此需要全过程工程咨询企业通过一定的控制手段来保证企业内部组织运作。

（2）联合体组织模式。

①案例选择。

工程咨询企业组成联合体的原因多样，既包括企业资质与能力的缺乏以及项目管理能力不足等主要原因，也包括业务接口协调的原因，如某厂区项目，由于前期的项目策划与招标代理已委托给一家咨询企业负责，因此为保证业务协调，开展全过程工程咨询业务时，将前期已发包业务的合作单位与后期咨询业务负责单位组成联合体开展整体的咨询服务。此外，采用联合体组织模式，可以发挥强强联合的效果，在不同企业都占据优势服务咨询的同时，解决一体化模式带来的困扰。

在联合体全过程工程咨询这一组织模式下，业主为提升业主方项目管理水平，会将全过程工程咨询业务由多家具有招标代理、勘察、设计、监理、造价、项目管理等不同能力的咨询单位联合实施。当全过程工程咨询企业采用联合经营方式时，合同应明确牵头单位，联合经营单位应接受牵头单位的管理协调，并对其所提供的专业咨询服务负责，明确各单位的权利、义务和责任。全过程工程咨询牵头单位应向投资人承担项目全过程咨询的主要责任，联合经营单位承担附带责任。

此处选取江苏省现有全过程工程咨询项目的7个案例为研究对象，这7个案例在项目类型、业主类型、全过程工程咨询企业类型、承发包模式及工作内容等方面都不尽相同，通常由2~4家咨询单位组成联合体开展全过程工程咨询业务。案例中超过85%的联合体项目均包含工程全过程工程咨询理论与实务设计业务,且其中67%的项目中工程设计业务由联合体牵头方负责完成。案例项目概况见表2.4。

表2.4 案例项目概况

序号	项目名称	项目类型	业主单位及类型	联合体牵头单位及类型	承发包模式	工作内容	
						联合体牵头单位负责业务	联合体成员负责业务
1	某电子类及配套工程项目	市政工程	某市政工程管理中心(政府业主)	某市政工程设计研究院有限公司(设计单位)	DBB	工程设计、项目管理	招标代理、造价咨询、工程监理、勘察设计
2	某商业建筑项目	商业建筑	某有限公司(私营业主)	某工程咨询管理有限公司(工程咨询企业)	DBB	招标代理、造价咨询、工程监理	工程设计
3	某医学类产业化项目	医疗建筑	某建设公司(私营业主)	某造价师事务所(造价单位)	DBB	造价咨询、招标代理	工程设计、工程监理
4	某住宅工程项目	住宅建筑	某投资控股有限公司(私营业主)	某项目管理有限公司	DBB	招标代理、勘察设计、工程监理(外包)	项目管理
5	某桥梁建设工程	桥梁工程	某开发公司(私人)	某设计集团	DBB	勘察设计、招标代理	项目管理
6	某厂区项目	工业建筑	某机械有限公司(私人)	某设计研究院	DBB	勘察设计、造价咨询、工程监理、项目管理	项目策划、招标代理
7	某地块安置房建设工程	住宅建筑	某开发公司(私人)	某工程监理公司	DBB	项目策划、招标代理、工程监理、项目管理	造价咨询

②联合体组织模式分析。

a.全过程工程咨询联合体组织模式下,业主不仅与咨询联合体存在合同关系,联营体内部的各个咨询单位间也存在合同关系。不论业主与全过程工程咨询联营体之间、联营体内部各咨询企业之间,还是咨询企业内部的成员个体都需要有效的控制来保障各自工作的顺利开展。

b. 联合体内部咨询企业间的运作依赖市场准则(如合同、企业声誉等),其优点在于价格和竞争的强激励,从而形成最优效率的配置。在这种情况下,白纸黑字,按规矩办事,能把规矩立好,就能有效地进行协调。但也存在局限性,如价格机制失灵、合同不完备、合同执行高成本(在很依赖合同执行的情况下)等,相对企业内部协调,市场机制支持复杂的协调的能力更弱一些。但实际上,多个企业共同承担的时候,还存在市场之外的协调机制,典型的如战略合作伙伴、战略联盟、长期合作伙伴等。如某些设计院虽然没有自己的造价咨询部门,但跟外部的某些造价咨询企业有长期的合作,相互之间很熟悉。

c. 联合体成员之间的合作与竞争关系的平衡。联合体成员长期合作也存在很大的矛盾性。一方面,这种基于信任的协调机制在某种程度上弥补了通过完全市场选择的不足,有助于进行快速合作,以应对市场的变化。但另一方面,在缺少市场竞争的情况下,长期合作伙伴的竞争意识会下降,对于创新和提高质量的要求会减少,在这种情况下,项目的整体效率也可能会下降。因此,在建立长期合作伙伴的过程中,也要保持一定的市场竞争性,如采用淘汰机制,与多家相似的企业同时合作等。

(3)部分组合组织模式。

项目业主对交易模式进行选择时,首先考虑自身咨询服务能力。如业主可单独进行某方面咨询服务,或已找到在某方面可以胜任的发包企业,业主往往会选择委托多家模式进行全过程工程咨询。这样既能充分运用自身咨询服务能力,确保在所承担咨询服务范围内的服务质量,同时具有多种选择方式,可对各咨询服务领域内可胜任的工程咨询或全过程工程咨询企业进行比对,以选择最适合且最具能力的企业签约,为建设项目全过程中的几个阶段提供不同层面的组织、管理、经济和技术咨询服务,最大限度满足建设项目要求,完成项目目标。

全过程工程咨询项目部分组合组织模式最接近传统的各单项咨询业务发包的模式,但是企业通过部分组合模式仅能够实现一半的全过程工程咨询,距离一体化或集成化目标较远。由于目前国内全过程工程咨询市场仍处于发展初期,全过程咨询项目采取部分组合的组织模式较多,在江苏省开展的全过程工程咨询项目中,将近90%的项目采用的是部分组合模式。

部分组合模式主要是通过部分组合及以菜单式发包的方式将多项业务分发给不同的咨询企业,常见的基本咨询业务内容有六种,包括前期策划、勘察设计、招标代理、造价咨询、工程监理和项目管理等服务。工程咨询业务部分组合的方式多种多样,通常由 2~5 种基本的咨询业务组成,但是并不是完全的随机组合,依据江苏省情况,近 80% 的全过程工程咨询企业承揽项目管理业务,近 85% 的项目包含 3~4 种基本咨询业务,见表 2.5。

表 2.5 基于业主发包的咨询服务组合模式类型

序号	包含基本咨询业务数量	组合模式占比
1	2 项	3.7%
2	3 项	44.4%
3	4 项	40.7%
4	5 项	11.2%

当业主委托多个咨询企业(或机构)共同承担大型或复杂建设项目的工程咨询业务时,业主应明确将全过程工程咨询企业作为咨询业务的主要承担单位,并由其负责全过程工程项目管理等综合性工作;其他咨询企业应分别按合同约定负责其所承担的专业咨询工作并由全过程工程咨询企业统一协调。然而,各责任主体对委托项目共同负责却难以定责,这就要求业主单位有较强的协调管控能力。因此,应选择其中一家单位作为全过程工程咨询企业,负责协调全过程工程咨询业务并负责项目管理业务。

3. 全过程工程咨询项目组织模式的项目内部组织关系

全过程工程咨询企业介入的业主方项目管理中,根据业主对咨询方授权程度的不同,咨询服务所涉及项目的阶段和方面也存在差异,业主选择咨询方的委托方式也不同,业主委托的全过程工程咨询方可能是一家咨询企业,也可能是多家企业构成的联合体。

然而,不同的委托方式对应不同的组织模式,其决定项目的运作模式,进而影响项目内部组织关系。项目内各组织间关系决定了各主体对于项目管理方式的选择。全过程工程咨询项目的组织模式比较见表 2.6。

表 2.6 全过程工程咨询项目的组织模式比较

运作方式	组织模式		
	一体化全过程工程咨询	多家咨询企业参与	
		联合体全过程工程咨询	组合型全过程工程咨询
运作模式	组织内部运作	跨组织运作	跨组织运作

续表

运作方式	组织模式		
	一体化全过程工程咨询	多家咨询企业参与	
		联合体全过程工程咨询	组合型全过程工程咨询
项目内合同关系	建设单位与一体化全过程工程咨询提供商为合同关系	建设单位与联营体为合同关系；联营体内部为合同关系	建设单位与全过程工程咨询牵头单位和其他咨询单位之间为合同关系；牵头单位与其他参与单位为协作关系
项目内科层关系	不同咨询业务板块同属于一体化全过程工程咨询提供商企业内部，为科层关系	无科层关系，联营体内部单位之间存在竞争与合作关系	无科层关系，牵头单位与其他参与方存在工作上的协同配合关系

2.2 全过程工程咨询项目部的组织设计

2.2.1 全过程工程咨询项目部的组织设计概述

1. 全过程工程咨询项目部的组织设计要点

（1）任务分工。

组织部门的划分、业务的归属，应兼顾专业分工及协作配合，做到分工合理、协作明确。根据这一原则，首先要进行的是任务分工，要确定组织应当完成哪些任务，应当由哪个部门来完成。这一点在全过程工程咨询项目组织中十分重要，在此组织中各参与方的专业程度都比较高，这样一方面能更加明确各方责任，提高工作效率，但是这样也造成了参与方增多、协调困难和协调成本变高等现象。

（2）管理职能与职能分工。

管理职能就是为了完成某一确定的任务所进行的某种专门的活动。在管理工作中一般将职能分为两大类：一类是主要职能，包括规划、决策、执行和检查；另一类是辅助职能，包括安排、协调、了解和参与等。主要职能体现了动态控制的基本原理，每项职能都是缺一不可的；而辅助职能的工作与任务有关，并不是每项任务都具备所有的辅助职能。

(3)全过程工程咨询业务流程。

全过程工程咨询业务流程应当包括项目任务的基本流程规划和安排,也包括管理工作流程、信息处理工作流程和物质流程。其中,项目任务的基本流程规划和安排是对项目任务实施整体的策划;管理工作流程是负责投资控制、进度控制、质量控制、沟通协调、合同管理、设计变更等的工作流程;信息处理工作流程则是负责处理与信息和数据有关工作的流程;物质流程则是指全过程工程咨询项目团队在项目实施过程中出具咨询服务成果的工作流程。

由于全过程工程咨询项目团队的组成并不是一成不变的,会随着业主方项目管理的能力、环境的变化和咨询项目的进展而不断变化,而且全过程工程咨询项目对项目组织的灵活性提出了很高的要求,因此全过程工程咨询的业务流程并没有一个统一的模版,需要根据项目实施的具体情况不断调整。

2. 全过程工程咨询项目部的组织设计流程

全过程工程咨询项目部的组织设计流程如图 2.2 所示。

全过程工程咨询项目部的组织设计流程主要包括工程咨询服务目标的确定和全过程工程咨询服务规划。其中,全过程工程咨询服务规划包括单项咨询业务策划和咨询业务的集成策划,其中咨询业务的集成策划包括以下三个方面。

(1)信息共享。通过组织层面的信息交流实现信息共享,如通过建立微信群、周工作例会、现场专题会议等实现高效信息传递,建立统一信息平台实现资料实时共享,减少信息漏斗,优化管理界面;制定相关全过程工程咨询工作标准、工作大纲、授权清单和管理用表等辅助工作的开展。通过技术层面的技术手段实现信息共享,如应用 BIM 软件实现设计、造价等多项咨询业务信息的集成,实现项目建设各阶段的信息共享。

(2)跨阶段延伸。咨询业务实现向前和向后阶段延伸。如设计、监理、运营、设备监造等提前介入项目前期决策,设计与造价深度融合,减少前期决策障碍。设计服务向后延伸,实现与项目施工的结合。

(3)跨业务融合。如在项目策划阶段,结合造价、监理、设计等多个部门对项目定位提出专业性建议;在设计阶段,造价部门充分发挥专业能力实现设计优化;招标代理从项目管理、工程设计、造价咨询等相关服务工作团队中获取相关信息,并结合相关信息,根据项目特征和实际需要等研究招标文件条款,制定实质性要求。

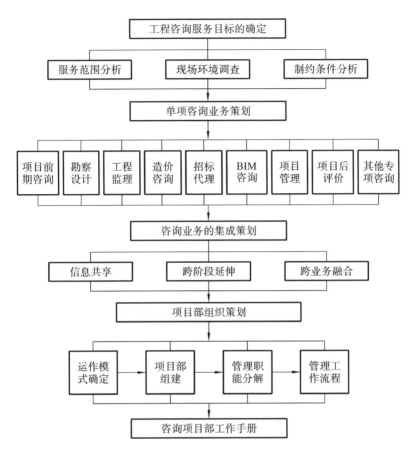

图 2.2 全过程工程咨询项目部的组织设计流程

3. 对应咨询业务的项目部组织策划

（1）运作模式的确定。首先，分析采用一站式模式还是联合体模式。如采用一站式模式则需确定哪些咨询业务将进行分包；如采用联合体模式，则要确定需要哪些外部咨询业务的组合。其次，在一站式模式下，对于分包的业务，咨询项目部要确定管理分包岗位、流程等。相类似的，对于联合体的咨询业务，咨询项目部要确定联合体的界面问题等。

（2）咨询项目部的组建。在确定全过程工程咨询企业所需完成的工作后，组建咨询项目部，确定设置的岗位。

（3）管理职能的分解。在项目部所设置的岗位中，明确管理职能。

（4）管理工作流程。建立咨询项目部与建设单位、承包商的管理工作流程等。基于此,建立项目工作手册。

2.2.2 全过程工程咨询项目部的组建

咨询项目部的组建是全过程工程咨询管理工作流程设计和管理职能分工的基础。咨询项目部的服务组织结构一方面需要匹配全过程工程咨询工作任务设计,实现工作任务与人才资源的有效结合,另一方面决定了实施流程的主体以及管理职能分工的主体,对实施管理工作流程设计和管理职能分工具有关键性影响,合理的组织架构设计才能保证咨询项目部运作的成功。

组织架构的设计是建立组织的过程,通常包括结构类型的确定、职能与组织部门设置、管理跨度与层级设计三部分。只有先明确全过程工程咨询服务的职能,才能进行组织部门的设置。

1. 结构类型的确定

常见的项目组织结构有直线式、项目式、矩阵式等多种形式,考虑到全过程工程咨询项目内部专业分工细,但彼此之间存在大量的工作交叉,对信息传递和协调要求高,因此选择直线式的项目组织结构形式更为合适。一方面可在全过程工程咨询服务组织内部形成集中统一的领导,减少内部纠纷;另一方面,内部信息传递渠道通畅,传递速度相对较快,且项目任务分配明确,权责利关系清楚,能够加强项目的可控性。

在直线式的项目组织结构的基础上结合委员会结构,可设置一个跨越职能界限的组织形态,即咨询领导小组,这个类似于委员会的组织可以结合多专业咨询人员的经验和背景,跨越职能界限处理项目决策问题,构建全过程工程咨询内部多方共同决策的机制,对外保持组织责任一体化。

2. 职能与组织部门设置

全过程工程咨询单位需要提供包括前期策划、设计等在内的六大咨询服务,适合按照专业性质即咨询服务类型为对象进行职能设计,一方面有利于充分发挥各专业咨询人员的专业能力,另一方面有利于工作任务设计的有效落实。

组织部门设置采用按职能划分部门的方法,因此,对应的组织部门包括前期策划团队、造价咨询团队、工程设计团队、工程监理团队、招标代理团队、项目管理团队。此外,全过程工程咨询项目总负责人以及各咨询团队负责人共同组成咨询领导小组承担项目决策职能,作为临时性机构在项目关键节点通过组织决策会议等形式共同参与项目决策。

3. 管理跨度与层级设计

全过程工程咨询项目涵盖项目的全生命周期，各阶段之间的流畅衔接对其成功运行至关重要。组织结构的设计必须减少信息传递的壁垒，节约经费并提高效率。要注重管理层次和管理幅度的匹配度，在提高信息传递效率的同时，也能兼顾各专业负责人的能力和工作的积极性。

为了保证管理的有效性，在全过程工程咨询项目部构建"总负责人—专项负责人—咨询工程师"的三级纵向管理体系，其中：全过程工程咨询项目总负责人一方面作为全过程工程咨询服务组织内部的最高管理层级人员，对项目进行总体的管理把控；另一方面，作为咨询领导小组成员，负责组织、协调小组完成决策工作。各专项咨询服务工作团队由专项咨询服务负责人以及工程师组成，专项咨询服务负责人负责该项咨询业务的总体把控以及与其他咨询业务负责人之间的横向沟通，而工程师负责完成具体的技术咨询工作。通过明确的层级分工，有利于工程总目标的层层落实，且有助于咨询团队彼此之间的沟通和协调。

由以上分析与设计得到全过程工程咨询项目部的组织结构，具体如图2.3所示。

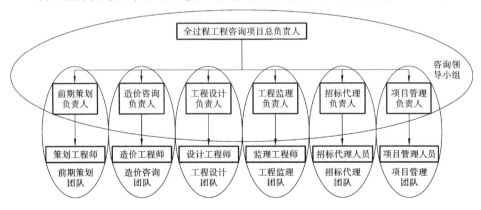

图 2.3　全过程工程咨询项目部的组织结构

4. 项目团队人员的选择

全过程工程咨询由不同阶段的不同服务组成，其中专业服务占比较大。专业服务指全过程工程咨询服务中由专业咨询工程师所提供的投资咨询、勘察、设计、造价咨询、招标代理、监理等专业咨询工作。同时，由于专业服务在不同阶段所展现的内容不同，因此自身所具备的特征也不是一成不变的。如决策阶段所体现的专业性和高智力处理过程;设计阶段的交付成果无形性;施工阶段涉及监理服务等所展现的专业人士完成性特征;为委托方定制的特征则在运营阶段的资产管理等服务得到体现。这些专业服务特征进一步体现了专业服务代理关系的特征,专业性和高智力处理过程及交付成果无形性突出了监督困难的问题,即形成过程难以客观描述且成果质量测量模糊;专业人士完成性体现知识利用的自主性等。

不同专业服务存在的代理关系差异性,可归类为任务分工类型和知识类型两种。在任务分工类型中,可行性研究报告等提供顾问服务;BIM咨询等提供技术服务;设计、监理服务等则参与具体事务。知识类型则分为三种,规范类知识、技术型知识和融合型知识,分别对应法律咨询、结构设计和会计审计等专业服务。但无论是什么类型的专业服务,在确定项目团队时,咨询项目总负责人的选择是至关重要的。

在确定项目团队时,咨询项目总负责人通常要考虑以下因素。①相关工作经验:是对项目总负责人进行选择的最直观的标准。②技术资格:是对项目总负责人进行考核的基础,技术能力的全面性也是全过程工程咨询项目总负责人应当具备的。③对项目目标的理解:对项目目标的理解正确与否关系着后续工作的开展,也是一个项目总负责人能力的体现。④创新和改革的能力:全过程工程咨询项目本来就是对传统咨询项目的创新和改革,因此总负责人也要具备此项能力才能胜任这个职务。⑤积极性与责任心。⑥积极的团队精神:是任何一个团队的负责人都必须具备的。⑦交流沟通能力:对全过程工程咨询项目的顺利完成至关重要。

在确定全过程工程咨询的项目总负责人之后,项目总负责人在对团队成员进行选择时也要遵循一定的标准。首先,项目成员各自目标是不同的,有时甚至会相互冲突,因此项目总负责人在选择成员时要考虑成员的目标,尽量使团队成员处在目标相对统一的环境中;其次,为了顺利完成项目,团队成员的能力也是项目总负责人需要重点考虑的;最后,团队成员的工作态度以及是否具有团队精神等都应在考察范围之内。

5. 全过程工程咨询项目管理团队的整合

(1)多边组织合作的集成壁垒。

全过程工程咨询机构介入业主项目管理后,建设项目是由不同的参与方组织共同参与的,基于提供集成化综合化一体化综合服务方案的要求,业主对于建设项目产出的目标转向"系统性产品""整体性目标"等,因此,对全过程工程咨询项目管理团队这一临时性多边组织提出了集成与整合的要求。

全过程工程咨询项目管理的多边组织集成与整合中,各参与方组织之间的沟通交流是集成的前提,组织间的工作配合是集成的方式,多边组织耦合作用是集成的结果,制度、文化等是集成的保障和"软环境"。因此需要突破三大组织间合作壁垒,即组织间沟通屏障—信息流壁垒、组织间工作界面—工作流壁垒、组织间相互作用隔墙—相互作用壁垒。

①突破信息流壁垒。突破组织间信息流壁垒的相关研究主要涉及:如何构建多边组织相互作用的网络;分析确定多组织网络中起主导作用的组织;核心组织在突破组织间沟通屏障中的职能是什么,以及如何处理组织间信息流壁垒。

②突破工作流壁垒。针对组织间工作界面、工作流壁垒,突破组织间壁垒的主要研究:多组织如何协作,跨组织工作流互操作方式,跨组织工作流如何分析。

③突破相互作用壁垒。项目生态系统多组织协同进化,有助于突破组织间相互作用壁垒,实现项目系统整体功能倍增。多组织协同进化突破组织间相互作用隔墙的研究主要包括:多组织协同进化模型,组织间相互作用影响分析,多组织协同进化模拟仿真。

(2)多边组织合作的集成策略。

为了突破多边组织合作的集成壁垒,促进全过程工程咨询项目的顺利实施,提升项目管理绩效,需要采取一定的集成策略和手段。通过对实际案例进行调查并汇总,发现全过程工程咨询项目的集成手段主要有以下五种。

①合同管理:合同管理在项目管理中占有重要地位,指导和控制着项目实施的全过程,是项目目标能否实现的关键。同时,由于合同具有很强的专业性,因此管理需要综合型人才。

②制度保障:与一般项目相同,制度保障是多边组织合作的基础。

③项目管理主导:项目管理是贯穿项目全生命周期的,是对多边组织进行集成的根本所在。

④内部沟通机制:沟通可以将组织的观念、想法等传递给其他组织,是组织间进行交流的重要渠道。有效的沟通能确保各个组织和各个部门获得必要的信息,有利于组织之间的交流与合作。

⑤项目经理负责制:全过程工程咨询项目团队作为一个多边组织,要想发挥各组织的优势共同完成项目目标就需要目标统一、确保统一指挥,这也是项目经理的职责所在。

2.2.3　全过程工程咨询项目部的管理职能设计与分工

1. 管理职能设计

管理是由筹划、决策、检查、提供信息等多个环节组成的过程,这些环节就是管理的职能。考虑到全过程工程咨询组织内部工作任务复杂,专业分工细,协作程度高,将管理职能分为主要职能和辅助职能两类。其中,主要职能反映了管理工作的有限循环,是全过程工程咨询管理过程中缺一不可的,体现了动态控制的基本原理。而辅助职能与具体的工作任务相关,是为了使某项工作完成得更好而进行的管理工作,并不是每项工作任务都必须具备。

全过程工程咨询服务组织的主要管理职能包括筹划、决策、执行、检查,分别以 P、E、D、C 来表示,其中,筹划指的是提出解决问题的多种可能方案,决策即从多种可能方案中选择一个执行方案。全过程工程咨询项目涉及多层次的决策工作,包括全过程工程咨询项目总负责人根据项目总体情况以及个人经验就可进行决策的工作以及需要咨询领导小组共同参与、必须结合多方专业意见才可进行的复杂性决策工作。因此,决策职能分为 E1 和 E2 两种,其中 E1 代表咨询领导小组中全过程工程咨询总负责人决策,E2 代表咨询领导小组共同决策。执行即落实方案的完成,而检查即对决策是否执行以及执行的效果进行检查。

根据对目前管理职能分工的相关研究分析,辅助职能主要包括信息和配合这两种。基于对目前各省市颁布的全过程工程咨询实施方案的分析,提供信息是全过程工程咨询各专项咨询工作团队之间沟通联系的一个主要渠道,也是有效调配项目资源的方式,如在《江苏省全过程工程咨询服务导则(试行)》中提出的:在编制项目建议书、可行性研究报告、资金申请报告等报批文件时,项目策划向造价咨询团队索取项目工程估算表等相关工程造价资料。因此,提供信息这一辅助职能要匹配全过程工程咨询项目的需求。

此外,全过程工程咨询团队内部存在着大量的互相配合的工作,各专项咨询团队需要以参与配合的方式持续提供全流程的服务,如造价团队需要参与配合工程设计最终成果文件的完成,也需要配合完成招标文件的编制等。因此,参与配合也是全过程工程咨询服务组织中一项重要的辅助职能。

考虑到多方参与配合的工作需要某个团队或个人进行组织协调才能保证整体有序、合理地实施,而全过程工程咨询内部各专项咨询团队之间处于平级关系,需要某个组织或个人承担组织协调的职能,但全过程工程咨询项目总负责人所能承担的组织协调工作有限,因此在辅助职能中新增了组织协调这一项以保证管理职能分工与全过程工程咨询项目的匹配度。如在进行可施工性分析的过程中,工程设计团队需要组织各专项咨询团队参与到可施工性分析中并协调各方的意见以达到整体效果的最优。

综上,将全过程工程咨询组织内部的辅助职能分为提供信息、组织协调和参与配合三种,分别用 I、O、A 来表示。这三种辅助职能之间不存在交叉,且与主要职能形成了互补,完整地覆盖了全过程工程咨询项目中管理职能的类型。

2. 管理职能分工

职能分工的主体以全过程工程咨询项目部组织架构为基准,确保组织架构与职能分工的统一性,避免分工的遗漏。采用管理职能分工表的形式将管理职能进行分解,实现任务分工和职能分工的综合表达。

(1)项目前期阶段。

项目前期阶段全过程工程咨询企业管理职能分工具体见表 2.7。

表 2.7 项目前期阶段管理职能分工

工作任务	主要工作项	职能分工						
筹划—P、决策—E(E1—咨询总负责人,E2—咨询领导小组)、执行—D、检查—C、信息—I、组织—O、配合—A		前期策划团队	工程设计团队	工程造价团队	招标代理团队	工程监理团队	项目管理团队	咨询领导小组
1.1 全过程工程咨询服务策划	总服务规划							PD
	项目管理咨询服务规划						PD	E1
	前期策划咨询服务规划	PD						E1
	工程设计咨询服务规划		PD					E1
	工程造价咨询服务规划			PD				E1
	招标代理咨询服务规划				PD			E1
	工程监理咨询服务规划					PD		E1

续表

工作任务	主要工作项	职能分工					
1.2 规划咨询	环境调查分析	PD					
	项目定义和目标论证	PD	A				E2
1.3 投资机会研究	基本投资机会分析	PD		A			
	投资估算的编制、审核	A		D			
	建设项目经济评价	A		D			
1.4 相关报告编制与评审	编制项目建议书	DO	I	I			E2
	项目建议书报审					D	
	编制可行性研究报告	DO	I	I			E2
	编制技术评估报告	DO			A	A	
	可行性研究报审					D	
1.5 价值策划	项目价值的定义、识别和评估	PDO	A	A	A	A	A

全过程工程咨询前期阶段管理职能分工设计不仅需要考虑如何最大化发挥各咨询团队的专业能力,更需要考虑如何通过分工协作提高前期阶段与设计、施工、运维阶段之间的连续性。具体内容如下。

①全过程工程咨询规划。由各咨询专业负责人基于类似项目管理经验、专业判断、项目具体情况等参与到总体服务规划工作中,与全过程工程咨询项目总负责人共同完成项目整体规划,并基于整体规划大纲各自制定专项服务大纲。

②多专业参与前期策划分析。工程设计参与项目定义与目标分析论证,有助于工程设计团队深入了解项目的性质、用途、功能定位。针对可明确使用方的项目,可对使用者等进行充分的调查和分析,有助于工程设计团队将使用者需求融入设计方案,有助于提高建设项目的使用价值。

项目目标影响着项目开展的方方面面,需要结合各专业意见评价其合理性,由咨询领导小组共同进行检查和决策。

③多专业协助进行决策分析。前期策划团队在编制项目建议书、可行性研究报告等决策分析报告时,可根据其工作内容提出需要其他阶段服务的各相关

工作团队配合提供的资料清单,辅助报批文件的编制,包括向工程设计服务工作团队索取相关设计文件、向造价咨询团队索取项目工程估算表等相关工程造价资料等,并持续跟踪相关团队工作内容的调整,保持资料的一致性。此外,在决策分析报告编制过程中,由咨询领导小组负责进行决策分析报告的内部评审,结合专业经验共同对决策分析报告提出建议,提高前期决策的科学性和合理性。

④招标代理负责策划外包服务。在技术评估报告编制中,若部分前期策划进行服务外包,则需要与招标代理团队进行协调沟通,及时确定外包团队。

⑤价值策划。价值策划是项目前期阶段非常重要的一项工作任务,主要由前期策划团队以策划成果为基础来执行,且其他咨询团队需参与到价值策划过程中,以全面了解项目价值体系,为价值的有效实现打下基础。

(2)勘察设计阶段。

勘察设计阶段全过程工程咨询项目部管理职能分工见表2.8。

表2.8 勘察设计阶段管理职能分工

管理职能	主要工作项	职能分工						
筹划—P、决策—E(E1—咨询总负责人,E2—咨询领导小组)、执行—D、检查—C、信息—I、组织—O、配合—A		前期策划团队	工程设计团队	工程造价团队	招标代理团队	工程监理团队	项目管理团队	咨询领导小组
2.1 进度管理	分析和论证项目总进度目标	I				A	PD	
	编制项目实施的总进度规划					A	PD	E1
	编制设计阶段项目实施进度计划	A				A	PD	E1
	执行设计进度管理					D	C	
	编制工程发包与物资采购工作的详细进度计划				IA	A	PD	E1
	进度目标和总进度计划的分析与调整					DC	C	

续表

管理职能	主要工作项	职能分工				
2.2 质量管理	分析和论证项目的质量目标	I			PD	E1
	确定项目质量的标准和要求	A		A	PD	
	设计提出的材料、技术、设备的分析	IA		D	C	
	阶段性设计文件编制	PD		C		
	阶段性设计文件评审					E2
	设计优化	PD	A			E2
	设计过程质量跟踪			D	C	
	可施工性分析	DO	A	A	C	
2.3 投资管理	分析和论证项目总投资目标	I	A	A	D	
	编制和调整设计阶段资金使用计划		A	A	PD	E1
	对设计方案提出投资评价	IA	D		C	
	编制及调整设计估算、概算、施工图预算	IA	PD			E1
	限额设计管理	DO	A	A	C	
2.4 信息管理	建立项目的信息编码体系及信息管理制度				A	D
	建立会议制度、各种报表和报告制度				A	D
	设计阶段信息的收集、整理和分类归档	IA	IA	IA	D	
2.5 报批报建管理	设计方案报批	A			D	
	开工报建			A	D	

传统咨询模式下勘察设计阶段主要由设计单位提供咨询服务,一方面难以保证设计咨询成果与后续实施阶段的可衔接性,另一方面忽视了设计阶段控制造价的必要性和有效性。此外,由于缺乏全过程管理的组织,设计阶段的进度管

第2章　全过程工程咨询管理的组织设计

理、信息管理等方面难以做到和施工阶段一样的全面把控。基于上述问题的考虑，勘察设计阶段管理职能分工主要进行了以下几方面的考虑。

①监理提前介入设计阶段。相较于传统咨询模式，具有丰富施工管理经验的工程监理团队提前介入设计阶段，与项目管理团队共同全面负责设计阶段的进度、质量、投资、信息和报批报建管理工作。其中，监理主要负责配合项目管理进行计划的编制并负责相关计划的执行和调整，配合项目管理完成报批报建工作，以及完成对造价文件和设计文件的检查工作等。监理和项目管理共同参与的职能分工方式首先有利于在勘察设计阶段建立起完善的管理体系，提高设计成果的整体质量。其次，有利于监理深入了解设计意图，有效进行后续现场施工的管理。

②多专业共同开展可施工性分析。由设计团队组织各咨询团队共同开展可施工性分析并进行相应的设计修改，可施工性分析完成后负责编制可施工性分析报告；工程监理主要参与和配合可施工性分析的完成，通过审查设计方案并结合施工经验提出设计方案中不利于现场施工之处并提出改进意见；工程造价团队在可施工性分析过程中主要就改进方案的造价合理性进行分析并提出意见；项目管理团队结合现场管理经验提出改进意见并负责可施工性分析报告的审查工作。

③多专业共同开展限额设计。由设计团队总体负责限额设计的实施，在设计过程中充分利用价值工程方法，对项目功能设计进行分析和调整，并组织各团队参与限额设计工作。工程监理团队也可配合设计团队对项目功能分析提供一定的建议。造价团队负责确定限额设计指标，并在限额设计实施过程中与设计团队进行充分沟通，进行成本的分析和必要的调整，配合设计团队实现成本和功能之间的平衡。而项目管理团队总体负责限额设计的管理工作，进行限额设计工作中有关决策工作，并对限额设计效果进行审查。

④造价参与设计优化，咨询领导小组发挥审查决策功能。设计优化过程中工程造价团队可提出工程设计、施工方案的优化建议，以及配合进行各专项方案工程造价的编制与比选，并由咨询领导小组选择最终设计方案。

（3）招投标阶段。

在前期策划阶段招标代理团队完成了项目整体的招标策划，因此在招投标阶段主要进行招投标过程的实施和管理，为业主选择合适的承包商。招投标阶段全过程工程咨询项目部管理职能分工具体见表2.9。

表 2.9 招投标阶段管理职能分工

管理职能	主要工作项	职能分工						
筹划—P、决策—E（E1—咨询总负责人 E2—咨询领导小组）、执行—D、检查—C、信息—I、组织—O、配合—A		前期策划团队	工程设计团队	工程造价团队	招标代理团队	工程监理团队	项目管理团队	咨询领导小组
3.1 招标采购信息	招标采购需求	I	A		D		C	
	施工单位及供应商信息收集				D			
3.2 招标方案编制	进度计划等				D		C	
3.3 招标	招标文件编制及审核			A	D			CE2
	供方考察			A	D			
	发售招标文件				D		C	
	组织现场踏勘，投标预备会				PD		C	
	补遗文件编制及审核			A	PD		C	
	组建评标委员会				D		C	
3.4 开标、评标、中标	开标				D		C	
	清标、评标			A	D		A	
	中标公示				D		C	
	发出中标通知书并退还投标保证金				D		C	
3.5 合同签订	合同签订		A	A	PD	A	C	

在承包商选择过程中，不仅需要考虑项目成本和承包商的技术能力，更需要结合项目实际情况和项目的具体需求进行综合选择，因此，招投标阶段的管理职能分工主要进行以下几方面的考虑。

①全面收集招标采购需求。招标代理进行招标采购需求的收集，以此为基础开展后续施工单位和供应商招投标工作。前期策划团队可根据前期策划阶段成果为招标采购提供所需的信息，工程设计团队根据设计方案，对涉及的新材料、新设备等提出采购需求，并提供相关技术规格说明等。

②招标文件开展内部评审。在招标文件编制中，工程造价团队主要负责进

行工程量清单以及最高投标限价的编制。此外,招标文件的编制需要咨询领导小组进行内部评审,工程设计负责人可结合设计要求对标段划分、特殊资质能力要求等方面提出建议,而工程监理负责人可结合现场管理经验对承包商选择标准提供合理建议等。招标代理团队结合多方需求和意见进行招标文件的补充修改,更利于全过程工程咨询企业与承包单位之间的配合和管理。

③多专业辅助评标。评标过程中工程造价团队辅助招标代理团队进行各类招标项目投标价合理性的分析,项目管理团队可结合项目总体计划对施工进度计划进行审核。

④共同完成合同签订。招标代理团队可集结全过程工程咨询团队的多专业力量共同完成合同签订工作,如组织造价团队对相应造价条款进行审核和补充,设计团队就合同中关于新工艺的做法、成果相关的条款进行把关等,保证合同的严谨性和适用性。

(4)施工阶段。

施工阶段全过程工程咨询项目部管理职能分工见表2.10。

表 2.10 施工阶段管理职能分工

管理职能	主要工作项	职能分工						
筹划—P、决策—E(E1—咨询总负责人,E2—咨询领导小组)、执行—D、检查—C、信息—I、组织—O、配合—A		前期策划团队	工程设计团队	工程造价团队	招标代理团队	工程监理团队	项目管理团队	咨询领导小组
4.1 进度管理	审查施工进度计划					D	C	
	编制年、季、月度工程综合计划					D	C	E1
	检查、分析和调整施工进度计划					D	C	
	编制设备采购及设备监造工作计划	A	A			D	C	E1
	施工进度跟踪控制					D	C	
	影响进度的问题处理					D	OC	
	进度协调					A	D	
	审查各年、季、月进度控制报告					D	C	

续表

管理职能	主要工作项	职能分工				
4.2 质量管理	设计交底及图纸会审	D			A	C
	设计变更控制和技术核定	A			D	E2
	设备制造单位和材料审查				D	C
	施工过程相关质量文件审核				D	C
	施工单位相关资格、标准和成果的审查				D	C
	设备制造、装配、组装、出厂管理				D	C
	确定重大和关键工序施工方案				D	E2
	工程变更方案比选				D	E2
	施工过程的质量跟踪				D	C
	处理工程质量事故			A	D	E1
	质量事故的跟踪检查				D	C
	隐蔽工程、检验批、分项工程和分部工程验收	A			D	OC
	工程竣工预验收	A			D	OC
	专项验收、技术验收、单位工程验收、试生产	A			D	OC
4.3 造价管理	编制、调整施工阶段资金使用计划		A		D	C
	施工过程造价动态管理		D		A	C
	技术经济比较和论证	A	D		A	
	施工阶段采购管理造价控制		D	A	A	C
	进行工程计量		D		D	C
	处理索赔事项		D		C	E1
	工程款支付审核		D		D	C	E1
	工程变更管理		D		D	C	E1
	工程签证审核		D		D	C	E1
	工程结算管理		D		A	C	E1
	编制投资控制最终报告		A		A	D	

续表

管理职能	主要工作项	职能分工					
4.4 信息管理	编写相关施工管理文件					D	C
	督促各施工、采购单位整理提交工程技术资料					D	C
	工程信息的收集、整理、存档	A	A	A	A	D	
	组织提交竣工资料	A	A	A	A	D	
4.5 合同管理	跟踪和控制合同履行					D	C
	合同变更处理				A	D	E1
	施工合同争议处理			A	A	D	C
	施工合同解除					D	C
	保修合同签订					D	C
4.6 安全管理	安全生产相关文件、方案、措施审核					D	C
	审查制度、资格、手续等					D	C
	施工过程安全监督					D	C
	组织现场安全综合检查					D	C
	意外伤害事故的调查和处理					D	E1
	巡视检查危险性较大的分部分项工程专项施工方案实施情况					D	C
	整改安全事故隐患					D	C
4.7 运维准备	总结评估以及回访	A	A	A	A	A	D
	编制建筑使用说明书、房屋维修手册等材料		A			A	OD
	运营管理人员培训						D
	设备设施移交					A	D
	配合运营的系统调试与修正					A	D
	质保期管理		A			A	D

与传统咨询模式相比，全过程工程咨询项目施工阶段管理职能分工的差异体现在以下四个方面。

①咨询领导小组发挥团队决策功能。对于需要结合咨询团队各专业力量，全方面进行评估才能决策的工作任务，由全过程工程咨询领导小组负责，如重大和关键工序施工方案的选择、工程变更方案比选以及设计变更控制和技术核定等。

②全过程工程咨询项目总负责人的个人决策职能。除了参与咨询领导小组的共同决策外，全过程工程咨询项目总负责人还额外承担部分日常工作的决策职能，如相关计划的审核确认、造价管理工作的最终审核、意外伤害事故处理决策等。作为全过程工程咨询内部审核的最后一个环节，对其他咨询团队工作的成果进行确认。

③多专业协同进行信息管理。施工阶段多专业通过统一信息平台等方式进行统一的信息管理，由项目管理团队负责信息管理的总体把控，其他咨询团队通过及时整理和移交档案、定期在信息平台录入数据、参与信息管理培训等各种方式配合信息管理工作。

④多专业共同进行总结评价。各专项咨询团队在项目管理团队的组织下对策划、设计及施工阶段工作进行总结评价，以及为运维阶段做准备工作。

（5）运维阶段。

运维阶段管理职能分工见表2.11。

表2.11 运维阶段管理职能分工

管理职能	主要工作项	职能分工						
筹划—P、决策—E（E1—咨询总负责人，E2—咨询领导小组）、执行—D、检查—C、信息—I、组织—O、配合—A		前期策划团队	工程设计团队	工程造价团队	招标代理团队	工程监理团队	项目管理团队	咨询领导小组
5.1 工程质量缺陷处理	检查和记录工程质量缺陷					D	C	
	监督实施缺陷处理					D	C	
	调查工程质量缺陷原因，确定责任归属					D	CE	

续表

管理职能	主要工作项	职能分工					
5.2 项目后评价	项目后评价报告的编制	A	A	A	A	A	D
	价值实现效果评价						E2
5.3 运维咨询	项目的维修保养和回访	A				A	D
	运营期绩效考核报告的编制						D
	运维费用支付审核			D		A	C
5.4 延续更新咨询	配合项目延续更新	D				C	
5.5 辅助拆除	提供建筑全生命期提示制度,协助专业拆除公司制订建筑安全绿色拆除方案等	D				C	

全过程工程咨询从以下两个方面完善运维阶段咨询服务。

①咨询领导小组负责价值效果评价。在运维阶段咨询领导小组以价值策划报告为基础,完成全过程工程咨询价值实现效果评价工作,从使用者感受、功能实现程度、全生命周期成本等各方面进行综合分析,完成价值策划、价值实现到价值评价的闭环。

②根据需求参与项目运维、更新、拆除工作。全过程工程咨询企业作为非临时性组织,可为项目提供长期的运维咨询服务,其中设计团队可结合设计方案、施工技术等制订维修保养计划并由项目管理团队根据回访结果进行对应的调整,以及由造价团队负责运维费用管控等。

根据以上分析,以工作任务设计以及组织架构设计为基础进行管理职能设计,有利于建立清晰的职能界面,指导全过程工程咨询团队展开内部的分工协作。

2.2.4 全过程工程咨询项目部的工作流程

1. 流程设计的目的

传统咨询模式下工程咨询业务互相割裂,流程体系比较烦冗,各项流程工作之间缺少有效信息反馈,因此对工程建设进程有较大的制约。全过程工程咨询服务实施流程的设计是服务组合高效运行的载体。通过实施流程设计可清晰地看到该流程的各个工作环节和各个工作环节的流转关系,以及各个工作环节的相关负责组织,将全过程工程咨询企业内部隐形的工作流程显性化,使相关负责人就流程本身达成共识,避免因对流程认识不清而造成流程效率低下,从而有效提高现有流程的系统集成性。

2. 实施流程设计

实施流程设计首先按全过程工程咨询服务的阶段划分,梳理各主要实施环节在项目建设流程中的顺序关系。然后根据全过程工程咨询项目部组织架构确定实施主体的构成以及各主要环节的实施主体,如由造价咨询团队完成投资估算的编制,由招标代理团队进行招标信息的搜集等。最后将各实施主体的实施环节串联起来,由此实现全过程工程咨询工作实施步骤的固化。

(1)前期阶段。在整个项目开始实施之前,全过程工程咨询领导小组首先进行全过程工程咨询服务规划,以及各专项咨询服务的具体规划工作。前期策划过程主要有前期策划和工程造价团队参与,并由项目管理团队负责报批报审工作。

(2)勘察设计阶段。从前期阶段进入勘察设计阶段,工程咨询实施的主要团队由前期策划团队转为工程设计团队和工程造价团队。勘察设计阶段由咨询领导小组负责进行各阶段设计方案的审核和决策。

(3)招投标阶段。从勘察设计阶段进入招投标阶段,设计团队从负责咨询业务开展的角色转变为辅助角色,由招标代理团队开始发挥主要功能。该实施流程以全过程工程咨询整体策划为主,因此不考虑咨询业务分包的情况,若实际项目存在咨询业务分包,则需要在相应业务开展之前由招投标团队负责进行相关业务的招投标工作。

(4)施工阶段。施工阶段是参与咨询团队最多的一个阶段。以项目管理和工程监理团队的管控协调为主,造价提供相应的造价管理服务,设计主要提供设计咨询协助。下面以造价管理实施流程为例,进一步分析全过程工程咨询项目部在施工阶段如何完成具体咨询业务的实施。

①付款审核实施流程。施工单位提交付款申请后,首先由工程监理团队中的监理工程师进行付款申请的审核,审核内容包括预付款额度的真实性、计量的

准确性、结算的准确性等,并由监理负责人确认。审核完成后由工程造价团队进行复审并由造价负责人确认,主要针对付款申请的工程量以及工程单价进行审核,保证工程价款的准确性。复审完成后交由总负责人进行最终确认,全过程工程咨询企业完成付款审签工作并由业主进行最终审批及支付工作,如图2.4所示。

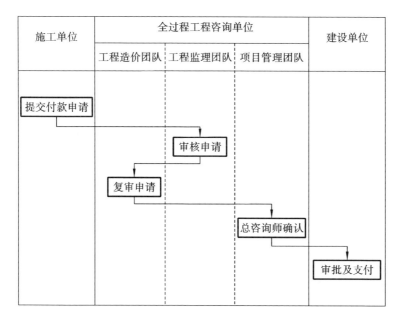

图 2.4 付款审核实施流程图

②工程变更实施流程。在工程变更实施流程中,全过程工程咨询内部的工程设计团队主要负责提出设计变更以及审核其他单位提出的工程变更方案;咨询领导小组负责进行变更方案的审核。工程造价团队负责对有关造价部分进行审核,并在变更实施后确定变更总造价,完成工作闭环。工程监理团队可提出工程变更申请,并在咨询领导小组确认变更后由监理工程师发布工程变更意向变更通知。此外,监理团队也需要参与变更影响报告的审核。项目管理团队负责工程变更流程整体的把控协调,具体包括提出工程变更以及与业主的沟通、协调、传达等工作,如图 2.5 所示。

51

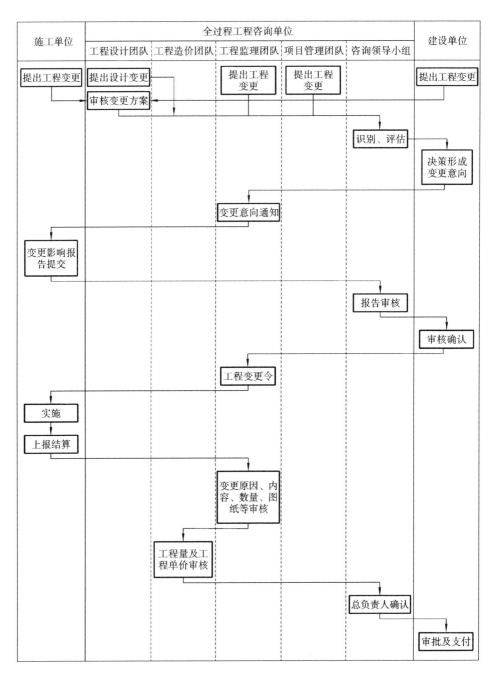

图 2.5 工程变更实施流程图

2.3 全过程工程咨询企业的组织设计

2.3.1 全过程工程咨询企业的项目组织结构

1. 全过程工程咨询企业职能与项目的双层组织结构

全过程工程咨询企业的组织结构分为两个层面,一是为了确保实现企业长期战略目标的企业层面的职能结构层,主要包括职能式、事业部式、矩阵式等基本形式,每种形式都有各自的优缺点;二是为了确保实现项目短期目标的项目层,常见的项目层组织结构包括工作队式、部门控制式、项目式和矩阵式等。同时,这两个层面的组织结构又有自身需要关注和设计的重点。

(1) 全过程工程咨询企业的职能结构层面。

由于全过程工程咨询企业的主要业务是运作项目,其企业层面的工作可以从三个阶段进行划分:一是执行项目的决策;二是项目执行过程中的监督和保障;三是执行后的资源储备。

与工作内容相对应,在对全过程工程咨询企业的职能结构进行设计时也应该包含这三个方面。首先是决策机制的确定,在项目前期阶段,企业决策层如何决定"做正确的项目"是组织设计的关键,也是确定部门和项目目标的基础;其次是保障和监督机制的确定,项目执行阶段的重点在于为业主提供符合其需求的咨询产品,同时也要确保部门和项目团队与公司战略发展一致,因此制定一些保障和监督机制(如监督、报告和绩效考核等)是十分必要的;最后是资源储备机制,这是指在项目结束后,对项目进行总结、汇总,形成包括知识管理和技术储备的数据库,从而促使企业能够具备重复类似项目的能力。

(2) 全过程工程咨询企业的项目层面。

在全过程工程咨询企业的项目层面,其工作主要是在给定资源、给定目标的情况下完成既定的目标要求,该部分要求就落在项目经理的肩上。该层面的主要工作是依据公司/部门目标设定及项目具体要求,设计各项职能管理,如进度、质量、成本控制、风险控制、范围管理、资源控制等。因此,该层面组织设计主要是围绕完成委托咨询项目的绩效目标如何控制与实现而展开。

2. 全过程工程咨询企业内部的组织模式

不同咨询项目的组织模式决定了项目的运作模式,同理,不同全过程工程咨询企业内部组织模式也决定了咨询企业内部组织的运作模式,进而决定了不同组织模式对应的项目组织构架及咨询企业内部组织关系。全过程工程咨询项目在实施前应根据特定项目的特点,选择适合的组织模式,并明确每种模式的优、缺点,采取适合的控制机制。

全过程工程咨询企业与一般企业相类似,企业的组织结构也可以分为三个层次,分别为决策层、协调管理层和执行层。但是工程咨询企业的二维结构特征使得咨询企业的组织架构设计需要兼顾企业职能结构层与项目层。因此,全过程工程咨询企业的组织模式主要包括矩阵式和直线式两种,并可以分为决策层、协调管理层和执行层三个层次。

(1)矩阵式组织模式。

矩阵式组织模式适用于大型复杂的综合性项目,或者能分解为许多小项目的工程,适合工程量大、内容庞杂、技术复杂、工期较长、对资源共享程度要求较高的项目。矩阵式组织富有弹性,有自我调节的功能,能更好地适合于动态管理和优化组合,能在保证项目目标的前提下,充分发挥各专业职能部门的作用,具有较短的协调、信息和指令途径。这是一种现代项目组织形式,具体可以分为以下两种子模式。

第一种组织模式如图2.6所示。在项目部设置各专业咨询团队,横向设置质保、安全、财务等相关职能部门,纵向按咨询业务内容设置,每项咨询业务设置一个咨询团队,如招标代理业务设置招标代理团队等。

该模式除了一般矩阵式组织模式所具有的优点外,还具有以下优点:①组织上打破了直线式职能组织以权力为中心的模式,树立以咨询业务为核心的模式;②项目的各种资源由项目部统一管理,能够最有效、节约、灵活地使用项目的资源;③将整个项目细分成咨询团队之后,可以实行咨询团队负责人责任制,咨询团队负责人对咨询团队的目标负责,有助于实现咨询团队的精细化管理,最大限度地减少管理所占用的资源和降低管理成本;④职能部门更多地充当支持性部门,支持每个咨询团队的生产活动,这样就极大地缩短了协调时间和信息与指令的传递途径,提高了沟通效率。

该模式的缺点如下:①管理难度比较大,需要比较高素质的管理人员;②根

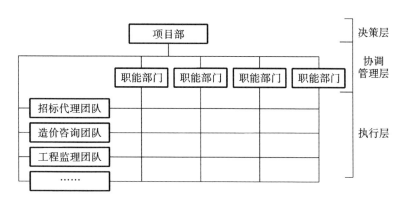

图 2.6 全过程工程咨询企业项目部矩阵式组织模式

据咨询业务划分,每项咨询业务会有一名负责人来负责这项业务,各个咨询业务的负责人可能都会为自己团队的成本考虑,对这项工作进行推诿,从而产生矛盾和分歧。

第二种组织模式如图 2.7 所示。设立类似项目管理办公室(project management office,PMO)的组织模式,协调管理横向职能部门和竖向咨询团队。PMO 是一个协助项目经理实现项目目标的组织实体,它的基本功能是对项目和项目群进行规划、评估、控制与协调。随着 PMO 的逐渐发展,它还可以具备其他职责,如组合管理、咨询和培训项目、制定项目管理的方法和标准等。在矩阵式组织中,PMO 可以很好地协调横向职能和纵向项目的交叉部分。

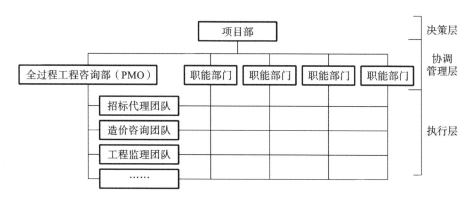

图 2.7 全过程工程咨询企业项目部设立 PMO 的矩阵式组织模式

该组织具有以下功能。①通过项目经理的知识和技能,应用最新的原则和技术去确保项目的成功完成。PMO 致力于完成与项目目标一致的可交付成果,并且管理每一个项目的成本、进度和资源的利用。②作为项目团队执行管理的直接界面。因为多数的项目团队都可能有自己的技术核心,所以 PMO 会介绍项目管理的原理。这样,PMO 可以帮助项目团队结合他们的技术方法制定确保项目和业务成功的项目管理方法。③从组织指导的角度应用方针政策、标准和行政决定等方式对每一个项目进行管理。在项目管理中,PMO 同样担当管理项目执行和整合业务流程的角色。

该模式具备以下优点:①全过程工程咨询部可以作为项目经理的有力助手,能协调横向的各个职能部门和纵向的各个咨询团队,因而可以促进有效沟通,节约时间,降低项目整体沟通成本;②全过程工程咨询部可以时刻关注项目主线和各阶段的关键性工作,确保项目计划按期完成;③最大限度体现项目管理组织的柔性特点,在项目进行中严格按照项目管理的方法执行和考核,确保每个项目目标的实现。如何扬长避短,充分发挥其作用,全过程工程咨询部可以解决这一问题。

该模式的缺点如下:①管理难度比较大,需要高素质的管理人员;②需建立专业化的管理队伍,尤其是全过程工程咨询部融技术与管理于一体,具有很强的专业性,必须由经验丰富、理论认识深刻的专业人员组成;③需要全员的参与。全过程工程咨询部涉及整个项目部范围,关系到各类人员和资源的集成,在建设的过程中肯定会与其他部门发生冲突和抵触,协调、沟通和理解必不可少,全体员工要有正确的认识和积极的态度。

(2)直线式组织模式。

该组织模式根据现有组织架构设置相关职能部门,按项目咨询业务种类和发包情况设置咨询业务部门,咨询业务部门和职能部门并列布置。组织模式如图 2.8 所示。

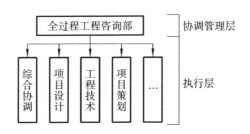

图 2.8　全过程工程咨询企业项目部直线式组织模式

该模式的优点如下:①在这种组织模式中,职能部门将所有具有与特定活动相关知识和技能的人安排在一起,分工明确,有利于管理,职能部门的内部管理效率较高;②由于咨询团队与职能部门并列设置,受职能部门的约束较小,生产效率较高;③该模式为传统模式,员工的适应性强,对该模式的抵触小。

该模式的缺点如下:①由于项目大,过程中需要大量的跨部门协调,而组织结构又是直线职能式,因此横向沟通困难。部门之间的沟通都需要通过项目经理,这会使纵向层级链出现超载,项目经理每天要批示大量的决策,因此会出现决策堆积,项目经理不能做出足够快速的反应;②该组织适合于项目任务不太复杂、人员素质稍低的项目。对需要组织快速适应外部环境、项目人员素质要求较高,项目任务重、环境复杂等的项目,该组织就不适合;③这种组织形式不利于成本精细化管理,不能进行有效的成本核算和成本管理,很难节约成本。

综上所述,全过程工程咨询企业的组织结构是由企业职能部门和项目团队的组织结构所决定的,并可以进一步分为决策层、协调管理层和执行层,如图2.6~图2.8所示。需要注意的是,由于每个企业自身的情况、面临的外部环境和项目的不同都有可能导致企业组织结构的改变,因此探寻影响企业组织设计的关键因素也是确定全过程工程咨询企业组织结构的一项重要工作。

2.3.2 全过程工程咨询企业的组织设计的关键因素

项目型企业是一种以项目为基本运作单位的新兴组织结构形式,能够对各类智力资源和专业技能进行整合。建设工程项目中全过程工程咨询企业就是项目型企业的典型示例。

项目型企业层面的最重要的两个工作就是决策问题和项目执行过程中的监督和保障。决策问题解决的是哪些项目将被批准和支持的问题。由于项目型企业是以项目为基本运作单位的,因此如何在企业战略的指导下选择"对的"项目,如何在项目之间进行资源分配就成了企业决策的关键问题。项目型企业在项目执行过程中对项目的监督和保障也是十分重要的。由于项目涉及的利益相关者众多,每个利益相关者都有使自身利益最大化的倾向,有时甚至会损害项目型企业的利益,因此要重视项目执行过程中的监督工作。另外,项目型企业为了保证项目的成功实施,还要为项目和项目各利益相关者提供相应的资源和条件,并协调各利益相关者的关系,对项目的全过程进行管理。

项目型企业的组织结构是分配和协调任务的一种方式,一是决定了组织中的报告关系,即企业的层级和管理幅度;二是能决定组织的组合方式;三是决定了企业内的部门之间沟通协调方式。因此,项目型企业组织结构是反映组织内部各要素之间关系的结构框架,这些要素包括组织内上下级之间、职能部门之间、各个分公司之间、总公司与分公司之间、员工之间等一切和组织运转有关的要素。组织结构具有复杂性、规范性、集权与分权性的特性,其中复杂性是指组织结构在专业分工和职权分级方面的复杂程度;规范性是指组织中各种工作的标准化程度,即组织的规章制度、流程体系等;集权性则描述了组织权力配置的情况,通常由决策权的集中程度来衡量,集权和分权是衡量集权性的两个常见状态。

1. 企业层级组织结构的影响因素与演化

企业组织结构的形式经历了多重演变,从 20 世纪初传统的职能制组织结构到 20 世纪 60 年代的事业部制组织结构和矩阵式组织结构,再到后现代的网络化组织结构。企业的组织结构一直随着时代发展的需要而变化,这也反映了组织结构影响因素的演化。

组织系统理论将组织作为一个开放系统,是由相互作用、相互依存的各要素结合而成的具有特定功能的有机整体。在组织理论发展的整个过程中,学者们不断对组织设计的影响因素进行探索,并形成了一系列的结构模型。如利维特(Leavitt)提出的钻石模型,包含结构、人员、目标和技术四个因素;加尔布雷斯(Galbraith)则认为无论是简单的还是复杂的组织,都包含一些基本要素,并将这些基本要素概括为战略、结构、流程、人员和报酬,形成了五角星模型;另外,韦斯伯德(Weisbord)在对组织进行诊断时得出了包括目标、结构、关系、协助机制、领导和奖励在内的关键因素,并建立了组织诊断的六盒模型。

借鉴理查德·L.达夫特(Richard L. Daft)对组织设计影响因素的分类,将其分为结构变量和情境变量。结构变量决定了组织结构和工作过程的形式,而结构变量的设计必须考虑与情境要素之间的作用关系,适应情境要素所提供的组织背景。组织中各变量的相互关系如图 2.9 所示。结构变量由规范化、专业化、标准化、集权化、复杂性、职业化、人员结构七个变量因素组成,而进行组织设计的同时,需要考虑组织目标和战略、组织规模、组织所运用的技术、组织文化以及组织的外部环境的影响作用,针对不同的组织情境进行权变的组织设计。

2. 职能层组织结构与项目层组织结构的平衡

全过程工程咨询企业是项目导向型组织,在组织流程和结构上既强调企业

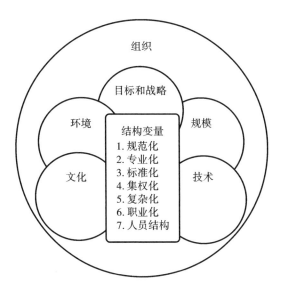

图 2.9　理查德·L.达夫特的结构与情境变量

职能结构也关注企业执行层的项目结构。因此,全过程工程咨询企业的组织结构既要保持传统组织结构的优点,延续劳动分工、标准程序、一致性规则带来的效率优势,又要兼顾项目组织结构灵活、具有柔性的特点,最大限度地发挥两者的优势,完成企业的战略目标和项目目标。这样一来,全过程工程咨询企业如何在追求柔性和保持效率之间寻求平衡成为一项挑战。

全过程工程咨询企业是由一般企业转型而来的,企业内部保留着传统的企业运行机制,如职能分工、规章制度等,但是全过程工程咨询企业的业务取决于业主的需求,这就需要企业具备更加灵活的需求响应机制。因此,要想在顺应环境需求的同时保持稳定持续发展,企业必须在效率和柔性之间进行谨慎的权衡与抉择。若处理不好两者的关系,企业要么会因为追求理想的柔性目标而陷入混乱状态,要么会因为坚守标准和职能边界而影响项目的协调和及时响应。

对企业效率与柔性的作用机理进行研究可以发现,效率与柔性悖论产生的根源是组织设计三个基本维度所蕴含的内部矛盾:一是职能结构和项目结构的矛盾;二是标准化流程和临时性计划的矛盾;三是战略决策层集权和项目执行层分权的矛盾。借鉴孙秀霞等对项目型驱动组织效率与柔性均衡的研究,并结合全过程工程咨询企业自身的特点以及组织结构的影响因素得出了全过程工程咨询企业效率与柔性的均衡模型,如图 2.10 所示。

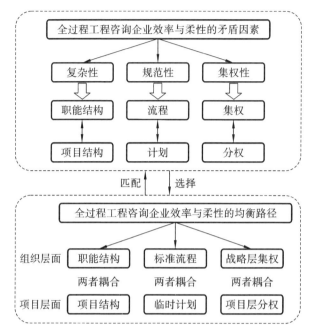

图 2.10　全过程工程咨询企业效率与柔性的均衡模型

2.3.3　全过程工程咨询企业组织设计的关键控制点

全过程工程咨询服务产品的供给过程也属于典型的项目管理过程,可分为决策阶段、实施阶段和运营阶段。在项目管理过程中的不同阶段,企业组织中不同层次的主体在上述阶段中的职责是各不相同的。但是在全过程工程咨询项目中决策阶段和实施阶段都有运营导向的思想,所以在此处只介绍更为典型的决策阶段、实施阶段和收尾阶段的关键控制点。

1. 战略决策层的关键控制点

(1)决策阶段。

对任何工程咨询企业而言,全过程工程咨询项目的项目管理前期在产品的整个生产过程中都具有重要的意义。在企业的咨询服务产品项目管理活动中,项目前期一般涵盖从收集市场信息开始到与业主签订咨询服务合同为止的所有工作内容。在项目的决策阶段,企业决策层主要考虑的是能否从项目的生产活动中获得合理的经济利润,为业主实现项目的全过程工程咨询理论与实务价值提升,形成良好的声誉,进而获得长期的隐性收益,这是企业发展战略的重要组成部分。

上述要求体现在项目决策阶段,意味着决策层必须就企业能否从咨询服务产品的生产过程中实现企业发展目标做出判断,即决策层要决定企业"做正确的项目",这也是项目决策阶段的关键控制点。

(2)实施阶段。

项目实施阶段的工作任务主要包括:根据全过程工程咨询项目的实际情况组建对应的项目团队,根据业主的个性化需求对项目的实施情况进行成本、进度和质量等方面的控制。项目实施阶段进行内控的动机和目标要明确、具体,这一阶段的目标也将直接决定企业的发展战略,决定企业能否实现由企业成长的聚合阶段向正规化阶段,甚至更高阶段的跨越。在此阶段,咨询企业决策层最关心的就是提供的咨询服务产品能否满足业主需求、能否逐渐形成企业的核心竞争力、能否获得良好的声誉,这都需要对项目的实施情况进行质量和进度的控制。另外,作为经营性企业,预期利润最大化是企业的目标之一,因此需要在咨询产品生产的过程中有效地控制项目实施过程中的成本。

综上所述,在项目实施阶段,决策层对组织运行的控制点在于确定项目的监督体系,对咨询服务产品生产过程中的成本、质量和进度的控制情况进行必要的审核,其中对成本控制情况的审核尤为关键。

(3)收尾阶段。

咨询服务产品的生产过程完成后,整个项目的生产即进入收尾阶段。这一阶段应完成的主要工作包括咨询服务产品的移交、相关费用的结算、咨询服务产品的项目成果资料的总结等。此阶段的控制重点在于咨询服务产品项目的成果资料总结。

2. 管理与协调层的关键控制点

企业的管理与协调层在企业的控制体系中处于承上启下的位置,肩负着传达决策层指令并将执行层的活动情况向决策层反馈的任务。

(1)决策阶段。

管理与协调层在项目决策阶段的工作大致可分为三个方面:一是咨询服务产品的立项审批手续;二是咨询服务产品的项目投标程序;三是咨询服务合同的签订程序。

在立项审批程序中的关键控制点分为两个方面:一是对该层级市场开发部

门的立项申请进行审核;二是在立项获得决策层批准后,对执行层在某一时期内的咨询服务产品项目生产能力进行核实,以确保项目生产活动的顺利进行。而在投标及合同签订程序中,管理与协调层的关键控制点是对合同条款的完整性、合理性等内容进行审核工作。

(2)实施阶段。

在全过程工程咨询项目的实施阶段,管理与协调层的相关部门主要负责对项目实施后的情况进行控制,包括项目的成本、质量和进度的控制,项目阶段性成果的核算等。而由于执行层的项目团队拥有对项目的实际控制权,管理与协调层的控制大都是采用间接方式实现的。如对成本控制,主要手段是月度和年度核算;对质量控制,主要手段是进行客户满意度调查;而进度控制则是根据项目经理填报的项目审批表进行节点控制,这也是此阶段的关键控制点。

(3)收尾阶段。

全过程工程咨询项目进入收尾阶段时,管理与协调层的相关部门需要就项目的完成情况进行完工评价。从项目生产的过程控制角度看,这种完工后的评价机制有利于对企业新开发项目的生产过程进行有效的控制。因此,完工评价是此阶段管理与协调层的关键控制点。

3. 项目执行层的关键控制点

执行层是整个企业控制体系的末端,在全过程工程咨询项目中直接面向客户,是企业组织与外部市场环境进行各种交易活动的桥梁。因此,在执行层中对项目实施过程进行控制是企业控制体系中最为直接有效的方式和手段。

(1)决策阶段。

如前所述,项目前期不同阶段的大部分工作内容都由管理与协调层完成,在此过程中,确定项目团队主要成员是最为重要的控制环节。对于执行层中的项目专业部门而言,选择并确定正确的项目团队主要成员是实现项目管理成功的重要先决条件。

(2)实施阶段。

在项目实施阶段,应由项目经理根据项目类型、项目规模、项目特征等方面的因素配置项目专家和项目成员,并组建项目团队,通过计划、组织、指挥、协调、控制,实现项目目标及业主需求。项目经理和项目专家在项目团队中处于不同的层次,对全过程工程咨询项目管理活动的控制权限也有所区别。此阶段的关键控制点是对项目执行情况进行监督、协调。

(3)收尾阶段。

按照前文描述的收尾阶段所应完成的主要工作内容,执行层在此阶段应着重完成项目各类款项的结算,并完成对项目团队普通成员的项目执行情况的绩效考评,这些工作内容一般都应由项目经理负责完成,因而,项目经理是收尾阶段执行层的控制主体,其工作内容是关键控制点。

综合上述分析可以看出,咨询企业在全过程工程咨询项目的项目管理过程中的阶段不同,内部控制关键节点的执行主体是不同的,一般由不同层次的部门承担。然而,在上述控制体系中仍存在一些问题,突出表现为全过程工程咨询项目管理过程中关键执行主体的职责过于集中,容易导致信息阻塞,造成效率下降等。因此,在设计企业组织运行的控制机制时必须首先对组织中各层级的岗位职责进行合理的界定,并以此为基本切入点,分析如何实现有效的控制,可行的主要手段在于建立对不同层次上各部门的激励与约束机制,这也是企业组织控制机制设计将要涉及的主要内容。

2.3.4　全过程工程咨询企业组织协调规划方案

企业是一个不完备的契约,这就意味着当不同类型的资产所有者作为参与人组成企业时,每个参与人在什么情况下干什么、得到什么,并没有明确的说明。虽然存在这样的缺陷,但是把交易从市场转移到企业内部可以减少交易成本,因此企业的存在有其必然性,其中存在的不完备性也就视为减少交易成本收益的一种代价或成本。为了在取得低交易成本收益的同时弥补企业契约的不完备性,就需要在企业内部形成一个控制机制,来弥补企业契约的不完备性,以保证企业的正常运作和发展。

1. 组织内部控制机制的设计

(1)岗位职责的界定。

组织的内部控制机制与岗位职责的确定息息相关,企业的内部控制整体应当遵循相互牵制、程式定位、系统全面、成本效益和重要性原则,同时企业的每一层级各部门的职能设置也存在不同的原则。

①战略决策层的职能设置原则。

战略决策层在企业组织运行中的职能主要包括以下三方面的内容:第一是制定并实施企业的发展战略,如通过企业的产品结构调整、组织再造等实现企业核心能力提升;第二是建立企业组织运行机制顺利运行的制度保障,如通过合理的薪酬制度和绩效考评制度激发企业组织中其他层级各行为主体的行为,使其能够与企业发展战略保持全过程工程咨询理论与实务的高度一致;第三是对企业组织运行机制中某些重要的内容予以直接控制,如对是否参与咨询服务产品项目的生产做出决定,在资金管理上推行严格的预算制等。

因此,基于内部控制理论的视角,战略决策层的职能设置原则必须满足以下几个方面:首先要能够制定明确的符合企业当前实际状况的发展战略;在此基础上,还要对企业组织运行机制的制度性保障措施做出合理的安排;此外,决策层还需对企业组织运行中某些关键性的环节进行直接控制。

②管理与协调层(相当于PMO)的职能设置原则。

管理与协调层职能设置应能满足以下原则:首先,应保证决策层发出的各种指令和执行层报送的各类信息都能够及时有效地传达;其次,在咨询服务产品的生产过程中,某些关键控制点上的职能不能集中于某一部门,以免造成管理与协调层面的业务流程阻塞,进而对企业组织运行的畅通性造成不利影响;最后,管理与协调层次的控制体系要求该层次能够高效率地执行战略决策层制定的制度性保障措施。

PMO的类型包括以下几种。

a. 初始级保证型PMO。保证型PMO是其建立的初始阶段,一般向主管副总或者主管领导汇报;在这一阶段,因为缺乏设立PMO的经验,所以其主要提供咨询、培训和支持的服务管理功能。

b. 管理级控制型PMO。在以强矩阵为组织结构的企业中可以设置控制型PMO,其可以直接向总经理汇报。此阶段PMO已较为成熟,能够为企业提供包括立项审批、项目管理、数据分析、员工培训等多方面的管理工作。

c. 优化级战略型PMO。项目组合管理办公室是企业设置的最高级协调管理机构,直接向企业最高领导者汇报。它将承担着明确企业战略和项目启动管理的双重任务,根据企业战略目标站在最高层面进行项目选择和任务分解。项目组合管理办公室负责对企业多项目进行管理,确保所有项目能够围绕企业的战略目标而顺利实施。企业选择PMO类型时,应结合企业自身特点和实际情况进行选择,通常应根据以上类型,以保证型PMO为起点逐渐升级PMO。当企业PMO发展成熟和完善后,可以选择控制级PMO对企业进行多项目管理。

③项目执行层的职能设置原则。

企业组织运行的执行层位于控制体系的末端,是咨询服务产品项目的生产过程中直接面对客户的行为主体。执行层各部门的职能设置原则相对较为简单,关键在于必须能够在实质上响应决策层、管理与协调层对于控制体系的要求。即该层的各部门在设置部门职责时要从保证项目管理成功的角度考虑。

(2)管理与协调层和执行层的控制机制。

①管理与协调层的激励与约束机制。

激励问题源于劳动分工与交易的出现,也正是由于劳动分工,导致了代理制的出现。全过程工程咨询企业运行机制中面临的重要问题之一就是如何在充分授权的前提下强化决策层对整个企业的控制力度。在一般情况下,组织内部常用的控制手段与组织的性质有较为密切的联系。市场运作下的工程咨询企业往往以利润最大化作为企业的重要目标之一,在存在大量不对称信息的条件下,强化组织的控制力度则需要对组织运行中各相关职能主体进行必要的激励,使其在咨询服务产品生产过程中的行为与企业发展的战略目标保持一致。

如前所述,信息不对称在企业组织运行中广泛存在,同时,由于组织内部各层次职能主体的有限理性,在通过内部控制的基本原理对组织运行中各职能主体的职责定位予以明确界定的条件下,报酬激励机制是构建有效的组织内部激励制度的重要手段。

②执行层的激励与约束机制。

从构建组织内部控制机制的角度考虑,在明晰各层次行为主体责任的基础上,组织运行的控制机制要求企业在组织中的不同层次上均应建立合理有效的激励与约束机制。考虑到工程咨询企业生产要素的某些特征,企业组织运行执行层上的员工所拥有的人力资本是其中的重要生产要素之一,具有一定的专用性。同时,这种形式的资本是一种动态资本,其变化将引起作为各生产要素投入载体的企业的适应性反应,表现为各种新型组织结构的出现。同时,建立基于人力资本专用性的企业组织运行执行层上的激励与约束体系将有助于进一步完善控制机制的作用。

工程咨询企业的产品形特征主要表现为咨询服务,除了为客户提供专业的咨询服务,工程咨询企业还在这一过程中为适应客户的需要建立相应的组织。对于工程咨询企业而言,组织的知识和技能的形成主要表现为以项目经理为代表的项目团队的专用性人力资本的投资过程。人力资源在工程咨询企业咨询服务产品的生产过程中处于相当核心的地位,而项目执行层的项目经理的水平将直接影响到企业的成长。因此,企业组织在项目执行层上的控制主要以对项目经理的激励与约束为主。

2. 明确组织运行中各部门的职责分工

(1)战略决策层的职责。

在构建全过程工程咨询组织运行机制的控制体系时,决策层的职责应分为以下三个层次的内容。

首先,决策层负责根据企业发展的外部环境,如工程咨询行业的发展趋势、工程咨询市场的变化等因素,并结合企业发展的实际状况,包括咨询服务产品的结构、企业在本专业工程咨询市场中的地位、企业的专业技术人员构成等,制定符合自身情况的企业发展战略。

其次,决策层应根据企业当前的发展战略,建立企业组织顺利运行的各项制度保障,如针对组织中不同层次行为主体设置合理有效的薪酬激励手段、对项目执行层的咨询服务产品生产过程实施绩效考评等。

最后,决策层的职责还应包括对组织运行中某些重要工作内容的审批,如咨询服务产品生产过程中的项目立项环节、组织运行中的预算审批等。

(2)管理与协调层的职责。

管理与协调层负责集中、协调、管理所有项目,职责从直接管理项目到提供项目管理支持。其是组织提高项目分析、设计、管理、检查等方面能力的关键资源,是组织内部项目管理的最佳实践的中心。管理与协调层的主要职责的界定如下。

①标准化职责。管理与协调层是为了解决组织中项目与项目之间沟通障碍以及项目经验知识积累障碍而出现的。因此,其重要职能之一就是通过总结收集,制定出组织环境下的最佳项目管理方法和项目管理框架,包括制定组织内通行的项目管理工作流程、方法、模式、标准、政策等。

②项目管理信息系统建立职责。信息的获取与积累是企业参与市场竞争的重要资源。掌握市场经验、客户资料、合作者经验和项目经验是获取市场竞争力的重要途径。然而全过程工程咨询企业是一个典型的项目型组织,由于项目及其组织本身的临时性导致在每个项目中产生的资料、经验等很难系统地被保存下来,造成了每个项目因没有标准化的文档、流程和系统化的知识结构,产生了大量重复性的工作,不但耗费了大量的资源,同时还会使管理效率和管理水平都大幅降低。而监理项目管理信息系统则可以避免上述情况的发生,使得企业能够获取项目信息并且通过转化系统形成系统化的项目管理信息。

③资源配置职责。从整个组织角度对各个项目开展管理与协调工作,包括

组织中所有资源的集中和合理配置,协调各个项目对公用资源的争夺和有效利用。

④服务支持职责。PMO不是单纯意义的管理机构,其应该对企业各项目提供支持,协助完成项目计划编制、项目方案的确定等工作,并为各个项目管理人员提供各种指导、帮助和支持。

⑤学习成长职责。管理与协调层在项目标准制定、项目流程管理及项目信息管理职能的引导下,制定学习培训体系。对项目经理、项目人员提供标准管理流程、方法、技能、软件等方面的培训和指导,使组织最佳实践融入项目中,即在项目中建立标准化、规范化、流程化的项目管理与运行制度,降低项目风险。

⑥投资决策职责。参与企业战略规划,制定项目选择标准,对企业的项目进行筛选,制定企业项目优先级,为企业决策者提供决策帮助。项目执行中进行分析与评估,对项目做出继续进行、变更及终止等管理行为。

(3)项目执行层的职责。

在企业的项目执行层,项目团队主要职责集中在根据国家相关规定的要求,以及客户的个性化需求,按照基于项目管理流程的主要工作环节,为客户提供高水平的咨询服务产品。同时,在这一过程中,项目执行层的行为主体(团队成员)还应主动配合管理与协调层对其项目生产活动所做的相关监控。除此之外,项目执行层还需由项目经理负责实施对项目团队成员的绩效考评工作。

3. 完善绩效考评及薪酬激励制度

(1)完善企业组织中对不同层次部门人员的绩效考评制度。

在全过程工程咨询企业中,不同层次部门的员工要采用不同的绩效考评制度。其中,管理与协调层各部门的绩效考评大致相同,即由各部门负责人根据本部门员工的工作完成情况进行评价,并交由人力资源管理部门汇总,作为薪酬激励的重要参考依据。而在项目执行层中,上述绩效考评制度则相对较为复杂,由考评责任主体根据工作计划,结合项目实际进展情况,对员工的学习、生产、管理和计划外工作四类指标进行分别评价,将评价结果上报至管理与协调层相关部门,就考评结果进行复核,并以此作为薪酬激励的依据之一。

考虑到全过程工程咨询企业中各部门员工绩效考评制度所存在的问题,并结合影响绩效的因素,通过以下两个方面完善各部门员工的绩效考评制度:一是实现绩效评价基础信息多重来源之间的互补;二是在绩效评价内容的选择上寻求短期与长期目标之间的均衡。

（2）构建企业组织中不同层次的薪酬激励制度。

激励制度作为实现组织内控的重要手段之一，存在着诸多的表现形式，如偏重于物质的显性激励和偏重于精神的隐性激励等。对于企业员工而言，最为直接的，能够使其行为在客观上与企业发展战略相一致的激励措施主要体现为薪酬。而构建更为合理的薪酬激励制度主要从管理与协调层面，以及项目执行层两个层次考虑。

①基于委托代理关系的管理与协调层各部门薪酬激励。在企业组织运行中，决策层和管理与协调层之间存在委托代理关系。由于信息不对称的情况在组织运行中是广泛存在的，基于委托代理关系的最优激励机制要求管理与协调层必须承担企业组织运行的部分风险，鉴于此，企业组织的部分剩余索取权可由该层次中的各部门所有。即企业组织的管理与协调层各部门需要在一定程度上参与企业生产经营活动，并从咨询服务产品的盈利中按照参与程度给予相应的分成。

②基于人力资本专用性的项目执行层薪酬激励。人力资本专用性视角下的项目经理激励机制的实施要点在于让其参与分享企业的剩余，同时也承担与其能力相适应的风险。对于项目实施团队而言，如何判断其在团队生产中的绩效，进而建立有效的激励措施，将在相当大的程度上解决薪酬激励的公平性问题。

可根据团队工作的任务关联度和监督的难易程度对团队生产的激励方式进行分类。在全过程工程咨询企业项目团队中，团队任务之间的关联程度高，即项目团队成员之间的相对重要性的差异不大，同时，项目经理也比较容易监督团队成员。此时，采用内部委托人制度（即将某个或某几个团队成员变成委托人，其他成员变成代理人）进行激励比较有效，它可以适当解决"搭便车"的问题。在这种制度下，作为委托人的内部成员承担相应的风险，并监督其他成员的权利，而作为代理人的团队成员获得合同收入，并接受委托人的委托。因为风险集中在少数人的手中，委托人不但有了更大的自我激励，而且也获得了监督代理人的激励。

第3章　建筑工程决策阶段的咨询管理

3.1　市场分析

3.1.1　市场分析概述

1. 市场分析的主要目的

市场分析的主要目的是研究拟生产产品的潜在销售量和市场占有率,为投资建设项目决策提供基础依据。

企业投资建设项目的最终目的是追求财务效益、经济效益的最大化,而社会公共项目追求经济效益和社会效益的平衡。在市场经济条件下,任何经济活动都是围绕市场展开的。因此,市场供需状况、竞争状况及需求结构分析是建设项目可行性研究的基础工作。

项目市场分析要解决的基本问题为以下内容。一是建设项目的必要性。投资决策必须从市场出发,分析投资项目是否符合社会需求,是否符合市场发展趋势,是否有足够的市场空间,是否能获得效益。二是建设项目的建设内容。通过市场分析确定产品方案及其目标市场,进而确定项目的建设内容;了解竞争对手的情况,最终确定项目建成时的合理生产规模,使得企业在未来能够保持合理的盈利水平和持续发展能力。

2. 市场分析的主要内容

市场分析的主要内容包括市场调查、市场预测和市场竞争策略研究。

市场调查是对现存市场和潜在市场各个方面情况的研究和评价,其目的在于收集市场信息,了解市场动态,掌握市场现状,跟踪市场趋势,发现市场机会,为企业投资决策提供科学依据。市场调查是科学地进行市场预测的前提和基础。

市场预测是在市场调查取得一定资料的基础上,运用已有的知识、经验和科学方法,对市场未来的发展状态、价格、趋势进行分析并做出判断与推测,其中最为关键的是产品需求预测。市场预测是项目投资决策的基础。

市场竞争策略研究是在深入分析市场竞争情况,充分了解市场竞争对手的基础上,确定项目目标市场、销售渠道、销售价格等策略,以便在市场竞争中争取主动地位,从而提高项目的成功率。营销战略研究也是项目前期工作的重要内容。

3. 市场分析的基本方式

(1)企业自主分析。企业根据收集到的大量市场信息能够对短期的市场走向进行分析,但对于复杂的、长期的市场趋势无法进行分析。一般企业自身研究力量有限,较难进行市场分析工作。

(2)委托专业市场分析机构分析。专业市场分析机构拥有高水平的市场分析人员,构建了科学的市场分析体系、发达的市场调查网络,并掌握成熟的方法和充分的市场数据库资源,分析结果较为可靠。

3.1.2 市场调查

1. 市场调查的内容

市场调查的内容包括市场环境调查、市场需求调查、市场供给调查、市场营销因素调查以及市场竞争情况调查。

市场环境调查主要包括经济环境、政治环境、社会文化环境、科学环境和自然地理环境等。具体的调查内容可以是市场的购买力水平,经济结构,国家的方针、政策和法律法规,风俗习惯,科学发展动态,气候等各种影响市场营销的因素。

市场需求调查主要包括消费者需求量调查、消费者收入调查、消费结构调查、消费者行为调查,包括消费者购买原因、购买种类、购买数量、购买频率、购买时间、购买方式、购买习惯、购买偏好和购买后的评价等。

市场供给调查主要包括产品生产能力调查、产品实体调查等。具体为某一产品市场可以提供的产品数量、质量、功能、型号、品牌以及生产供应企业的情况等。

市场营销因素调查主要包括产品、价格、渠道和促销的调查。产品的调查主要有了解市场上新产品开发的情况、设计的情况、消费者使用的情况、消费者的评价、产品生命周期、产品的组合情况等。产品的价格调查主要有了解消费者对价格的接受情况,对价格策略的反应等。

市场竞争情况调查主要包括对竞争企业的调查和分析,了解同类企业的产品、价格等方面的情况,他们采取了什么竞争手段和策略,做到知己知彼,通过调查帮助企业确定竞争策略。

2. 市场调查的流程

市场调查流程包括方案设计、信息和数据收集、分析全过程。尽管市场调查有多种不同的调查方法,但总的流程是一致的,基本可分为四个阶段。

(1)界定阶段。界定阶段包括了解调查需求、明确需要解决的问题、确定调查目标三个主要步骤。

(2)设计阶段。设计阶段包括设计调查方案,辨别信息类型及可能来源,确定信息收集方法,设计信息及数据获得工具,设计抽样方案,确定样本量、调查进度及费用等主要步骤。

(3)实施阶段。实施阶段包括挑选访问员、培训访问员、运作实施、复核验收等步骤。

(4)结果形成阶段。结果形成阶段包括数据处理、分析包括数据编码、数据录入、数据查错、数据分析等步骤。报告及结果展示包括撰写报告的摘要、目录、正文及附录等工作。

3. 市场调查的方法

市场调查的方法主要有文案调查法、实地调查法、问卷调查法、实验调查法等传统方法。随着计算机技术的发展,利用了 Internet 的自由性、平等性、广泛性和直接性等特点的网络市场调查方法在市场调查中被逐渐应用。企业要根据收集信息的能力、调查成本、时间要求、样本控制和人员效应的控制程度选择合适的调查方法。

3.1.3 市场预测

1. 市场预测的内容

(1)市场需求预测。市场需求预测主要是预测需求量。需求量是指未来市场上有支付能力的需求总量,包括产品国内需求和出口需求。产品出口需求分析,应当掌握国外同类产品的销量和需求变化,对比分析出口产品的优势和劣势,并估计产品出口量。

(2)市场供应预测。市场供应预测是指对市场的供应能力进行预测,包括现有的市场能力、在建的市场能力、准备建设的生产能力和进口替代分析。

(3)价格预测。在商品价格的预测中,要充分研究劳动生产率、生产成本、利润的变化,市场供求关系的发展趋势,货币价值和货币流通量变化以及国家经济政策对商品价格的影响。

2. 市场预测的基本方法

市场预测的基本方法有定性预测法和定量预测法。定性预测法包含头脑风暴法、德尔菲法、类推预测法。定量预测法一般有观察法、实验法、询问法、情况推测法、问卷法、一元线性法、弹性系数法、消费系数法、简单移动平均法、指数平滑法等。在进行预测时,不同的市场预测方法具有不同的条件、应用范围和预测精度。可以根据预测周期、产品生命周期、预测对象、数据资料、精度要求、时间与费用限制等因素,选择适当的方法,也可以采用几种方法,进行组合预测,相互验证和修正。

3. 市场预测的程序

(1)确定目标。预测应根据决策的要求确立预测的目标,具体内容包括预测的内容、范围、精确程度、预测的期限等。

(2)搜集资料。进行市场预测必须占有充分的资料。要根据预测目标系统收集各种有关资料,既要收集现时的资料,也要收集历史资料。

(3)选择预测方法并建立预测模型。

(4)分析评价预测结果。通过数学模型计算出预测值,并进一步分析评估预计误差。要根据市场因素的变化,在计算预测值的基础上,分析时间和空间各种因素变化的实际情况及其影响程度,进行模型参数调整、检验。

3.1.4 市场竞争策略研究

1. 竞争战略类型

(1)成本领先战略。成本领先战略是指企业通过扩大规模,加强成本控制,在研究开发、生产、销售、服务和广告等环节把成本降低到最低限度,成为行业中成本领先者的战略。其核心就是在追求产量规模经济效益的基础上,降低产品的生产成本,用成本低于竞争对手的优势,赢得竞争的胜利。

(2)差别化战略。差别化战略是指企业向市场提供与众不同的产品或服务,用以满足客户的不同需求,从而形成竞争优势的一种战略。差别化可以表现在产品设计、生产技术、产品性能、产品品牌、产品销售等方面,实行产品差别化可以培养客户的品牌忠诚度,使企业获得高于同行业的平均利润水平。

(3)集中化战略。集中化战略是指企业把经营战略的重点放在一个特定的目标市场上,为特定的地区或特定的消费群体提供特殊的产品服务。集中化战略与其他两个基本的竞争战略不同。成本领先战略与差别化战略面向全行业。而集中化战略是围绕一个特定的目标进行密集型的生产经营活动,要求能够比竞争对手提供更为有效的服务。

2. 行业竞争结构

(1)行业竞争结构类型。行业的竞争结构是指行业内企业的数量、规模和市场份额的分布。基于对现实的观察,提出了完全垄断、绝对垄断、两大垄断、相对垄断和分散竞争五种状态,主要根据目标市场内市场份额占有状态进行划分。

(2)行业竞争结构分析模型。哈佛大学教授迈克尔提出了一种结构化的环境分析方法,它是最主要的行业竞争能力分析方法,也称"五因素模型"。五因素分别为新进入者的威胁、替代品的威胁、购买者讨价还价的能力、供应商讨价还价的能力、现有竞争对手之间的抗衡。

(3)行业吸引力。行业吸引力是企业进行行业比较、选择的价值标准,所以也称为行业价值。行业吸引力取决于行业的发展潜力等因素,也取决于行业的平均盈利水平,同时也取决于行业的竞争结构。

3. 竞争能力分析

竞争能力是企业拥有超越竞争对手的关键资源、技术和知识,使企业在生产经营中能够优化内外资源配置,以实现可持续发展的能力。竞争能力分析,既要研究项目自身竞争能力,也要研究竞争对手的竞争能力,并进行对比,以利于进一步优化项目的技术经济方案,扬长避短,发挥竞争优势。

(1)竞争态势矩阵。竞争态势分析常用态势矩阵的评价方法,步骤如下:
①确定行业中竞争的关键因素;②根据每个因素在该行业中成功经营的相对重

要程度,确定每个因素的权重,权重和为1;③筛选出关键竞争对手,按每个因素对企业进行评分,分析各自的优势所在和优势大小;④将各评价分值与相应的权重相乘,得出各竞争者各因素的加权评分值;⑤加总得到企业的总加权分,在总体上判断企业的竞争力。

(2)核心竞争力。核心竞争力是企业在竞争中比其他企业拥有更具优势的关键资源,它具有竞争对手难以模仿,不可移植,也不会随员工的变更而流失的特点。它对公司的竞争力、市场地位和盈利能力起着至关重要的作用。

(3)价值链分析法。价值链分析法是企业基本战略分析方法中最著名有效的方法。将企业创造价值的过程分解为一系列互不相同但又相互关联的活动,这些活动构成了企业价值创造的动态过程,即企业的"价值链"。

4. SWOT 分析法

SWOT 分析法,是企业战略分析方法,它的意思是基于内外部竞争环境和竞争条件下的态势分析。

SWOT 代表的意思:S(strengths)是优势,W(weaknesses)是劣势,O(opportunities)是机会,T(threats)是威胁。SWOT 分析是通过调查列举出与研究对象密切相关的各种主要内部优势、劣势和外部的机会与威胁等,排列成矩阵形式,然后用系统分析的思想,把各种因素相互匹配,并且加以分析,从中得出一系列相应的决策性结论。

3.2 可行性研究报告

3.2.1 可行性研究概述

1. 可行性研究的概念

可行性研究是一种运用多种学科(包括工程技术学、社会学、经济学及系统工程学等)知识,对拟建项目的必要性、可能性以及经济、社会有利性进行全面、系统、综合的分析和论证,以便进行正确决策的研究活动,是一种综合的经济分析技术。可行性研究的任务是以市场为前提,以技术为手段,以经济效果为最终目标,对拟建的投资项目,在投资前期全面、系统地论证该项目的有效性和合理性，对项目作出可行或不可行的评价，在投资项目管理中，投资之前事先进行可行性研究已经成为必不可少的过程。

可行性研究不仅可以为投资者的科学决策提供依据，同时还为银行贷款、合作者签约、工程设计等提供依据和基础资料，它是决策科学化的必要步骤和手段。

2. 可行性研究的作用

可行性研究是提供科学决策的依据。进行可行性研究，是投资者在投资前期的重要工作。可行性研究对项目产品的市场需求、市场竞争力、建设方案、项目需要投入的资金、可能获得的效益及项目可能面临的风险等都要做出结论。

可行性研究是编制初步设计文件的依据。按照项目建设程序，只有在可行性研究报告完成后，才能进行初步设计。在可行性研究报告中，对项目的产品方案、建设规模、场地选择、生产工艺、设备选型等都进行了方案比较论证，确定了最优方案。在可行性研究报告获批准之后，可根据可行性研究报告进行工程设计。

建设项目可行性研究报告是项目审批立项、领导决策的重要依据，其质量关系到整个工程的质量和建成投产后的经济、社会效益。

可行性研究报告是筹措资金和申请贷款的依据。国内外银行及金融机构受理项目贷款时，首先要求提供可行性研究报告，然后对其进行全面审查、分析、论证。在此基础上，编制项目评估报告，根据项目评估报告的结论，决定是否予以贷款。世界银行等国际金融机构，也都将提交可行性研究报告作为申请贷款的先决条件。

可行性研究报告是与建设项目承包商、供应商签订合同、协议的依据。可行性研究报告的结论是项目业主就项目有关的设计、工程承包、设备供应、原材料供应、产品销售和运输等问题与有关单位签订合同、协议的依据。

3.2.2　可行性研究报告的编制内容

1. 建设方案

（1）建设方案研究。

建设方案研究的目的是项目决策分析与评价的核心内容，是在市场分析的基础上，通过多方案比选，构造和优化项目建设方案；是估算项目投资，选择融资

方案,进行项目经济、环境、安全和社会评价,进而判别项目的可行性和合理性的基础。

建设方案研究的任务就是要对两种以上可能的建设方案进行优化选择。选择合理的建设规模和产品方案,选择先进适用的工艺技术,选择性能可靠的生产设备,制订明确的资源供应、运输方案,选择适宜的场址,选择合理的总图布置以及相应的配套设施方案,满足节能、节水、环境、安全、职业卫生、消防等要求,对参与比选的方案进行综合效益对比。

项目建设方案研究的内容可随行业和项目复杂程度而异。项目决策分析不同阶段的建设方案研究工作深度不同。初步可行性研究阶段的建设方案研究比较粗略,可行性研究阶段的建设方案研究要求深入而全面。

(2)建设规模与产品方案。

①建设规模。建设规模也称生产规模,是指在所设定的正常运营年份项目可能达到的生产或者服务能力。根据市场调查和预测、营销策略以及产品方案的初步研究成果,结合技术、原材料和能源供应,协作配套和项目投融资条件,以及规模经济性等因素而确定的。

②产品方案。产品方案(也称"产品大纲")即拟建项目的主导产品、辅助产品或副产品及其生产能力的组合方案,包括产品品种、产量、规格、质量标准、工艺技术、材质、性能、用途、价格、内外销比例等。产品方案需要在产品组合研究的基础上形成,确定项目的主要产品、辅助产品、副产品的种类及其生产能力的合理组合,使其与技术、设备、原材料及燃料供应等方案协调一致。

产品方案研究应考虑以下主要因素:国家产业政策和企业发展战略;市场需求和专业化协作;资源综合利用和环境制约条件;原材料、燃料供应;生产技术条件和运输装备存储条件;产品定位和竞争力。

③建设规模和产品方案编制内容。一是多方案比选。根据市场预测与产品竞争力、资源配置与保证程度、建设条件与运输条件、技术设备满足程度与水平、筹资能力、环境保护以及产业政策等确定生产规模和产品方案,列出多种建设规模和产品方案并进行比选。二是技术改造项目特点。改、扩建和技术改造项目要描述企业目前规模和各装置生产能力以及配套条件,结合企业现状确定合理改造规模并对产品方案和生产规模作说明和方案比较,进行优选。对改造前后的生产规模和产品方案列表对比。

(3)生产工艺技术方案与设备方案。

生产工艺技术方案和设备方案的选择是工程和配套方案确定的基础,与项目的建设规模和产品方案选择形成互为条件,也是投资估算和经济分析的重要基础,是影响项目环境、安全以及经济合理性的重要因素。

①生产工艺技术方案研究。技术方案研究就是通过调查研究、专家论证、方案比较、初步技术交流和询价,确定拟建项目的生产技术、工艺流程、生产配方及生产方法、生产过程控制、操作规程及程序数据等,以确保生产过程安全、环保、节能、合理、流畅、有序。

②技术来源方案和设备来源方案。

③生产工艺技术与设备方案编制内容与要求。对于由多套工艺装置组成的大型联合装置,需要按照要求另编工艺装置分册,对工艺技术进行详细叙述。对于改、扩建和技术改造项目,要叙述原有工艺技术状况,说明项目建设与原有装置的关系,结合改造具体情况编制相关内容。

(4)建设条件与场(厂)址选择。

建设条件指拟建项目的建设施工条件和生产经营条件,主要包括与项目建设有关的宏观运行环境、自然环境、工程及水文地质条件等。

场(厂)址选择是一项政策性涉及面广的综合性的技术经济分析工作。场(厂)址选择应进行多方案比较,要依据地区规划与产业布局,结合建设项目近期目标和长远利益综合分析,从中选择符合国家政策,投资少、建设快、运营费低,经济效益和环境效益好的场(厂)址。

对于改、扩建和技术改造项目,说明企业所处的场(厂)址条件,对在原场(厂)址改、扩建进行论述,分析优缺点,根据方案比较结果确定改造方案。在开发区或工业园区建设,同样需要按照厂址选择的原则和内容要求进行方案比选,但根据开发区或工业园区具体的条件情况,部分内容可以适当简化。

①建设条件。包括建设地点的自然条件(水文地质条件等)、建设地点的社会经济条件、外部交通运输状况、公用工程条件、用地条件、环境保护条件。

②场(厂)址选择。场(厂)址选择包括渣场(填埋场)或排污场(塘)地的选择。大型联合装置、生产基地、工业园区的建设,其场(厂)址选择要进行专题研究。场(厂)址选择应符合所在地区的规划,符合国家产业布局政策和宏观规划战略,符合国家、行业、地方政策、法律、法规等要求。场(厂)址选择应有利于资源合理配置;有利于节约用地和少占耕地及减少拆迁量;有利于依托社会或依托现有设施;有利于运输和原材料、动力供应;有利于环境保护、生态平衡、可持续发展;有利于劳动安全及卫生、消防等;有利于节省投资、降低成本、增强产品质量、提高经济效益。特殊化学品的场(厂)址选择应符合国家有关专项规范要求。

如存在多个可选场(厂)址,应归纳各场(厂)址方案的优缺点,对拟选场(厂)址从地区条件、建设条件、投资和运行费用、环境保护等诸多方面进行定性和定量比较,必要时进行技术经济综合比较并作动态分析。通过多方面对比分析和方案比较,确定推荐场(厂)址。提出场(厂)址推荐方案意见,说明推荐理由,论述推荐方案的主要特点、存在的问题及对存在问题的处理意见或建议。提供场(厂)址区域位置图和推荐场(厂)址方案示意图以及所在区域的土地利用规划情况和土地主管部门的意见。

(5)原材料与燃料及动力供应方案。

在研究确定建设规模、产品方案、工艺技术方案与设备方案时,要明确项目所需主要原材料和燃料的品种、数量、规格、质量的要求,对价格进行分析研究,并结合场(厂)址方案的比选确定其供应方案。

①原材料与燃料及动力供应的分析。原材料与燃料及动力供应的分析包括原材料、燃料和动力供应方案选择应考虑的主要因素以及主要比选内容。

②原材料与燃料及动力供应方案编制内容。a.主要原材料、辅助材料、燃料的种类、规格、年需用量;b.矿产资源的品位、成分、储量等初步情况;c.水、电、气和其他动力供应;d.供应方案选择。对于原材料、燃料和动力供应要进行方案比选,通过方案比较,选择相对优化的方案。

(6)总图运输、储运、界区内外管网方案。

总图运输方案研究主要是依据确定的项目建设规模,根据场地、物流、环境、安全、美学对工程总体空间和设施进行的合理布置。项目性质不同,总图运输方案考虑的侧重点不同,要根据项目特点,考虑其特定因素。

①总图运输方案。总图运输方案包括总体布置与厂区总平面布置、竖向布置、厂(场)内运输、厂(场)外运输、绿化方案以及比选方法等。

②总图运输、储运、界区内外管网方案编制内容。改、扩建和技术改造项目,要介绍原有企业总图、储运等情况。对可利用的设施,要具体说明总体平衡情况。需要拆迁还建的,或者结合新建项目综合考虑以新带老或合并考虑重建的,要具体说明新的工程量,并进行具体方案比选。

(7)工程方案及配套工程方案。

工程方案及配套工程方案是在技术方案和设备方案确定的基础上,围绕着工艺生产装置在建筑、结构、上下水、供电、供热等专业以及维修、服务等方面进行系统配套与完善,形成完整的运行体系。工程方案及配套工程方案与项目的技术方案和设备方案以及建设规模和产品方案选择形成互为条件,也是投资估算和经济分析的重要基础,是影响项目环境、安全以及经济合理性的重要因素。

①工程方案。工程方案选择是在已选定项目建设规模、技术方案和设备方案的基础上,研究论证主要建筑物、构筑物的建造方案。工程方案主要指土建工程,但不全是土建工程,还可按功能分类有多种称谓。

②配套工程方案。建设项目的配套工程系指公用工程、辅助工程和厂外配套工程等。配套工程方案是项目建设方案的重要部分,必须做到方案优化、工程量明确。应明确水、电、气、热等物质的来源、总用量、供应方案,并计算各分项工程量。位于工业园区的工程建设项目应优先考虑依托园区公用工程岛供应。

公用工程和辅助工程一般包括:给水排水工程、供电与通信工程、供热工程、空调系统、采暖通风系统、压缩风(含压缩空气、仪表空气)和氮气等系统以及分析化验、维修设施、仓储设施等。

厂外配套工程通常包括:防洪设施(如防潮防浪堤、防洪坝、导洪坝和导洪渠等)、铁路专用线、道路、业主码头、水源及输水管道、排水管道(包括污水管道、雨水和清净废水管道)、供电线路、通信线路、供热及原材料输送管道、厂外仓储及原材料堆场、固体废物堆场、危险废物填埋场或处置场等。

(8)环境保护方案。

环境保护是可行性研究报告中的重要内容之一。建设项目实行环境保护一票否决制。建设项目在可行性研究阶段同时要开展环境影响评价,按照规定编报环境影响评价有关文件。

为了实施可持续发展战略,预防因开发利用自然资源、项目建设对环境造成的不良影响,防止环境污染、土地沙化、水土流失等生态失调现象的发生和发展,保护各种类型的自然生态系统区域、自然遗迹、人文遗迹等,在项目建设方案研究中必须包括环境保护方案的研究,并形成相应的环境保护篇(章)。

建设项目的环境保护要根据国家要求,结合污染物的特性、排放量、浓度以及危害性,采取切实有效的防护措施。总体思路是:促进产品更新换代和生产技术进步;大力推进以清洁生产为中心的技术改造;减弱工业污染及其危害性,做到增产不增污或增产减污;按国家规定全面达标排放。

(9)安全、职业卫生与消防方案。

安全、职业卫生与消防是可行性研究报告中的重要内容之一。建设项目实行安全预评价一票否决制。建设项目在可行性研究阶段同时要开展安全预评价,按照规定编报安全预评价有关文件。

安全、职业卫生与消防是一项政策性很强的工作,涉及国家、地方有关法规和当地居民要求,对境外投资项目要了解当地政府和当地居民的规定和诉求,认真做好调研,避免引起麻烦和不必要的纠纷。建设项目的安全设施、职业病防护措施应与主体工程同时设计、同时施工、同时投入生产和使用。

①安全方案编制内容。说明采取的法律法规、部门规章和标准规范,包括国家和相关部门的法律法规和部门规章、安全相关标准规范、项目所在地对安全的有关规定和要求。

②职业卫生方案编制内容。列出执行的法律法规、部门规章及标准规范,包括国家和相关部门的法律法规和部门规章、职业卫生相关标准规范、项目所在地对职业卫生的有关规定和要求。

③消防方案编制内容。说明编制依据,包括国家、行业和地方颁布的有关消防的法律、法规、标准、规范。描述项目临近单位和消防部门的消防设施和协作条件,提出可依托的可能性。对改、扩建和技术改造项目要对原有消防系统进行描述,包括消防标准、消防体制、消防设施等,提出可依托的可能性。根据工程的原材料、中间产品及成品的物性,说明在储存过程、生产过程、运输过程等各个环节的火灾危险性,根据工艺生产和辅助设施的运行特点,说明各生产部位、建筑物、厂房等产生火灾的危险性。根据火灾危险性,确定各单项工程的火灾危险性类别。说明采用的防火措施及配置的消防系统。

(10)节能、节水方案。

①节能。

节能是我国经济和社会发展的一项长远战略方针,也是当前一项极为紧迫的任务。项目的建设方案必须体现合理利用和节约能源的方针,建设项目在可行性研究阶段节能篇章的编制内容如下。

列出项目应遵循的主要法律、法规及设计标准,包括国家、项目所在地政府、项目所处行业及企业标准等。对外投资应遵循项目建设地国家或地区、行业和地方有关法律、法规。列出项目所需能源的品种、数量。简述能源利用特点及合理性。改、扩建和技术改造项目要给出现有装置用能状况。简述能源供应状况,分析能源来源、供应能力、供应方案、长期供应稳定性、在量和价方面对项目的满足程度、存在的问题及风险。

阐述项目节能分析与措施,包括以下内容。一是全厂综合性节能技术和措施。根据项目具体情况,从项目整体优化入手,原料、产品之间是否形成产业链、热能资源及水资源是否合理充分利用等。项目总体用能是否合理。对节能技术改造项目明确要达到的节能目标。二是装置节能技术和措施。对工艺技术节能,公用工程、辅助生产设施节能,设备、材料节能,自动控制方案节能,电气方案节能,总体布置、装置布置和管道布置方案节能,采暖通风方案节能,建筑方案节能等进行节能措施及效果描述。列出主要能源消耗量并折算能耗,汇总各种能耗得出项目综合耗能。对能耗进行分析,包括全厂能耗构成及分析、单位产品能耗分析。

②节水。

项目建设必须贯彻节约用水、高效用水,遵守水资源永续利用的原则。建设项目要实行更加严格的水资源政策,必须评估水资源的承受能力和合理使用水资源。列出项目所需水资源的品种、数量。简述水资源利用特点及合理性。改、扩建和技术改造项目要给出现有装置用水状况。简述水资源供应状况,分析水源、供应能力、供应方案、长期供应稳定性、在量和价方面对项目的满足程度、存在的问题及风险。

根据项目具体情况,从项目整体优化入手,说明项目总体用水和水资源利用的合理性。对技术改造项目,明确要达到的节水目标。工艺装置、公用工程、辅助生产设施中主要耗水装置分别叙述采用的节水措施和效果,列出水耗指标并进行分析。

(11)项目组织与管理。

建设项目建设期间的组织管理对项目的成功组织与实施有着重要作用。项目确定的实施计划,是确定项目资金使用计划和建设期的依据。

①组织机构与人力资源配置方案。按照市场经济规则,企业组织机构要创新,按照现代企业制度要求设置管理机构,原则是高效、精干。

②组织机构与人力资源配置方案编制内容。a.企业管理体制及组织机构设置。简述企业管理体制及其确定原则,列出企业管理组织机构。改、扩建和技术改造项目,要简述现有管理体制和组织机构,并提出新项目建设后与旧体制的关系。b.生产班制与人力资源配置。根据国家、部门、地方的劳动政策法规,结合项目具体情况,提出生产运转班制和人员配置计划。c.人员培训与安置。根据国家、部门、地方的劳动政策法规,结合项目具体情况,合理招聘各种人员。

③项目招标方案。根据《中华人民共和国招标投标法》和《中华人民共和国招标投标法实施条例》,在中华人民共和国境内进行下列工程建设项目,包括项目的勘察、设计、施工、监理以及与工程建设有关的重要设备、材料等的采购,必须进行招标:a.大型基础设施、公用事业等关系社会公共利益、公众安全的项目;b.全部或者部分使用国有资金投资或者国家融资的项目;c.用国际组织或者外

国政府贷款、援助资金的项目。

④项目代建制方案。工程项目代建制是规范政府投资项目管理的重要举措。《国务院关于投资体制改革的决定》(国发〔2004〕20号),要求对采用直接投资方式的非经营性政府投资项目加快实行代建制。在代建期间,代建单位在项目单位授权范围内行使代建职权。代建制项目的代建费用标准和付费方式,暂由各级政府价格主管部门或有关部门规定。

⑤项目实施进度与计划的编制内容。a.建设工期。建设工期一般是指从拟建项目永久性工程开工之日到项目全面建成投产或交付使用所需要的全部时间。建设工期可参考有关行业部门或专门机构制定的定额和单位工期定额,也可采用已建工程的经验数据。通常建设工期应根据项目建设内容、工程量大小、建设难易程度以及资金保障程度、施工条件和管理组织等多因素综合研究确定。b.项目实施进度与计划的编制内容。包括项目组织与管理、实施进度计划、项目招标内容、代建制内容、主要问题及建议。

2. 投资估算

(1)投资估算阶段的划分。

不同阶段的投资估算,运用的方法和允许的误差是不同的。项目规划和项目建议书阶段,投资估算精度要求低,可采用简单的匡算法,如单位生产能力估算法、生产能力指数法、系数估算法、比例估算法等。在可行性研究阶段,投资估算精度要求高,需采用相对详细的投资估算方法,如指标估算法。

投资机会研究及项目建议书阶段估算工作比较粗略,估算误差率在30%左右,作为项目建议书审批、初步选择投资项目的依据。

初步可行性研究阶段进行项目可行性判断,初步评价估算误差率在20%左右,作为是否进行可行性研究的依据和确定辅助性专题研究的依据。

详细可行性研究阶段进行全面详细技术经济分析论证,进行方案比选、确定结论,估算误差率在10%左右,作为编制设计文件的主要依据。

(2)固定投资估算的基本方法。

固定投资估算的基本方法包括生产能力指数法、资金周转率法、分项类比估算法(比例估算法)、工程概算法、系数(因子)估算法、投资指标估算法等;按是否考虑通货膨胀可分为静态投资估算和动态投资估算。

①静态投资估算。静态投资是指构成固定投资的各项费用中,除了建设期利息、价差预备费之外的费用。静态投资估算包括生产能力指数法、资金周转率

法、分项类比估算法、工程概算法。

②动态投资估算。动态投资是包括了建设期利息、价差预备费等在内的费用,即考虑了通货膨胀、利息等因素,动态投资估算在固定投资中除静态投资部分的资金估算外还包括建设期利息、价差预备费等。

(3)流动资金的估算。

流动资金应包括维持项目正常运行所需的全部周转资金。可根据研究阶段的不同,用扩大指标估算法或分项详细估算法进行估算。

①扩大指标估算法。参照同类企业流动资金占营业收入的比例(营业收入资金率),流动资金占经营成本的比例(经营成本资金率),或单位产量占用流动资金的数额来估算流动资金的方法。扩大指标估算法适用于项目建议书阶段。

扩大指标估算法可以依据的费用包括固定资产投资、经营成本、销售收入、年产值等。其计算公式见式(3.1)。

$$\text{所需的流动资金额} = \text{所依据的费用} \times \text{类似项目流动资金占该费用的比例} \quad (3.1)$$

②流动资金分项详细估算法。其计算公式见式(3.2)~式(3.4)。

$$\text{流动资金} = \text{流动资产} - \text{流动负债} \quad (3.2)$$

$$\text{流动资产} = \text{应收账款} + \text{预付账款} + \text{存货} + \text{现金} \quad (3.3)$$

$$\text{流动负债} = \text{应付账款} + \text{预收账款} \quad (3.4)$$

3. 资金筹措

资金筹措的编制内容如下。

(1)资金来源。

①权益资本。说明项目权益资金的来源及方式,权益资金筹措时,权益资本的比例不仅要满足国家规定的不同行业最低要求,还应考虑债权人的要求。同时根据项目具体情况和投资者的情况,参照行业平均水平,合理确定投资项目权益资本比例。根据目前我国政府有关规定,项目资本金比例是以规模总投资为依据,而符合国际惯例的权益资本比例是以项目总投资为依据。外商投资项目和境外投资项目以符合国际惯例的项目总投资(或投资总额)为依据。值得注意的是:上报国家和地方政府有关部门审批的项目,30%的铺底流动资金必须是权益资本。

②债务资金。说明项目债务资金的来源及方式,给出债务资金的使用条件,

包括利率、还款期、宽限期等。

③准股本资金。说明项目使用准股本资金的来源及使用条件。

④融资租赁。说明使用融资租赁的理由,明确租赁方案,必要时应对融资租赁作专门研究。

(2)中外合资经营项目资金筹措。

①注册资金最低比例的规定。说明项目注册资本的比例和确定依据,根据《中华人民共和国外商投资法》和国家市场监督管理总局相关规定,根据投资规模不同确定,注意规定的最低比例以及软件所占比例的限度。

②中外合资各方的出资比例。说明合资各方的出资比例,说明是否按照规定出资比例构成合资各方的股本比例,合资各方按照股本比例分享收益和承担风险。注意国家对外方股本比例的有关要求,部分行业不允许外方控股或限制股本比例在一定范围内。

③资金使用计划。根据项目的实施计划、资金的筹措情况以及使用条件等编制投资计划与资金筹措表。

④融资成本分析。融资成本分析主要分析计算债务资金成本、权益资本成本和加权平均资金成本。权益资本采用资本定价模型计算资金成本。一般可行性研究报告中,可只做债务资金成本分析,根据项目的财务分析结果和债务资金利息的抵税因素,向投资者作出提示,合理确定各种资金的使用比例。

⑤融资风险分析。根据融资成本的分析和资金的使用条件,结合项目财务分析结果,向投资者提出风险提示。采用项目融资模式的投资项目,要结合项目具体情况,在做融资成本分析的同时,专题做风险分析。

⑥融资渠道分析。根据项目具体情况,结合资金来源渠道、融资成本等,进行融资渠道分析,提出合理的融资渠道建议。包括政府资金介入的必要性和可能性分析、吸收其他不同渠道资金的必要性和可能性分析等,提出资金构成的建议。

4. 财务评价

财务评价是项目决策分析与评价中为判定项目财务可行性所进行的一项重要工作,是项目经济评价的重要组成部分,是投融资决策的重要依据。

财务评价是在现行会计规定、税收法规和价格体系下,通过财务效益与费用(收益与支出)的预测,编制财务报表,计算评价指标,考察和分析项目的财务盈利能力、偿债能力和财务生存能力,据以判断项目的财务可行性,明确项目对财务主体及投资者的价值贡献。

财务评价的编制内容如下。

(1)成本和费用的估算与分析。

①成本和费用估算的依据及说明。

成本和费用估算的依据及说明包括以下内容:a.项目所在地区或国家有关法律、法规和文件;b.公司或企业有关规定和文件;c.有关参考信息、资料来源;d.有关方面合同、协议或意向;e.对所采用的依据加以说明。

②成本和费用估算的方法。

成本和费用估算的方法主要有生产要素估算法和制造成本加期间费用估算法。在可行性研究报告中,一般可按生产要素估算法估算,有特别要求时,可按制造成本加期间费用估算法估算。

生产成本费用(总成本费用)包括外购原材料费用、外购燃料费用、外购动力费用、制造费用、期间费用等。其中,制造费用包括折旧费用、维修费用、其他制造费用等。期间费用包括其他管理费用、财务费用、其他营业费用。

由于固定资产投资实行消费型增值税政策,投资中的增值税可以抵扣企业增值税,因此,项目固定资产原值和摊销费用估算时,应扣除可抵扣的固定资产增值税额。

经营成本为总成本费用扣除固定资产折旧费、无形资产、其他资产摊销费用和财务费用后的成本费用。

副产品回收。为便于计算费用与效益,一般副产品回收计入销售收入中。但在计算单位生产成本时,应在原材料消耗中扣除副产品回收费用。如果副产品收入占比很小,可以直接扣减;如果副产品收入占比较大,直接扣减将会导致单位成本计算偏差较大,此时按收入占比去分摊成本比较合理。

在计算单位生产成本时,联产品的成本分摊应按行业有关规定或习惯做法进行,应附以下表:成本和费用估算表、原材料消耗表、燃料和动力消耗表、固定资产折旧计算表、无形资产和其他资产摊销表。

③成本和费用分析。

对成本构成项目和费用比例进行简要分析,根据项目特点与行业普遍水平比较,提出建议。为配合竞争力分析,必要时进行单位成本分析,并与行业水平比较或与竞争对手比较。对应市场价格,作不同价格条件下的成本分析。

(2)销售收入和税金估算。

①销售收入估算。销售收入是指投资项目销售产品或者提供服务获得的收

入,是折现现金流量表中现金流量的主要项目之一,也是利润与利润分配表的主要科目之一。销售收入估算的基础数据包括产品或服务的数量和价格。

②税金估算。销售产品或服务涉及的税费主要有:增值税、消费税、资源税、城市维护建设税及教育费附加、地方教育费附加等。项目增值税为销项税和进项税之差。计算增值税金时,注意各种产品的不同税率和出口产品退税率以及特殊产品的减免税率。

(3)财务分析。

①财务分析的依据及说明。财务分析的依据及说明包括:国家有关法律、法规和文件;公司或企业有关规定和文件;有关参考信息、资料来源;对所采用的依据加以说明。

②财务分析的报表。财务分析的报表包括:项目投资财务现金流量表;项目资本金财务现金流量表;投资各方财务现金流量表;利润与利润分配表;借款还本付息计划表;财务计划现金流量表;资产负债表。

③财务分析指标。财务分析指标包括盈利能力分析、偿债能力分析、财务生存能力分析。

④不确定性分析。不确定性分析包括敏感性分析和盈亏平衡分析。

5.经济分析

经济分析是按照资源合理配置的原则,从国家整体角度考察项目的效益和费用,用货物影子价格、影子工资、影子汇率和社会折现率等经济参数,分析、计算项目对国民经济带来的净贡献,评估项目的经济合理性。企业自主决策的项目一般不要求做经济分析,如遇特大型项目或国家有关部门要求进行经济分析时,应按照《建设项目经济评价方法与参数》最新版的要求。

经济分析的编制内容包括以下方面。

(1)经济分析主要报表。经济分析主要报表是"项目投资经济费用效益流量表"。辅助报表一般包括建设投资调整估算表、流动资金调整估算表、营业收入调整估算表和经营费用调整估算表。如有要求,也可以编制国内投资经济费用效益流量表。

(2)主要经济分析指标。通过"项目投资经济费用效益流量表"计算经济净现值和经济内部收益率指标。

(3)敏感性分析。根据项目具体情况,找出项目的敏感因素,选择各敏感因素的变化率,计算其对项目盈利能力的影响。

(4)费用效果分析指标。费用效果分析基本指标是效果费用比。

6. 风险分析

风险分析作为可行性研究的一项重要内容,贯穿于项目分析的各个环节和全过程。即在项目可行性研究的主要环节,包括市场、技术、环境、安全、消防、投资、融资、财务、经济及社会分析中进行相应的风险分析,并进行全面的综合分析和评价。风险分析首先应由各专业人员在可行性研究报告各章节内容中论述,并予以归纳。当认为其风险程度大且情况复杂时,应专题论述,必要时要通过项目负责人,对项目整体风险作分析。

风险分析的编制内容如下。

(1)风险因素的识别。应针对项目特点识别风险因素,层层剖析,找出深层次的风险因素。

(2)风险程度的估计。采用定性或定量分析方法估计风险程度。

(3)研究提出风险对策。提出针对性的切实可行的防范和控制风险的对策建议。

(4)风险分析结果的反馈。在可行性研究过程中应将风险分析结果随时反馈于项目方案的各个方面,以便调整完善方案,规避风险。

(5)编制风险与对策汇总表。将项目的主要风险进行归纳和综述,说明其起因、程度和可能造成的后果,以全面、清晰地展现项目主要风险的全貌,将风险对策研究结果汇总于表。

7. 研究结论

(1)综合评价。对可行性研究中涉及的主要内容概括性地给予总结评价。

(2)研究报告的结论。对可行性研究中涉及的主要内容及研究结果,给出明确的结论性意见,提出项目是否可行。

(3)存在的问题。对项目可行性研究过程中提出的问题进行汇总,并分析问题的严重性以及对项目各方面的影响程度。

(4)建议及实施条件。明确提出下一步工作中需要协调、解决的主要问题和建议,提出项目达到预期效果需要满足的实施条件。

3.3 项目环境影响评价

3.3.1 项目环境影响评价概述

1. 项目环境影响评价的概念

环境影响评价是对拟议中的建设项目、区域开发计划和国家政策实施后可能对环境产生的影响进行的系统性识别、预测和评估。环境影响评价的目的是通过评价报告帮助决策者做出正确的选择，以使开发项目对环境资源产生最小的影响，而不至于减损自然系统的生产力。

环境影响评价的过程按顺序进行，包括一系列的步骤。环境影响评价应该是一个补充和循环的过程，这是由于在各个步骤之间存在着反馈机制和相互作用。在实际工作中，环境影响评价的各步骤的顺序可变化，而且工作过程也可以不同。

一种理想的环境影响评价过程，应该能够满足以下条件：①生成清楚的环境影响报告书，以使专家和非专家都能了解可能的影响特征及其重要性；②基本上适应于所有可能对环境造成显著影响的项目，并能够对所有可能的显著影响做出识别和评估；③对各种替代方案（包括项目不建设或地区不开发的情况）、管理技术、减缓措施进行比较；④及时、清晰的结论以便为决策提供信息；⑤包括广泛的公众参与和严格的行政审查程序。

环境影响评价主体可以是建设单位、受托的环评单位、环保行政部门，但必须获得国家或地方环境保护行政机构认可的环境影响评价资格证书。我国《建设项目环境保护管理条例》规定："建设项目对环境可能造成重大影响的，应当编制环境影响报告书，对建设项目产生的污染和对环境的影响进行全面、详细的评价。"一般来说，环境影响评价工作要生成环境影响报告书。建设单位是建设项目环境影响评价的责任主体，其要对建设项目实施后可能造成的环境影响进行分析、预测，并进行评估，据此提出并落实预防或者减轻不良环境影响的对策和措施。

2. 项目环境影响评价的要求与内容

(1)生态环境部关于建设项目的环境影响评价报告书的编制要求。

对建设项目进行环境影响评价的目的是从经济效益与环境效益出发,对建设项目进行综合的、卓有成效的可行性研究,从而合理开发资源、保护自然环境。而环境影响报告书是评价工作的具体成果。在环境影响评价工作中,应从工程与环境相互影响的关系中,论证项目建成之后,可能对自然、社会、经济、生活环境造成的近期和远期、直接与间接的影响,提出实施最佳方案的可能性,使之布局合理,既可获得最大的经济效益,又使其对自然环境的有害影响得到有效的控制,使影响的范围与程度尽可能地缩小。

(2)评价报告书的内容一般包括以下几个方面。

①总论:编制依据,采用标准,评价大纲及其审查意见,项目建议书的审批意见,评价委托书(合同)或任务书等。

②概况:项目性质,选择厂址方案意见,建设规模,原材料用量、来源、组成成分,公用设施,占地面积,工艺水平及流程,近远期发展规划,有害物质排放的方式、影响范围及数量。

③对周围环境影响的分析和预测。分析并预测项目建设过程、投产、服务期满各个阶段对自然生态、社会、经济等方面产生的影响。

④周围环境现状调查(影响区域)、类比调查,必要的测试,收集现有的地质、气象、地貌、土壤、水文(地表和地下)、动植物、天然矿产资源、交通、文化及社会经济等各类污染源现状资料。

⑤项目建设对环境最终产生的影响和损失的预测分析,可能采取的补救与替代方案以及对环境影响的范围、深度。

⑥拟采取的环境保护措施效益分析,对策的综合分析,环境保护设施投资估算等。

⑦环境影响评价的结论。结论应力求简明扼要,对环境质量的影响,建设规模、选址是否合理,是否符合环保要求,所采取的措施在技术上是否可行,经济上是否合理,是否需要再做进一步的深入评价等,做出科学的评估。

⑧对环境影响的经济损益分析(经济、社会、环境三者定性、定量分析)。

⑨建立环境监测制度,提出监测布点原则,项目建成投产后对其进行实测,积累资料。

⑩存在的问题及建议。

3. 项目环境影响预测与评价方法

(1)环境影响预测的方法。

关于环境要素与环境过程变化的预测方法,比较常用的有定量分析法、定性分析法和类比法三种。定量分析法是把环境影响评价中环境要素或环境过程的变化规律用不同的数学形式表示出来,得到反映这些规律的数学模型。如投入产出模型、结构模型解析法、数理统计的回归分析方法、微分模型法、模糊数学方法等。定性分析法是指根据经验及各种资料,对建设项目可能引起的环境要素及环境过程变化的性质及程度做出预测的方法。类比法是利用与建设项目所在地区环境特点相类似的其他地区的资料作为对比,说明该建设项目的环境影响。类比法是目前在我国环境影响评价中普遍采用的方法之一。

环境模拟是进行环境影响预测的技术基础,几年来广泛运用风洞模拟、水团追踪实验以及室内土柱淋浴模拟实验等技术,不断开拓新的试验研究方法,以提高环境影响预测的可靠性。

环境经济损益分析在环境影响评价中的应用还处在探索阶段,仅在少数环境影响评价项目中做了尝试,它是环境影响评价由环境影响预测过渡到环境决策的重要环节,亟待发展与推广。

(2)环境影响的评价方法。

环境影响的评价方法有进行环境影响的综合评价、对预测的环境影响进行评价和环境决策方法。

在进行环境影响的综合评价时,应首先对各环境要素进行评价,然后实行合理加权,即得到综合评价的意见。

对预测的环境影响进行评价的关键是根据地方环境功能确定地方性环境标准,将预测结果与该标准进行比较,做出评价。通常是根据对单项环境要素的预测结果进行评价,在必要时应对建设项目的综合影响进行评价。

环境决策方法。由于建设项目的环境影响评价是一个复杂的环境系统工程,所用的评价对策很多,目前较多采用层次分析法。层次分析法是20世纪80年代初提出的一种有效的决策方法。该分析法是指将一个复杂的多目标决策问题作为一个系统,将目标分解为多个目标或准则,进而分解为多指标(或准则、约束)的若干层次,通过定性指标模糊量化方法算出层次单排序(权数)和总排序,以作为目标(多指标)、多方案优化决策的系统方法。

4. 项目环境影响评价的作用

环境影响评价是强化环境管理的有效手段,是一项技术,对确定经济发展方向和保护环境等一系列重大决策都有重要作用。具体表现在以下四个方面。

(1)指导环境保护措施的设计,强化环境管理。开发建设活动和生产活动要消耗一定的资源,会给环境带来污染与破坏,因此必须采取相应的环境保护措施。环境影响评价是针对具体的开发建设活动或生产活动,并综合考虑开发活动特征和环境特征,通过对污染治理设施的技术、经济和环境论证,得到相对最合理的环境保护对策和措施,把因人类活动而产生的环境污染或生态破坏限制在最小范围。

(2)保证建设项目选址和布局的合理性。合理的项目布局是保证环境与经济持续发展的前提条件,而不合理的布局则是造成环境污染的重要原因。环境影响评价是从建设项目所在地区的整体出发,考察建设项目的不同选址和布局对区域整体的不同影响,并进行比较和取舍,选择最有利的方案。

(3)促进相关环境科学技术的发展。环境影响评价涉及自然科学和社会科学的广泛领域,包括基础理论研究和应用技术开发。环境影响评价工作中遇到的问题,必然是对相关环境科学技术的挑战,进而推动相关环境科学技术的发展。

(4)为区域的社会经济发展提供导向。环境影响评价可以通过对区域的自然条件、资源条件、社会条件和经济发展状况等进行综合分析,掌握该地区的资源、环境和社会承受能力等状况,从而对该地区发展方向、发展规模、产业结构和产业布局等作出科学的决策和规划,以指导区域活动。

5. 项目环境影响评价的工作程序

目前在世界范围内没有统一的环境影响评价制度、评价程序。本节介绍中国环境影响评价的工作程序。

(1)环境影响评价工作的三个阶段。

准备阶段:其主要工作为研究有关文件,进行初步的工程分析和环境现状调查,筛选重点评价项目,确定各单项环境影响评价的工作等级,编制评价工作大纲。

正式工作阶段:其主要工作为工程分析和环境现状调查,并进行环境影响预测和环境影响评价。

报告书编制阶段:其主要工作为汇总、分析第二阶段工作所得到的各种数据、资料,得出结论,完成环境影响报告书的编制。

如通过环境影响评价对新选厂址的评价为"应重新进行",即对原选厂址给出否定结论;如需进行多个厂址的优选,则应对各个厂址分别进行预测和评价。

(2)环境影响评价工作等级的确定。

评价工作的等级,是指需要对环境影响评价和各专题工作深度进行划分。各单项环境影响评价划分为三个工作等级,一级评价最详细,二级评价次之,三级评价较简略。各单项影响评价工作等级划分的详细规定,可参阅相应导则。工作等级的划分依据如下。

项目所在地区的环境特征(自然环境特点、环境敏感程度、环境质量现状及社会经济状况等);建设项目的工程特点(工程性质、工程规模、能源和资源的使用量及类型等);国家或地方政府所颁布的有关法规(包括环境质量标准和污染物排放标准)。

对于某一具体建设项目,在划分评价项目的工作等级时,根据建设项目所在地区的环境特征、环境的影响或当地对环境的特殊要求情况可作适当调整。

(3)环境影响评价大纲的编写。

环境影响评价大纲是具体指导环境影响评价的技术文件,也是检查报告书内容和质量的主要判据,是环境影响评价报告书的总体设计和行动指南。评价大纲应在开展评价工作之前编制。评价大纲应在充分研读有关文件、进行初步的工程分析和环境现状调查后形成。

评价大纲一般包括以下内容。①总则:包括评价任务的由来,编制依据,控制污染和保护环境的目标,采用的评价标准,评价项目及其工作等级和重点等;②建设项目概况;③建设项目工程分析的内容与方法;④拟建项目地区环境简介;⑤环境影响预测与评价建设项目的环境影响,包括预测方法、内容、范围、时段及有关参数的估值方法,对于环境影响综合评价,应说明拟采用的评价方法;⑥环境现状调查:根据已确定的各评价项目工作等级、环境特点和影响预测的需要,尽量详细地说明调查参数、调查范围及调查的方法、时间、地点、次数等;⑦评价工作组织、计划安排;⑧评价工作成果清单:包括拟提出的结论和建议的内容;⑨经费概算。

(4)区域环境质量现状调查和评价。

环境现状调查是各评价项目和专题共有的工作,虽然各专题所要求的调查内容不同,但其调查目的都是为了掌握环境质量现状或本底,为环境影响预测、评价和累积效应分析以及投产运行进行环境管理提供基础数据。

环境现状调查的方法主要有:现场调查法、搜集资料法和遥感法。通常这三种方法互相补充、有机结合是最有效和可行的。

环境现状调查的一般原则。根据建设项目所在地区的环境特点,结合各单项评价的工作等级,确定各环境要素的现状调查的范围,筛选出应调查的有关参数。原则上调查范围应大于评价区域,特别是对评价区域边界以外的附近区域,若遇有重要的污染源时,调查范围应适当增大。环境现状调查应首先搜集现有资料,经过认真分析筛选,择取可用部分。若这些资料仍不能满足需要时,再进行现场调查或测试。环境现状调查中,对与评价项目有密切关系的部分应全面、详细,尽量做到定量化;对一般自然和社会环境的调查,若不能用定量数据表达时,应做出详细说明,内容也可适当调整。

3.3.2 项目环境影响评价报告

1. 建设项目环境保护的分类管理

国家根据建设项目对环境的影响程度,按照《建设项目环境保护管理条例》的规定对建设项目的环境保护实行分类管理。

(1)建设项目对环境可能造成重大影响的,应当编制环境影响报告书,对建设项目产生的污染和对环境的影响进行全面、详细的评价。

(2)建设项目对环境可能造成轻度影响的,应当编制环境影响报告表,对建设项目产生的污染和对环境的影响进行分析或者专项评价。

(3)建设项目对环境影响很小,不需要进行环境影响评价的,应当填报《建设项目环境影响登记表》,具体分类名录见中华人民共和国生态环境部(下文简称"生态环境部")公布的《建设项目环境影响评价分类管理名录》(2021年版)。

2. 项目环境影响评价报告书的内容及要求

建设项目环境影响评价报告书一般包括概述、总则、建设项目工程分析、环境现状调查与评价、环境影响预测与评价、环境保护措施及其可行性论证、环境影响经济损益分析、环境管理与监测计划、环境影响评价结论和附录附件等内容。

(1)概述。

概述可简要说明建设项目的特点、环境影响评价的工作过程、分析判定相关情况、关注的主要环境问题及环境影响、环境影响评价的主要结论等。

(2)总则。

总则应包括编制依据、评价因子与评价标准、评价工作等级和评价范围、相关规划及环境功能区划、主要环境保护目标等。

①环境影响评价等级的划分。按建设项目的特点,所在地区的环境特征,相关法律法规、标准及规划,环境功能区划等划分各环境要素、各专题评价工作等级。具体由环境要素或专题环境影响评价技术导则规定。

②环境影响评价范围的确定。指建设项目整体实施后可能对环境造成的影响范围,具体根据环境要素和专题环境影响评价技术导则的要求确定。环境影响评价技术导则中未明确具体评价范围的,根据建设项目可能影响范围确定。

(3)建设项目工程分析。

建设项目工程分析是环境影响评价中分析项目建设环境内在因素的重要环节,是决定环境影响评价工作质量好坏的关键,是把握项目环境影响特点的重要手段,在建设项目环境影响评价工作中占有举足轻重的地位。

①建设项目概况。

建设项目包括主体工程、辅助工程、公用工程、环保工程、储运工程以及依托工程等。以污染影响为主的建设项目应明确项目组成、建设地点、原辅料、生产工艺、主要生产设备、产品(包括主产品和副产品)方案、平面布置、建设周期、总投资及环境保护投资等。以生态影响为主的建设项目应明确项目组成、建设地点、占地规模、总平面及现场布置、施工方式、施工时序、建设周期和运行方式、总投资及环境保护投资等。改扩建及异地搬迁建设项目还应包括现有工程的基本情况、污染物排放及达标情况、存在的环境保护问题和拟采取的整改方案等内容。

②影响因素分析。

一是污染影响因素分析。遵循清洁生产的理念,从工艺的环境友好性、工艺过程的主要产污节点以及末端治理措施的协同性等方面,选择可能对环境产生较大影响的主要因素进行深入分析。绘制包含产污环节的生产工艺流程图,说明污染物产生、排放情况及各种环境影响减缓措施状况。明确项目消耗的原料、辅料、燃料、水资源等种类、构成和数量。对建设阶段和生产运行期间,可能发生突发性事件或事故,引起有毒有害、易燃易爆等物质泄漏,对环境及人身造成影响和损害的建设项目,应开展建设和生产运行过程的风险因素识别。存在较大潜在人群健康风险的建设项目,应开展影响人群健康的潜在环境风险因素识别。

二是生态影响因素分析。包括方式、施工时序、运行方式、调度调节方式等,对生态环境的作用因素、影响源、影响方式、影响范围和影响程度。

③污染源源强核算。

根据污染物产生环节(包括生产、装卸、储存、运输)、产生方式和治理措施,核算建设项目有组织与无组织、正常工况与非正常工况下的污染物产生和排放强度,给出污染因子及其产生和排放的方式、浓度、数量等。

污染源源强核算主要有物料衡算法、类比法、实测法、产(排)污系数法、排污系数法和实验法。

物料衡算法指根据质量守恒定律,利用物料数量或元素数量在输入端与输出端之间的平衡关系,计算确定污染物单位时间产生量或排放量的方法。

类比法指对比分析在原辅料及燃料成分、产品、工艺、规模、污染控制措施、管理水平等方面具有相同或类似特征的污染源,利用其相关资料,确定污染物浓度、废气量、废水量等相关参数进而核算污染物单位时间产生量或排放量,或者直接确定污染物单位时间产生量或排放量的方法。

实测法指通过现场测定得到的污染物产生或排放相关数据,进而核算出污染物单位时间产生量或排放量的方法,包括自动监测实测法和手工监测实测法。

产(排)污系数法指根据不同的原辅料及燃料、产品、工艺、规模,选取相关行业污染源源强核算技术指南给定的产(排)污系数,依据单位时间产品产量计算出污染物产生量,并结合所采用治理措施情况,核算污染物单位时间排放量的方法。

排污系数法指根据不同的原辅料及燃料、产品、工艺、规模和治理措施,选取相关行业污染源源强核算技术指南给定的排污系数,结合单位时间产品产量直接计算确定污染物单位时间排放量的方法。

实验法指通过模拟实验确定相关参数,核算污染物单位时间产生量或排放量的方法。各核算方法的适用对象、计算公式、参数意义以及核算要求见各行业指南。

(4)环境现状调查与评价。

对与建设项目有密切关系的环境要素应全面、详细调查,给出定量的数据并作出分析或评价。对于自然环境的现状调查,可根据建设项目情况进行必要说明。充分收集和利用评价范围内各例行监测点、断面或站位的近三年环境监测资料或背景值调查资料。当现有资料不能满足要求时,应进行现场调查和测试,现状监测和观测网点应根据各环境要素环境影响评价技术导则要求布设,兼顾均布性和代表性原则。符合相关规划环境影响评价结论及审查意见的建设项目,可直接引用符合时效的相关规划环境影响评价的环境调查资料及有关结论。

①环境现状调查的方法。

环境现状调查方法由《环境影响评价技术导则》系列标准具体规定,如《环境

影响评价技术导则 大气环境》(HJ 2.2—2018)、《环境影响评价技术导则 地表水环境》(HJ 2.3—2018)、《环境影响评价技术导则 地下水环境》(HJ 610—2016)、《环境影响评价技术导则 声环境》(HJ 2.4—2021)、《环境影响评价技术导则 生态影响》(HJ 19—2022)等。

②环境现状调查与评价内容。

根据环境影响因素识别结果,开展相应的现状调查与评价,包括自然环境现状调查与评价、环境保护目标调查和环境质量现状调查与评价。

自然环境现状调查与评价:包括地形地貌、气候与气象、地质、水文、大气、地表水、地下水、声、生态、土壤、海洋、放射性及辐射(如必要)等调查内容。根据环境要素和专题设置情况选择相应内容进行详细调查。

环境保护目标调查:调查评价范围内的环境功能区划和主要的环境敏感区,详细了解环境保护目标的地理位置、服务功能、四至范围、保护对象和保护要求等。

环境质量现状调查与评价:根据建设项目特点、可能产生的环境影响和当地环境特征选择环境要素进行调查与评价。评价区域环境质量现状,说明环境质量的变化趋势,分析区域存在的环境问题及产生的原因。

(5)环境影响预测与评价。

环境影响预测与评价的时段、内容及方法均应根据工程特点与环境特性、评价工作等级、当地的环境保护要求确定。预测和评价的因子应包括反映建设项目特点的常规污染因子、特征污染因子和生态因子,以及反映区域环境质量状况的主要污染因子、特殊污染因子和生态因子。须考虑环境质量背景与环境影响评价范围内在建项目同类污染物环境影响的叠加。对于环境质量不符合环境功能要求或环境质量改善目标的,应结合区域限期达标规划对环境质量变化进行预测。

①环境影响预测与评价方法。

预测与评价方法主要有数学模式法、物理模型法、类比调查法等,由各环境要素或专题环境影响评价技术导则具体规定。

数学模式法能给出定量的预测结果,但需一定的计算条件和输入必要的参数、数据。选用数学模型时要注意模型的应用条件,如实际情况不能很好满足应用条件要求而又拟采用时,应对模型进行修正并验证。

物理模型法定量化程度较高,再现性好,能反映比较复杂的环境特征,但需要有合适的试验条件和必要的基础数据,且制作复杂的环境模型需要较多的人力、物力和时间投入。在无法利用数学模式法预测而又要求预测结果定量精度较高时,应选用此方法。

类比调查法的预测结果属于半定量性质。如由于评价工作要求时间较短等,无法取得足够的参数、数据,不能采用前述两种方法进行预测时,可选用此方法。

②环境影响预测与评价内容。

应重点预测建设项目生产运行阶段正常工况和非正常工况等情况的环境影响。当建设阶段的大气、地表水、地下水、噪声、振动、生态以及土壤等影响程度较重、影响时间较长时,应进行建设阶段的环境影响预测和评价。可根据工程特点、规模、环境敏感程度、影响特征等选择开展建设项目服务期满后的环境影响预测和评价。当建设项目排放污染物对环境存在累积影响时,应明确累积影响的影响源,分析项目实施可能发生累积影响的条件、方式和途径,预测项目实施时,在时间和空间上重点分析项目建设和生产运行对环境保护目标的影响。对存在环境风险的建设项目,应分析环境风险源项,计算环境风险后果,开展环境风险评价。对存在较大潜在人群健康风险的建设项目,应分析人群主要暴露途径。

(6)环境保护措施及其可行性论证。

明确提出建设项目建设阶段、生产运行阶段和服务期满后(可根据项目情况选择)拟采取的具体污染防治、生态保护、环境风险防范等环境保护措施;分析论证拟采取措施的技术可行性、经济合理性、长期稳定运行和达标排放的可靠性、满足环境质量改善和排污许可要求的可行性、生态保护和恢复效果的可达性。各类措施的有效性判定应以同类或相同措施的实际运行效果为依据,没有实际运行经验的,可提供工程化实验数据。

环境质量不达标的区域,应采取国内外先进可行的环境保护措施,结合区域限期达标规划及实施情况,分析建设项目实施对区域环境质量改善目标的贡献和影响。给出各项污染防治、生态保护等环境保护措施和环境风险防范措施的具体内容、责任主体、实施时段,估算环境保护投资,明确资金来源。环境保护投资应包括为预防和减缓建设项目不利环境影响而采取的各项环境保护措施和设施的建设费用、运行维护费用,直接为建设项目服务的环境管理与监测费用以及相关科研费用。

(7)环境影响经济损益分析。

将建设项目实施后的环境影响预测与环境质量现状进行比较,从环境影响

的正负两方面,以定性与定量相结合的方式,对建设项目的环境影响后果(包括直接和间接影响、不利和有利影响)进行货币化经济损益核算,估算建设项目环境影响的经济价值。

(8)环境管理与监测计划。

按建设项目建设阶段、生产运行、服务期满后(可根据项目情况选择)等不同阶段,针对不同工况、不同环境影响和环境风险特征,提出具体环境管理要求。给出污染物排放清单,明确污染物排放的管理要求。提出建立日常环境管理制度、组织机构和环境管理相关要求,明确各项环境保护设施和措施的建设、运行及维护费用保障计划。环境监测计划应包括污染源监测计划和环境质量监测计划,内容包括监测因子、监测网点布设、监测频次、监测数据采集与处理、采样分析方法等,明确自行监测计划内容。

污染源监测包括对污染源(包括废气、废水、噪声、固体废物等)以及各类污染治理设施的运转进行定期或不定期监测,明确在线监测设备的布设和监测因子。根据建设项目环境影响特征、影响范围和影响程度,结合环境保护目标分布,制定环境质量定点监测或定期跟踪监测方案。对以生态影响为主的建设项目应提出生态监测方案。对存在较大潜在人群健康风险的建设项目,应提出环境跟踪监测计划。

(9)环境影响评价结论。

对建设项目的建设概况、环境质量现状、污染物排放情况、主要环境影响、公众意见采纳情况、环境保护措施、环境影响经济损益分析、环境管理与监测计划等内容进行概括总结,结合环境质量目标要求,明确给出建设项目的环境影响可行性结论。对存在重大环境制约因素、环境影响不可接受或环境风险不可控、环境保护措施经济技术不满足长期稳定达标及生态保护要求、区域环境问题突出且整治计划不落实或不能满足环境质量改善目标的建设项目,应提出环境影响不可行的结论。

3. 环境影响报告表的内容

建设项目环境影响报告表必须由具有环评资质的环评机构填写。根据2020年12月23日生态环境部印发的《关于印发〈建设项目环境影响报告表〉内容、格式及编制技术指南的通知》(环办环评〔2020〕33号),该表分为建设项目环境影响报告表(污染影响类)和建设项目环境影响报告表(生态影响类)。前者填报内容主要有:建设项目基本情况,建设项目工程分析,区域环境质量现状、环境保护目标及评价标准,主要环境影响和保护措施,环境保护措施监督检查清单,结论。后者填报的内容主要有:建设项目基本情况,建设内容,生态环境现状、保护目标及评价标准,生态环境影响分析,主要生态环境保护措施,生态环境保护措施监督检查清单,结论。

4. 环境影响登记表的内容

建设项目环境影响登记表一般由建设单位根据《建设项目环境影响评价分类管理名录》(2021年版)自行填写,并符合《建设项目环境影响登记表备案管理办法》的规定。其填报内容包括:项目名称、项目性质、建设内容及规模、主要环境影响等。

3.4 项目评估

3.4.1 项目评估概述

1. 项目评估的概念

项目评估是指在可行性研究的基础上,根据国家有关部门颁布的政策、法规、方法、参数和条例等,从项目(或企业)、国民经济和社会的角度出发,由有关部门(包括银行、中介咨询机构等)对拟建项目建设的必要性、建设条件、生产条件、产品市场需求、工程技术、财务效益、经济效益和社会效益等进行全面分析论证,并就该项目是否可行提出相应职业判断的一项工作。国家政府部门和金融机构也开始在审批项目、提供贷款之前对拟建项目进行评估。

项目评估是工程咨询机构接受政府、企业委托,对相关地区、部门或单位提出的工程项目的项目建议书(初步可行性研究报告)、可行性研究报告、项目申请书、资金申请报告等进行评估论证,权衡各种方案的利弊和风险,提出明确的评估结论和提供咨询意见建议,为决策者进行科学决策提供依据的咨询活动。

项目评估既可以为上级主管部门把关和金融机构贷款决策提供依据,又可以为政府职能部门审批项目提供依据。

2. 项目评估的任务和原则

不同的委托主体,对评估的内容及侧重点的要求有所不同。政府部门委托的评估项目,一般侧重于项目的经济及社会影响评价,分析论证项目对于国家法律、法规、政策、规划等的符合性,资源开发利用的合理性和有效性,是否影响国家安全、经济安全、生态安全和公众利益等;银行等金融机构委托的评估项目,主要侧重于融资主体的清偿能力评价;企业委托的评估项目,重点评估项目本身的盈利能力、资金的流动性和财务风险等。

项目评估应遵循"独立、公正、科学、可靠"的原则。

3.4.2 项目评估报告的编制内容

1. 建设项目评估的程序

建设项目评估的程序如下所述。

(1)准备和组织。对拟建项目评估:首先要确定评估人员,成立评估小组。评估小组的人员结构要合理,一般包括财务人员、市场分析人员、专业技术人员、土木工程人员和其他辅助人员。组成评估小组后,组织评估人员对可行性研究报告进行审查和分析,并提出审查意见。最后,综合各评估人员的审查意见,编写评估报告提纲。

(2)整理数据和编写评估报告初稿。根据评估报告的内容,由评估小组负责人做明确的分工,各自分头工作,包括数据调查、估算、分析以及指标的计算等。数据调查和分析重点在于审查可行性研究报告所提出的问题。评估人员可以与编制可行性研究报告的单位交换意见,也可以与建设单位或主管部门交换意见。在对收集的资料进行整理以后,进行审核与分析。在基本掌握所需要的数据以后即可进入评估报告的编写阶段。在实践中,分析和论证不是一次完成的,可能要经过多次反复才能完成,特别是对一些大型项目或数据不宜取得的项目,这一阶段是评估的关键,一定要充分掌握数据,并力争数据的准确和客观。

(3)论证和修改。编写出项目评估报告的初稿以后,首先要由评估小组成员进行分析和论证,根据评估小组所提意见进行修改后方可定稿。有些评估机构,以这一阶段的定稿作为最终的评估报告交与决策部门或金融机构的信贷部门。有些评估机构,在这一阶段的定稿基础上召开专家论证会,由各方面专家再提出修改意见,最后定稿。

2. 项目申请书(报告)的咨询评估

企业投资项目申请书(报告)的核准评估,是指符合资质要求的工程咨询机构,根据项目核准机关的委托要求,对企业报送的项目申请书(报告)进行评估论证,并编写咨询评估报告,作为项目核准机关决策的重要参考依据。企业投资项目咨询评估报告原则上应对项目是否具备各项核准条件进行全面、系统的分析论证,并提出咨询评估的主要结论、存在的主要问题及对策措施建议。

(1)企业投资项目申请书的咨询评估。

①咨询评估重点。

对于企业提交的项目申请书进行咨询评估,重点论述项目在维护经济安全、合理开发利用资源、保护生态环境、优化重大布局、保障公共利益、防止出现垄断等方面的可行性、存在的主要风险因素及规避对策。着重从以下几个角度进行评估:申报单位及项目概况,发展规划、产业政策和行业准入,资源开发及综合利用,节能,建设用地、征地拆迁及移民安置,环境和生态影响,经济影响,社会影响,主要风险及应对措施,主要结论和建议。

②咨询评估要求。

对于提出准予核准咨询意见的企业投资项目,必须具备以下条件:一是符合国家法律法规和宏观调控政策;二是符合发展规划、产业政策、技术政策和准入标准;三是合理开发并有效利用了资源;四是不影响我国国家安全、经济安全和生态安全;五是对公众利益,特别是项目建设地的公众利益不产生重大影响。

③咨询评估报告的主要内容。

企业投资项目咨询评估报告主要包括以下方面内容:a.申报单位及项目概况评估;提出申报单位的申报资格以及是否具备承担拟建项目投资建设的基本条件的评估意见,并对项目概况进行阐述,为拟建项目的核准咨询评估相关章节编写提供项目背景基础;b.发展规划、产业政策和行业准入评估;c.资源开发及综合利用评估;d.节能方案评估;e.建设用地、征地拆迁及移民安置评估;f.环境和生态影响评估;g.经济影响评估;h.社会影响评估;i.主要风险及应对措施评估;j.主要结论和建议。

(2)外商投资项目申请报告的咨询评估。

对外商投资项目核准申请报告进行咨询评估,着重论证以下内容:是否符合国家有关法律法规和《鼓励外商投资产业目录(2022年版)》《中西部地区外商投资优势产业目录(2017年修订)》的规定;是否符合发展规划、产业政策及准入标准;是否合理开发并有效利用了资源;是否影响国家安全和生态安全;是否对公众利益产生重大不利影响;是否符合国家资本项目管理、外债管理的有关规定。

接受委托的咨询机构应在项目核准机关规定的时间内提出评估报告,并对

评估结论承担责任。咨询机构在进行评估时,可要求项目申报单位就有关问题进行说明。

3. 资金申请报告的咨询评估

(1)中央预算内投资补助和贴息资金申请报告的咨询评估。

对企业申请中央预算内投资补助和贴息资金项目的资金申请报告进行咨询评估的重点主要包括:是否符合中央预算内投资的使用方向;是否符合有关工作方案的要求;是否符合投资补助和贴息资金的安排原则;提交的相关文件是否齐备、有效;项目的主要建设条件是否基本落实。

(2)国外贷款投资项目资金申请报告的咨询评估。

对企业申请借用国际金融组织和外国政府贷款投资项目的资金申请报告进行咨询评估的重点主要包括:是否符合国家利用国外贷款的政策及使用规定;是否符合国外贷款备选项目规划;是否已按规定履行审批、核准或备案手续;国外贷款偿还和担保责任是否明确,还款资金来源及还款计划是否落实;国外贷款机构对项目贷款是否已初步承诺。

4. 政府和社会资本合作项目的咨询评估

根据《中共中央 国务院关于深化投融资体制改革的意见》(2016年第22号),将PPP项目纳入正常的基本建设程序。这类项目的决策,一般仍应按照审批制项目决策程序要求编制项目建议书、项目可行性研究报告和相应的立项、决策审批。另外,项目实施机构组织编制实施方案报告,并提交联审机制审查。

实施方案评估的主要内容包括以下方面:①项目实施PPP模式的必要性;②项目规模与工程技术方案是否合理;③项目运作模式与交易结构是否合理;④投融资方案是否可行;⑤物有所值评价和财政承受能力论证;⑥PPP合同内容和关键条款评估;⑦社会资本方采购方案是否合理;⑧政府承诺和风险分担机制是否合适。

项目实施过程中,政府将加强工程质量、运营标准的全程监督,确保公共产品和服务的质量、效率和延续性,并鼓励推进第三方评价。项目实施结束后,可对项目的成本效益、公众满意度、可持续性等进行后评价。

5. 社会稳定风险评估

根据《关于建立健全重大决策社会稳定风险评估机制的指导意见(试行)》

(中办发〔2012〕2号)和《国家发展和改革委员会重大固定资产投资项目社会稳定风险评估暂行办法》(发改投资〔2012〕2492号),为促进科学决策、民主决策、依法决策,预防和化解社会矛盾,建立和规范重大固定资产投资项目社会稳定风险评估机制。项目单位在组织开展重大项目前期工作时,应当对社会稳定风险进行调查分析,征询相关群众意见,查找并列出风险点、风险发生的可能性及影响程度,提出防范和化解风险的方案措施,提出采取相关措施后的社会稳定风险等级建议。

(1)评估范围。

凡是直接关系人民群众切身利益且涉及面广、容易引发社会稳定问题的重大决策事项,包括涉及征地拆迁、农民负担、国有企业改制、环境影响、社会保障、公益事业等方面的重大工程项目建设、重大政策制定以及其他对社会稳定有较大影响的重大决策事项,党政机关作出决策前都要进行社会稳定风险评估。需要评估的具体决策事项由各地区各有关部门根据上述规定和实际情况确定。

国务院有关部门、省级发展改革部门、中央管理企业在向国家发展和改革委员会报送项目可行性研究报告、项目申请书的申报文件中,应当包含对该项目社会稳定风险评估报告的意见,并附社会稳定风险评估报告。重大工程项目建设需要进行社会稳定风险评估的,应当把社会稳定风险评估作为工程项目可行性研究的重要内容,不再另行评估。

(2)评估内容。

对需要进行社会稳定风险评估的重大决策事项,重点从以下几方面进行评估。

①合法性。决策机关是否享有相应的决策权并在权限范围内进行决策,决策内容和程序是否符合有关法律法规和政策规定。

②合理性。决策事项是否符合大多数群众的利益,是否兼顾了群众的现实利益和长远利益,会不会给群众带来过重经济负担或者对群众的生产生活造成过多不便,会不会引发不同地区、行业、群体之间的攀比。拟采取的措施和手段是否必要、适当,是否尽最大可能维护了所涉及群众的合法权益。政策调整、利益调节的对象和范围界定是否准确,拟给予的补偿、安置或者救助是否合理、公平、及时。

③可行性。决策事项是否与本地经济社会发展水平相适应,实施是否具备相应的人力、物力、财力,相关配套措施是否经过科学、严谨、周密论证,出台时机和条件是否成熟。决策方案是否充分考虑了群众的接受程度,是否超出大多数

群众的承受能力,是否得到大多数群众的支持。

④可控性。决策事项是否存在公共安全隐患,会不会引发群体性事件、集体上访,会不会引发社会负面舆论、恶意炒作以及其他影响社会稳定的问题。决策事项可能引发社会稳定风险是否可控,能否得到有效防范和化解;是否制定了社会矛盾预防和化解措施以及相应的应急处置预案,宣传解释和舆论引导工作是否充分;对可能引发的社会稳定风险的各方面意见及其采纳情况,风险评估结论和对策建议,风险防范和化解措施以及应急处置预案等内容。

(3)评估主体。

重大决策社会稳定风险评估工作由评估主体组织实施。地方党委和政府作出决策的,由党委和政府指定的部门作为评估主体。党委和政府有关部门作出决策的,由该部门或牵头部门或其他有关部门指定的机构作为评估主体。需要多级党政机关作出决策的,由初次决策的机关指定评估主体,不重复评估。根据工作需要,评估主体可以组成由政法、综治、维稳、法制、信访等有关部门,有关社会组织、专业机构、专家学者及决策所涉及群众代表等参加的评估小组进行评估。

国家发展和改革委员会在委托工程咨询机构评估项目可行性研究报告、项目申请书时,可以根据情况在咨询评估委托书中要求对社会稳定风险分析和评估报告提出咨询意见。

(4)评估程序。

①充分听取意见。根据实际情况,可以采取公示、问卷调查、实地走访和召开座谈会、听证会等多种方式,就决策事项听取各方面意见。对受决策影响较大的群众、有特殊困难的家庭要重点走访,当面听取意见。听取意见要注意对象的广泛性和代表性,讲清决策的法律和政策依据、决策方案、决策可能产生的影响,以便群众了解真实情况、表达真实意见。

②全面分析论证。分门别类梳理各方意见和情况,对决策方案的合法性、合理性、可行性和风险可控性进行全面深入研究,查找社会稳定风险点。对所有风险点逐一进行分析,参考相同或者类似决策引发的社会稳定风险情况,预测研判风险发生概率,可能引发矛盾纠纷的激烈程度和持续时间、涉及人员数量,可能产生的各种负面影响,以及相关风险的可控程度。

③确定风险等级。根据分析论证情况,按照决策实施后可能对社会稳定造成的影响程度确定风险等级。风险等级分为高风险、中风险、低风险3类:大部分群众有意见、反应特别强烈,可能引发大规模群体性事件的,为高风险;部分群

众有意见、反应强烈,可能引发矛盾冲突的,为中风险;多数群众理解支持但少部分人有意见的,为低风险。风险等级的具体划分标准由各地区有关部门予以明确。

④提出评估报告。评估报告应当包括评估事项和评估过程,各方意见及其采纳情况,决策可能引发的社会稳定风险,风险评估结论和对策建议,风险防范和化解措施以及应急处置预案等内容。评估报告由评估主体主要负责人签字后报送决策机关。需要多级党政机关决策的,要逐级上报,并抄送决策实施部门和政法、综治、维稳、法制、信访等有关部门。

3.5　建设方案研究与比选

3.5.1　建设方案研究与比选概述

1. 建设方案研究与比选的基本概念

(1)建设方案研究与比选的任务与要求。

建设方案研究与比选的任务就是要对两种以上可能的建设方案,从技术、经济、环境、社会各方面,对建设方案的科学性、可能性、可行性进行论证、排序、比选和优化。通过建设方案研究与比选,选择合理的建设规模和产品方案、先进适用的工艺技术、性能可靠的生产设备、合理可行的资源供应与运输方案、适宜的场址、合理的总图布置以及相应的配套设施方案,确保项目的综合效益最大化。建设方案的研究与比选要在符合国家及行业有关经济建设法规和技术政策的条件下优选,使其满足项目决策分析与评价相应阶段的深度要求;满足项目业主的发展战略和对该项目的功能、盈利性等方面的要求,且有一定前瞻性的要求;满足技术具有可得性及技术贸易的合理性要求;满足环境友好和可持续发展的要求;满足资源节约要求;满足风险规避及工程可靠性要求;满足节约投资和成本控制的要求等。

(2)建设方案研究与比选的主要内容。

建设方案的内容可随行业和项目复杂程度而异。不同阶段的建设方案研究工作深度不同,初步可行性研究阶段的建设方案研究可以粗略比较,可行性研究阶段中的建设方案研究要求全面而深入。

一般工业项目的建设方案主要包括下列内容：①建设规模和产品方案；②工艺技术及设备方案；③场(厂)址、线路方案；④原材料与能源供应方案；⑤总图运输方案；⑥建筑安装工程方案；⑦公用、辅助及厂外配套工程方案；⑧节能、节水、节材方案；⑨环境生态保护方案；⑩安全、职业卫生与消防方案，以及项目组织与管理等。

2. 建设方案研究与比选的原则与指标体系、范围与步骤

(1)建设方案研究与比选的原则。

①先进性原则。拟比选的建设方案一般要比国内现有的技术先进，力争有较强的国际竞争力。技术先进性可以通过各种技术经济指标体现出来，主要有劳动生产率、单位产品的原材料和能源消耗量、产品质量、项目占地面积和运输量等。

②适用性原则。拟比选的建设方案必须考虑对当地资源的适用性(包括原材料、人力资源、环境资源等)，充分发挥我国和项目所在地的资源优势，适应项目特定的自然、经济、社会等方面的条件，降低原材料特别是能源的消耗，改善产品结构，提高产品质量，同时也有利于充分发挥原有的技术装备和技术力量的作用。

③可靠性原则。拟比选的建设方案必须是成熟的、稳定的，对产品的质量性能和项目的生产能力有足够的保证程度，能防范和积极避免因建设方案产生的资源浪费、生态平衡、人类安全受危害等情况的发生。未经中间检验就转化为技术方案的绝不能冒险采用。同时，技术的来源也应当可靠。

④安全性原则。拟比选的建设方案必须考虑是否会对操作人员造成人身伤害，有无保护措施，"三废"的产生和治理情况，是否会破坏自然环境和生态平衡等。应使选择的建设方案有利于环境保护和尽量少排放废气、废水和固体废物。

⑤经济性原则。拟比选的建设方案，要根据项目的具体情况，分析建设方案的投资费用、劳动力需要量、能源消耗量、产品最终成本等，反复比选各建设方案的建设成本和产品性能，选择"性价比"较高的建设方案为较优方案。同时还要注意经济的可比性原则，即比选时充分考虑满足需要可比、消耗费用可比、价格指标可采取时间因素可比、方法可比等方面的可比性。

⑥技术、经济、社会和环境相结合原则。在选择建设方案时，不仅要考虑技术和经济问题，还要对社会影响和环境影响给予必要的考虑，避免产生不良的社会问题和环境问题。

(2)建设方案研究与比选的指标体系及基础资料。

①指标体系。比选指标体系包括技术层面、经济层面和社会层面(含环境层面),随项目类别不同而不同。每一个比选层面都包含若干比选因素。因此在进行建设方案比选和优化时,不仅要选择比选层面,还要选择比选因素。市场竞争类项目比选层面着重于技术层面和经济层面;公共产品、基础设施类项目比选层面着重于社会层面和技术层面。

②基础资料及数据。建设方案比选应以可靠、可比的数据为基础,所需要收集的基础资料和数据随投资项目类别不同而不同,主要有地区资料、工程规范资料、市场调研的资料。

(3)建设方案研究与比选的范围与步骤。

①建设方案研究与比选的范围。

a.项目整体方案的研究和比选一般含建设规模与产品方案、总体技术路线、场址选择方案、总体布局和主要运输方案、环境保护方案、其他总体性建设方案等。

b.分项工程的方案研究和比选一般包括各车间建设方案、各生产装置建设方案、各专项工程(道路、管线、码头等)建设方案、其他分项工程建设方案等。

c.各专业工程的方案研究比选一般包括公用工程配套设施建设方案及主要设备选择方案等。

②建设方案研究与比选的基本步骤。

建设项目方案研究与比选一般包括以下步骤。

a.研究与比选命题的准备。每个比选问题都针对一定的条件和要求,应明晰这些条件和要求,作为组织专题方案比选的基础。

b.研究与比选组织形式的确定。一般项目咨询人员自行进行多方案研究和比选;简单的建设方案可以适当简化;许多专案比选,可以由专业工程师独立承担。

c.研究与比选基础资料的搜集。建设方案研究比选应以可靠、可比的数据为基础,根据投资项目类别不同,建设方案研究与比选应采用多种方法和渠道收集地区资料、工程规范资料和市场调研等基础资料。

d.研究与比选方案的初审。从每个方案自身初步筛选出合格的方案。

e.研究与比选方法和指标的选择。针对比选专题的特点,提出各参选方案的比较因素,并选择定性和定量分析对比的方法。

f.研究与比选工作的开展。

3.5.2 建设方案比选方法

建设方案的比选工作可以分为两个阶段。第一阶段是方案的绝对效果分析,即首先对参与比选的每个方案进行分析,要求各方案应满足基本需求,技术和经济上满足基本的入选条件。在此基础上,进行第二阶段的相对效果分析,即进行方案间的比选。绝对效果分析的目的是淘汰不符合入门标准的方案;相对效果评价的目的是对符合入门标准的方案进行优劣排序和方案组合。

在建设方案比选时,由于方案之间的相互关系不同,比选方法、选择和判断的尺度也会不同。首先需分清建设方案间的关系类型,按照方案的关系类型确定适合的比选方法和指标。方案间的关系包括独立型、互斥型、互补型、相关型、从属型、混合型。

1. 建设方案关系类型及比选方法

(1) 建设方案的类型。

根据方案相互间的关系,建设方案可分为独立型方案(单一方案)和多方案两种。多方案又可分为互斥型方案、互补型方案、从属型方案、相关型方案和混合型方案。

独立型方案是指项目各个方案之间互不干扰、互不相关,某个方案入选与否与其他方案无关。对于独立型方案的比选,只需各自进行绝对效果评价,判断是否可行即可。

互斥型方案是指在若干备选方案中,各个方案彼此可以相互代替,方案具有排他性,选择其中任何一个方案,则其他方案必然被排斥。

互补型方案是指在方案之间存在技术经济互补的方案。某一方案的接受有助于其他方案的接受。根据互补方案之间相互依存的关系,互补方案可能是对称的,也可能是非对称的。

从属型方案是指在多个备选方案中,某个方案 Y 是否被接受取决于另外一个方案 X 是否被采纳,但即便是方案 X 被采纳,方案 Y 依旧可能不被接受。也就是说方案 X 不采用,方案 Y 肯定被拒绝,而采用方案 X,方案 Y 可能被接受,也可能被拒绝,此时方案 X 和方案 Y 之间是从属关系,方案 Y 从属于方案 X。

相关型方案是指各个方案之间在技术经济、现金流量、资金使用等方面相互影响,不完全互斥也不完全依存,但任何方案的取舍会导致其他方案的变化。

混合型方案是指方案之间的相关关系可能包括上述类型中的多种组合。

(2)建设方案比选方法的类型。

在建设方案研究和比选过程中,应结合各相关因素,开展多层次、多方案分析和比选,以全面优化项目建设方案。从不同的角度出发,建设方案比选的方法一般可有以下几种基本类型。

①整体的和专项的方案比选(按范围)。

按比选的范围分,建设方案比选可分为整体的和专项的方案比选。整体的方案比选是按各备选方案所含的因素(相同因素和不同因素)进行定量和定性的全面对比。专项的方案比选仅就所备选方案的不同因素或部分重要因素进行局部对比。

专项的方案比选通常相对容易,操作简单,而且容易提高比选结果差异的显著性。但如果备选方案在许多方面都有差异性,采用专项比选的方法工作量大,而且每个专项比选结果之间出现交叉优势,其比选结果呈多样性,难以决策,这时应采用整体方案比选方法。

②定性和定量的方案比选(按模型工具)。

按比选所应用的模型工具分,项目(方案)可分为定性和定量的方案比选。定性方法主要依靠人的丰富实践经验以及主观的判断和分析能力,根据影响建设方案的各种因素,分析这些因素的影响程度,或者是把建设方案的各个方面与对项目的要求进行比较,分析建设方案对项目目标的满足程度,满足程度较高、负面影响较小的方案即是较优的建设方案。定量方法的核心是提出建设方案优化的数学模型,在定量的基础上评价建设方案的经济效益、环境效益和社会效益。

定性比选较适合于方案比选的初级阶段,在一些比选因素较为直观且不复杂的情况下,定性比选简单易行,如在场(厂)址方案比选中,由于环保政策的限制可能一票否决,没有必要比较下去,定性分析即能满足比选要求。在较为复杂的系统方案比选工作中,一般先经过定性分析,如果直观很难判断各个方案的优劣,再通过定量分析,论证其经济效益的大小,据以判别方案的优劣。有时,由于诸多因素如可靠性、社会环境、人文因素等很难量化,不能完全由技术经济指标来表达的,通常采用专家评议法,组织专家组进行定性和定量分析相结合的评议,采用加权或不加权的计分方法进行综合评价比选。

随着研究手段和方法的发展,建设方案比选的基本方法从早期的主观定性分析、定量分析、数学规划和优化发展到当前的模糊方法、遗传算法、层次分析法,实现了从单一目标局部分析发展到多目标系统分析,由静态分析到动态分析的进步。

2. 建设方案的技术比选方法

针对不同的方案内容,建设方案的技术比选方法和侧重点各有不同。常用的简单方法有简单评分法和加权评分法。

(1)简单评分法。

首先,确定技术方案的评价体系指标和标准,可以根据项目的特点,采用技术先进性、适用性、可靠性、安全性和经济性等指标。其次,由专家对不同备选方案按照各评价标准进行评价,剔除不能满足最低要求的方案,然后对其他方案进行评分,打出分值。最后,对各项标准的评分值加总,即为该备选方案的评价总分;将不同的方案按总分排列,即可对各技术方案的优劣性进行排序。

(2)加权评分法。

由于各项指标重要性程度不同,因此引入重要性系数,根据每个标准的重要程度的差异分别给予不同的权重,然后计算各方案的加权评价分,得出各方案的排序。

3. 建设方案的经济比较

(1)建设方案的经济评价指标。

①经济评价指标体系。

按照是否考虑时间价值可分为静态评价指标和动态评价指标两类。静态评价指标有:投资收益率(又分为总投资收益率和资本金净利润率),静态投资回收期,利息备付率,偿债备付率,资产负债率,流动比率,速动比率。动态评价指标有:净现值,净现值率,费用现值,净年值,费用年值,内部收益率,动态投资回收期,费用效益比。

②动态评价指标。

动态评价指标是在对投资项目形成的现金流量按货币时间价值进行统一换算的基础上进行计算的各项指标。动态经济评价指标不仅考虑了资金的时间价值,而且以项目在整个寿命期收入与支出的全部经济数据为分析对象。因此,动态经济评价指标比静态经济评价指标更全面、更科学,其包括投资回收期(动态)、净现值、净现值率、内部收益率等。

a.动态投资回收期。

在考虑资金价值的条件下,以项目每年的净收益的现值来回收项目全部投资的现值所需要的时间。

b. 净现值(net present value,NPV)。

净现值是按照设定的折现率,将项目计算期内各年发生的净现金流量折现到建设期期初的现值之和。

净现值的判别准则分单一方案和多方案两种情况。如果是单一方案的情况,若NPV>0,说明方案可行。因为这种情况说明方案实施后,除了能达到规定的基准收益率之外还能得到超额的收益。若NPV=0,说明方案可考虑接受。因为这种情况说明方案正好达到了规定的基准收益率水平。若NPV<0,说明方案不可行。因为这种情况说明方案达不到规定的基准收益率水平,甚至有可能会出现亏损。如果是多方案的情况,NPV最大(NPV≥0)的方案为最优方案。

净现值法有六个特点。一是考虑了资金的时间价值,并考虑了整个计算期的现金流量,能够直接以货币额表示项目的盈利水平。二是可以直接说明项目投资额与资金成本之间的关系。三是计算简便,计算结果稳定。四是必须先设定一个符合经济现实的基准折现率,而基准折现率的确定往往是比较复杂的。五是对于寿命期不同的技术方案,不宜直接使用净现值指标评价。六是NPV用于对寿命期相同的互斥方案的评价时,它偏好于投资额大的方案,不能反映项目单位投资的使用效率,可能出现偏差,不能直接说明在项目运营期间各年的经营成果。

c. 净现值率(net present value ratio,NPVR)。

为了更好地考察资金的利用效率,通常采用净现值率作为净现值的辅助指标。净现值率是项目净现值与项目全部投资现值之比,是单位投资现值所能得到的净现值,它是一个考察项目单位投资的盈利能力的指标。净现值率主要用于进行多个独立方案备选时的优劣排序,净现值率克服了净现值易出现投资额大的方案的偏差。

净现值率评价准则分单一方案和多方案两种情况。如果是单一方案的情况,若NPVR>0,说明方案可行;若NPVR=0,说明方案可考虑接受;若NPVR<0,说明方案不可行。如果是多方案的情况,若寿命期相同进行多方案评价,净现值率越大,方案的经济效果越好。

d. 净年值(net asset value,NAV)。

净年值是通过资金等值计算,将项目的净现值NPV分摊到寿命期内各年的等额年值,与净现值是等效评价指标。单方案时,NAV≥0,方案可行;多方案进行选择时,NAV越大的方案相对优越。净现值与净年值的评价其实是等效的,但是在处理某些问题时(如寿命期不同的多方案比选),用 NAV 就简便得多。

e. 内部收益率(internal rate of return,IRR)。

内部收益率又称为"内部报酬率"。简单地说,就是净现值为零时的折现率。内部收益率是项目在寿命期内,尚未回收的投资余额的获利能力。其大小与项目初始投资和项目在寿命期内各年的净现金流量有关,而没有考虑其他外部影响,因而称作内部收益率。在项目的整个寿命期内,按利率 IRR 计算,始终存在未能收回的投资,而在寿命期结束时,投资恰好被完全收回。净现值法必须事先设定一个折现率,内部收益率指标则不事先设定折现率,它将求出项目实际能达到的投资效率(即内部收益率)。在所有的经济评价指标中,内部收益率是最重要的评价指标之一,它是对项目进行盈利能力分析时采用的主要方法。IRR 反映了项目"偿付"未被收回投资的能力,它不仅受项目初始投资规模的影响,而且受项目寿命周期内各年净收益大小的影响,取决于项目内部。因此,IRR 是未回收资金的增值率。

内部收益率考虑了资金的时间价值以及项目在整个寿命期内的经济状况,直观地表明了项目的最大可能盈利能力和反映了投资使用效率的水平。净现值和净年值等都需要先设定一个基准折现率进行计算和比较,这样操作起来比较困难,因为基准收益率是比较难确定的。虽然国家已经确定了一些行业的基准收益率,但也不能满足目前市场的需求,还是有大量的行业和部门至今没有制定出可以参照的基准收益率。而内部收益率不需要事先确定基准收益率,使用起来方便得多。

但是内部收益率计算起来比较麻烦,它需要大量与投资项目相关的数据,对于一些非常规投资项目往往有可能会出现多个或不存在内部收益率的情况,分析和判别起来比较困难。由于内部收益率是根据方案自身数据计算出的,所以不能直接反映资金价值的大小,对于独立方案采用内部收益率的方法来评价它的经济性和可行性还是非常方便的,但是进行多方案分析时,一般不能直接用于比较和选择。

(2)工程建设方案类型。

多方案经济评价方法的选择与建设方案的类型(即建设方案之间的相互关系)有关。按照方案之间经济关系的类型,多方案可以划分为以下几种。

①互斥型方案。当进行方案比选时,选择其中一个方案,则排除了接受其他方案的可能性。这类方案在实际工作中最常见到。互斥型方案可以指同一项目

的不同备选方案,如一个建设项目的工厂规模、生产工艺流程、主要设备、厂址选择等;也可以指不同的投资项目,如进行基础设施的投资,又如体育馆或是图书馆;还可以指工业项目的投资,如工业项目投资是投资钢铁生产项目还是石油开采项目等。

②独立型方案。独立型方案是指在多个备选方案中,它们的现金流量是独立的,方案与方案之间没有任何联系,不具有相关性,也就是说在独立型方案中,选择任何一个方案并不要求放弃另外的方案。例如,某施工企业有四个项目需要进行招标,在人力、财力和物力都足够的情况下,同时进行四个工程的施工,在没有资源约束的条件下,这四个方案之间不存在任何的制约和排斥关系,它们就是一组独立方案。以上所述是指在无资源约束情况下的独立方案,因此称之为无资源限制的独立方案。很多情况下,方案选择大都可能遇到资源(资金、人力、原材料等)的限制,这种方案之间的关系就不是纯粹的独立关系。

③混合型方案。混合型方案是指项目组既存在互斥的关系又存在独立关系的方案。混合方案在结构上又可组织成两种形式。

④互补型方案。互补型方案是指存在依存关系的一组方案。执行一个方案会增加另一个方案的效益,方案之间存在互为利用、互为补充的关系。根据相互依存关系,互补型方案可分为对称型互补方案和不对称型互补方案。在对称型互补方案中,方案之间相互依存,互为对方存在的前提条件。例如,要开发一个小区,则必须同时修建公路来进行人员、材料的进出,那么,开发小区和修建公路项目无论在建设时间还是建设规模上都应该彼此适应、相辅相成,缺少其中一个,另一个就无法运行,这两者之间就是条件关系。不对称型互补方案中,其中某一个方案的存在是另一个方案存在的前提条件。例如,在大型商场设置餐饮和儿童娱乐设施会增加商场的收益,但餐饮和儿童娱乐设施非商场项目的必备条件。

⑤现金流量相关型方案。现金流量相关型方案是指在一组方案中,方案之间现金流量存在一定的影响。方案与方案之间不完全是排斥关系,也不完全是独立关系,但是一个方案的成立与否会影响其他方案现金流量的变化,从而也就影响了其他方案是否被采纳。

(3)互斥型方案的经济评价。

①互斥型方案比较。

a.互斥型方案比较的原则。

环比原则。采用环比的原则来减少比较次数,将各方案按投资额从小到大排序,依次比较,最终选出最优方案。

差额分析原则。对不同的方案进行评价和比较必须从差额角度进行,即在投资额低的方案被证明是可行的基础上,计算两个方案的现金流量差,分析研究某一方案比另一方案增加的投资在经济上是否合算,得到相关的差额评价指标;再与基准指标对比,以确定投资大还是投资小的方案为最优方案。

可比性原则。方案的可比性具体又分为资料数据的可比性,即数据资料收集整理法统一,定额标准、价格水平一致;时间上的可比性,即比较方案具有相同的计算期。

b.互斥型方案的评价步骤。

首先,进行绝对效果检验。考察备选方案中各方案自身的经济效果是否满足评价准则的要求。该步骤主要是采用相关经济评价指标进行检验,如静态投资回收期、净现值、净年值、内部收益率等。只有自身的经济效果满足了评价准则(静态投资回收期≤基准投资回收期,净现值≥0 或净年值≥0,内部收益率≥基准收益率)要求的备选方案才能进入下一评价步骤。

然后,进行相对效果检验。在通过绝对经济效果检验的方案中进行评价选择,选出相对最优的方案,这一步也可称为选优。

②寿命期相同的互斥型方案经济评价。

寿命期相同的互斥型方案经济评价常采用净现值法。评价步骤如下。

a.绝对经济效果检验:计算各方案的净现值,并加以检验,若某方案的 NPV>0,则该方案通过了绝对经济效果检验,可以继续作为备选方案,进入下一步的选优;若某方案的 NPV≤0,则该方案没有资格进入下一步的选优。

b.相对经济效果检验:两两比较通过绝对经济效果检验各方案的净现值的大小,直至保留净现值最大的方案。

c.选最优方案:相对经济效果检验后保留的方案为最优方案。在互斥型方案比选中,可计算出各方案自身现金流量的净现值,净现值最大的方案即为最优方案。

③寿命期不同的互斥型方案经济评价。

寿命期不同的互斥型方案经济评价常采用年值法。当相互比较的互斥型方案具有不同的计算期时,由于方案之间不具有可比性,不能直接采用差额分析法或直接比较法进行方案的比选。为了满足时间上的可比性,需要对各备选方案的计算期进行适当的调整,使各方案在相同的条件下进行比较,才能得出合理的结论。年值法主要采用净年值指标进行方案的比选,当各个方案的效益难以计量或效益相同时,也可采用费用年值指标。在年值法中,要分别计算各备选方案净现金流量的等额净年值或费用年值,并进行比较,以净年值最大(或费用年值最小)的方案为最优方案。年值法中是以"年"为时间单位比较各方案的经济效果,从而使计算期不同的互斥型方案间具有时间的可比性。

④寿命无限长互斥型方案经济评价。

通常情况下,各备选方案的计算期都是有限的;但某些特殊工程项目的服务年限或工作状态是无限的,如果维修得足够好,可以认为能无限期延长,即其使用寿命无限长,如公路、铁路、桥梁、隧道等。对这种寿命无限长互斥型方案的经济评价,直接采用年值指标择优选取。通常,先计算各个方案的年值,然后淘汰年值小于零的方案,最后选择年值最大的方案。

(4)独立型方案的经济评价。

①资源不受限制的独立型方案的经济评价。

如果独立方案之间共享的资源足够多(没有限制),则任何一个方案的选择只与其自身的可行性有关,因此,只要该方案在经济上是可行的,就可以采用。因此,这种情况实际上就是单方案检验。当然需要指出的是,无资源限制并不是指有无限多的资源,而是资源足够多,可以满足所有方案的需要。在资源不受限制的条件下,采用单方案判断的方法,即如果独立方案的净现(年)值大于零,则方案可行。

②资源受限制的独立型方案的经济评价。

如果独立方案之间共享的资源是有限的,不能满足所有方案的需要,则在这种不超出资源限制的条件下,独立方案的选择有两种方法:一是方案组合法,二是净现值率排序法。方案组合法如下。

a.定义。

在资源限制的条件下,按照排列组合的方法,列出独立方案所有可能的组合。所有可能的组合方案是互斥的,然后保留在组合方案中,净现值最大的一组所包含的方案即是独立方案的选择。方案组合法能够在各种情况下确保选择的方案组合是最优的,是以净现值最大化作为评价目标,保证了最终所选出的方案组合的净现值最大。

b.组合法进行方案选择的步骤。

首先,列出独立方案的所有可能组合,形成若干个新的组合方案(其中包括0方案,其投资为0,收益也为0),则所有可能组合方案形成互斥组合方案。每个组合方案的现金流量为被组合的各独立方案的现金流量的叠加。然后,将所有的组合方案按初始投资额从小到大的顺序排列。接着,排除总投资额超过投资资金限额的组合方案。并对所剩的所有组合方案按互斥方案的比较方法确定最优的组合方案。最后,最优组合方案所包含的独立方案即为该组独立方案的最佳选择。

(5)混合型方案的经济评价。

①无资源约束条件下的选择。

由于各个项目相互独立,而且没有资源限制,因此,只要项目可行,就可以采纳。把各个独立型项目所属的互斥型方案进行比较然后择优,即只要从各个独立项目中选择净现值最大且不小于零的互斥型方案加以组合即可。

②有资源约束条件下的选择。

判别的步骤如下。a.评价各方案的可行性,舍弃不可行的方案。b.在总投资额不超过资金限额的情况下,进行独立方案的组合,并且在每个项目中只能选择一个方案。c.求每一组合方案的净现值或净年值。d.根据净现值最大或净年值最大选择最优的方案组合。

(6)互补型方案的经济评价。

对于对称型互补方案,如方案 A 和方案 B 互为前提条件,此时,应将两个方案作为一个综合项目(A+B)进行经济评价;对于不对称型互补方案,可以转化为互斥型方案进行经济评价和选择,例如教学楼建设方案和安装空调方案,可以转化为有空调的教学楼和没有空调的教学楼两个互斥型方案的比较问题。

(7)现金流量相关型方案的经济评价。

对于现金流量相关型方案的比选,常用的方法是通过方案组合的方法使各组合方案互斥化。与有资金限制的独立方案的比选不同的是,独立方案中,组合方案的现金流量是各独立方案现金流量的叠加,而现金流量相关型方案的组合方案的现金流量不是独立方案现金流量的叠加,而是考虑组合方案中各独立方案的相互影响,并对相互影响之后的现金流量进行准确估计。

第4章 建筑工程建设阶段的咨询管理

4.1 勘察设计阶段咨询

勘察设计阶段是工程建设阶段的重要环节,影响着整个建设项目的投资、进度和质量,并对建设项目能否成功实施起到决定性的作用。其中,工程勘察是基础,是根据建设工程和法律法规的要求,查明、分析、评价拟建项目建设场地的地质地理环境特征和岩土工程条件的过程,包括制订勘察任务书和组织勘察咨询服务,出具的工程勘察文件是指导项目设计的重要文件资料之一;工程设计是根据建设工程规范、标准和相关法律法规的要求,对拟建项目所需的技术、经济、资源、环境等条件进行综合分析、论证,结合工程勘察报告,编制建设工程设计文件,提供相关服务的活动。工程设计工作内容包括编写设计任务书、组织方案设计、初步设计(有工艺要求的需增加技术或工艺设计)、施工图设计等设计咨询服务工作。不同设计阶段,对设计成果文件在内容和深度上的要求有所不同。

4.1.1 勘察设计咨询服务组织策划

勘察设计阶段是将前期规划方案落地、后阶段建设目标实现的重要纽带环节,不是勘察设计单个专业咨询完成的,必须集合投资、造价、施工、运营共同对设计方案的合理性、可行性及经济性进行综合性分析和评估,既要将投资决策中的质量、进度、投资目标和需求体现到项目设计中,同时应该重复考虑建设实施阶段设计方案的可实施性、可替代性,还要充分考虑运维成本和运维的可实施性。如项目设计中,不能盲目地追求降低一次投入成本,降低建造质量、设备选型品质,而是应该综合一次成本、运维成本进行多方案比选,在满足建设目标的前提下提高产品性价比、提高产品价值。

此阶段具体的组织策划,包含参与的专业咨询人员、实施流程中应最终安装的具体的项目、项目建设地的具体要求,如图4.1所示,图中未考虑施工图审查环节。

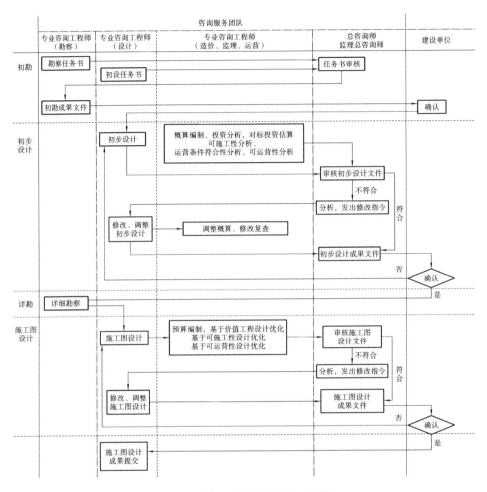

图 4.1　勘察设计咨询服务组织策划

4.1.2　勘察咨询服务管控

1. 勘察阶段的咨询服务内容

工程地质勘察分为选址勘察（可行性研究勘察）、初步勘察、详细勘察、工程物探、地质灾害危险评估、断裂活动性评价、补充地震安全性评价等。

根据项目的需求确定勘察内容，一般房屋建设项目主要需勘察的内容为选址勘察、初步勘察、详细勘察，各阶段依次进行。

2. 勘察任务书的编制

(1) 工作依据。

工作依据包括以下内容：①投资机会研究阶段的相关资料信息；②项目建议书及可行性研究等批复文件；③全过程工程咨询委托合同；④工程建设强制性标准；⑤国家规定的建设工程勘察、设计深度要求；⑥《建设工程勘察设计管理条例》；⑦《岩土工程勘察规范》(GB 50021—2001)(2009年版)；⑧《建设工程勘察质量管理办法》。

(2) 工作内容。

①勘察任务书的拟定，应把地基、基础与上部结构作为互相影响的整体，并在调查研究场地工程地质资料的基础上，下达勘察任务书。

②勘察任务书应说明工程的意图、设计阶段(方案设计、初步设计或施工图设计阶段)、要求提交勘察文件的内容、现场及室内的测试项目以及勘察技术要求等，同时应提供勘察工作所需要的各种图表资料。

③为配合初步设计阶段进行的勘察，在勘察任务书中应说明工程的类别、规模、建筑面积及建筑物的特殊要求、主要建筑物的名称、最大荷载、最大高度、基础最大埋深和重要设备的有关资料等，并向专业咨询工程师(勘察)提供附有坐标的、比例为(1∶2000)～(1∶1000)的地形图，图上应标出勘察范围。

④为配合施工图设计阶段进行的勘察，在勘察任务书中应说明需要勘察的各建筑物具体情况。如建筑物上部结构特点、层数、高度、跨度及地下设施情况，地面整平标高，采取的基础形式、尺寸和埋深、单位荷重或总荷重以及有特殊要求的地基基础设计和施工方案等，并提供经上级部门批准的附有坐标及地形的建筑总平面布置图或单幢建筑物平面布置图。如有挡土墙时还应在图中注明挡土墙位置、设计标高以及建筑物周围边坡开挖线等。

(3) 工作程序。

全过程工程咨询单位编制勘察任务书程序，如图4.2所示。

(4) 注意事项。

勘察任务书是大中型基本工程项目、限额以上技术改造项目进行投资决策和转入实施阶段的法定文件，大中型基本工程项目、限额以上技术改造项目要在编写出可行性报告之后编制勘察任务书。

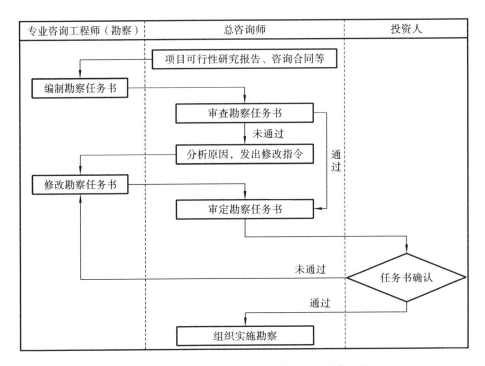

图4.2 全过程工程咨询单位编制勘察任务书程序

3. 勘察作业和文件编审

为了提供建设所需的工程地质资料,工程勘察分为可行性研究勘察、初步勘察、详细勘察、施工勘察。其中,可行性研究勘察应满足工程选址需要,初步勘察应满足初步设计文件编制的需要,详细勘察应满足施工图设计文件的编制需要,施工勘察应满足施工需要。

岩土工程勘察文件是建筑地基基础设计和施工的重要依据,必须保证野外作业和实验资料的准确可靠,同时,文字报告和有关图表应按合理的程序编制。勘察文件的编制要重视现场编录、原位测试和实验资料的检查校核,使之相互吻合,相互印证。

(1)工作依据。

项目勘察阶段咨询服务的依据主要有:①经批准的项目建议书、可行性研究报告等文件;②勘察任务书;③《建设工程勘察设计管理条例》;④《工程建设项目勘察设计招标投标办法》;⑤《建设工程勘察设计资质管理规定》;⑥《建设工程勘察质量管理办法》;⑦《实施工程建设强制性标准监督规定》;⑧《中华人民共和国建筑法》;⑨《岩土工程勘察规范》(GB 50021—2001)(2009年版);⑩其他相关专业的工程勘察技术规范标准。

(2)工作内容。

①勘察方案编审。

勘察方案应由全过程工程咨询单位勘察专业工程师编制、设计专业工程师进行审查,编审主要包括以下内容:a.钻孔位置与数量、间距是否满足初步设计或施工图设计的要求;b.钻孔深度应根据上部荷载与地质情况(地基承载力)确定;c.钻孔类别比例的控制,主要是控制性钻孔的比例以及技术性钻孔的比例;d.勘探与取样,包括采用的勘探技术手段方法、取样方法及措施等;e.原位测试,主要包括标贯试验、重探试验、静力触探、波速测试、平板荷载试验等,在勘察方案中应明确此类测试的目的、方法、试验要求、试验数量;f.项目组织,包括机械设备、人员组织;g.方案的经济合理性。

通过对勘察方案的编制和审查,可以保证勘察成果满足设计需要、满足项目建设需要,为设计工作的开展提供真实的地勘资料。

②勘察作业实施。

全过程工程咨询单位应组织专业咨询工程师(勘察)按规范精心开展勘察作业,包括:野外作业,如工程地质测绘与调查、勘察与取样、原位测试、现场检验与监测等;室内试验,如土的物理性质试验、抗剪强度试验、岩石试验等。专业咨询工程师(勘察)实施勘察作业必须按《岩土工程勘察规范》(GB 50021—2001)(2009年版)的规定进行,为保证勘察作业成果质量,全过程工程咨询单位应组织其他专业咨询工程师(如设计)对专业咨询工程师(勘察)的作业活动进行监督和配合协助。

③勘察文件编审。

勘察文件是勘察工作的成果性文件,需要充分利用相关的工程地质资料,做到内容齐全、论据充足、重点突出。此外,勘察文件应正确评价建筑场地条件、地基岩土条件和特殊问题,为工程设计和施工提供合理适用的建议。因此,全过程工程咨询要全面细致做好工程勘察文件的编制与审查,为设计和施工提供准确的依据。

全过程工程咨询须按照国家和省市制定的工程勘察标准、技术规范和有关政策文件,组织专业技术力量和设备等,开展工程勘察工作,精心编制和审查工程勘察文件,特别应重点做好以下几个方面的内容:a.勘察文件是否满足勘察任务书委托要求及合同约定;b.勘察文件是否满足勘察文件编制深度规定的要求;

c.组织专家对勘察文件进行内部审查,确保勘察成果的真实性、准确性,将问题及时反馈至专业咨询工程师(勘察),并跟踪落实修改情况;d.检查勘察文件资料是否齐全,有无缺少实验资料、测量成果表、勘察工作量统计表和勘探点(钻孔)平面位置图、柱状图、岩芯照片等;e.工程概述是否表述清晰,有无遗漏,包括工程项目、地点、类型、规模、荷载、拟采用的基础形式等各方面;f.勘察成果是否满足设计要求。

全过程工程咨询单位审查合格后要将勘察文件报送当地建设行政主管部门,对勘察文件中涉及工程建设强制性标准的内容进行严格审查,并将审查意见及时反馈至专业咨询工程师(勘察),直至取得审查合格书。

(3)工作程序。

全过程工程咨询勘察咨询服务程序如图4.3所示。

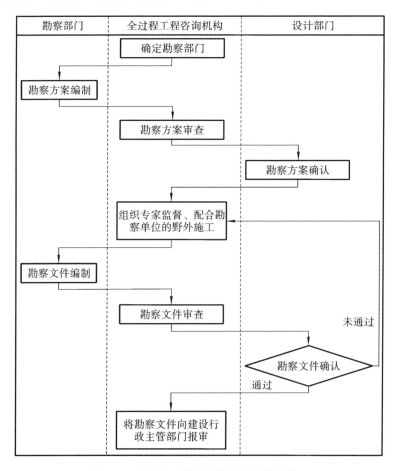

图4.3 全过程工程咨询勘察咨询服务程序

(4)注意事项。

①凡在国家建设工程设计资质分级标准规定范围内的建设工程项目,均应当委托勘察业务。

②开展勘察业务须具备相应的工程勘察资质证书,且与其证书规定的业务范围相符,全过程工程咨询单位如没有相应资质的,应发包给具有相应资质的工程勘察单位实施。

③勘察方案必须经报审合格后,方可实施。

④勘察文件应满足勘察任务书和投资人的要求,须符合《建设工程勘察设计资质管理规定》,并且须满足项目设计文件编制需要。

⑤严格按照"先勘察、后设计、再施工"的国家基本建设程序进行建设,确保建设质量。

⑥加强各专业、各设计部门之间的配合,减少设计失误。

⑦注重结合设计的勘察评审,通过早期报警克服设计缺陷。对勘察进行跟踪审查,及时向设计人员反馈工程勘察设计中出现的错误及设计深度不够的地方,并提出相应的改进意见,协助设计部门将工程设计做到最完善,力求将工程施工期间更改设计的机会减至最低,并在设计概算报批前,对其进行详细审核。

4. 勘察管理

勘察的管理主要体现为勘察方案的管理、勘察文件审核的管理。勘察方案必须报审合格后才能实施,勘察文件必须满足勘察任务书的要求。

勘察管理人员应当时刻掌握建设进程,对勘察项目要有预见性,工作有计划性,为项目的立项、设计、土建招标、施工提供依据。

提供勘察工作开展必需的批准勘察文件、技术要求、钻孔布置图、地形图、管线资料、测量资料等。对勘察工作的工期、质量、安全人员、设备、仪器进行监督检查,对不符合勘察技术要求的,有权要求责任方必须自费进行返工。

钻孔位置与数量、间距是否满足初步设计或施工图设计的要求,钻孔深度应根据上部荷载与地质情况确定。

做好项目物资及人员的组织准备,包括各类机械设备、各阶段人员构成。

4.1.3 设计咨询服务管控

1. 设计质量目标管理

(1)设计质量的管控体系。

设计质量目标体系可以按直接效用质量目标和间接效用质量目标两个方面

来设置。直接效用质量目标在建设项目中是与结构性指标相关联的,表现形式为符合规范要求、满足业主功能要求、符合政府部门要求、达到规定的设计深度、具有施工和安装的可建造性;间接效用质量目标偏向于功能性指标和增值性指标,表现形式为建筑新颖、功能齐全、结构可靠、经济合理、环境协调、使用安全等,如图4.4所示。

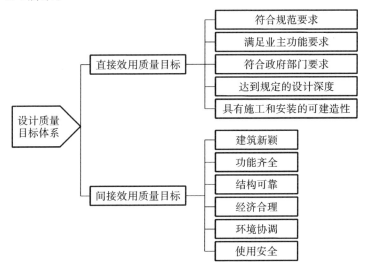

图 4.4 设计质量目标体系

(2)设计质量目标管控方法和重点。

设计过程质量管控也必须采用动态控制的方法来完成。事前控制和设计阶段成果优化是设计过程质量管控的实现手段,在各个设计阶段前编制全面详细的设计要求任务书,分阶段提交给设计单位,明确各阶段设计要求和内容,在各阶段设计过程中和结束后及时对设计提出修改意见,或对设计进行确认。设计过程(含方案优化、初步设计、施工图设计、施工过程设计变更)质量管控任务见表4.1。

表 4.1 设计过程质量管控任务

设计阶段	质量管控任务
方案优化阶段	①编制设计方案,优化任务书质量控制的内容; ②审核优化设计方案,满足业主的质量要求和标准; ③审核优化设计方案,满足规划及其他规范要求; ④组织专家对优化设计方案进行评审; ⑤协调设计在方案优化阶段的工作,提出合理化建议

续表

设计阶段	质量管控任务
初步设计阶段	①编制初步设计任务书质量控制的内容; ②审核初步设计方案,满足业主的质量要求和标准; ③对重要专业组织专家论证,提出咨询报告; ④组织专家对初步设计进行评审; ⑤分析初步设计对质量目标的风险,提出风险管理的应对措施与建议; ⑥组织专家对结构方案进行分析论证; ⑦对暖通、空调、智能化等总体方案进行专题论证及技术经济分析; ⑧审核各专业设计是否符合规范要求; ⑨审核各特殊工艺设计、设备选型,提出合理化建议; ⑩编制初步设计阶段质量控制总结报告
施工图设计及设计变更阶段	①审核设计图纸,及时发现图纸中的问题,向设计单位提出; ②协调设计单位,督促设计单位按时完成设计工作; ③审核施工图设计与说明是否符合国家有关设计规范、设计质量要求和标准,是否与初步设计要求一致;确保设计质量获得政府有关部门审查通过并达到设计合同要求; ④审核施工图设计的深度是否满足施工要求,确保施工的顺利进行; ⑤审核各专业设计的图纸是否符合设计任务书的要求及设计规范要求或政府有关规定,是否满足施工的要求; ⑥审核招标文件和合同文件中有关质量控制的条款; ⑦对主要设备、材料充分了解其用途,并作出市场调查报告及选用咨询报告; ⑧严格控制设计变更,按规定的管理程序办理变更手续; ⑨编制施工图设计阶段质量控制报告

(3)注意事项。

勘察设计过程的质量管理需要采用动态控制的方法,通常是通过事前控制和勘察设计阶段成果优化来实现的。其最重要的方法就是在各个勘察设计阶段前编制设计任务书,分阶段提交给设计部门,明确各阶段设计要求和内容,在各阶段设计过程中和结束后及时对设计提出修改意见,并对设计成果进行评审及确认。

项目勘察设计质量管理的主要事项有:①严格按照"先勘察、后设计、再施工"的国家基本建设程序进行建设,确保建设质量;②加强各专业、各设计部门之间的配合,减少设计失误;③注重勘察设计评审,通过早期报警克服设计缺陷。对勘察设计进行跟踪审查,及时向设计人员反馈工程勘察设计中出现的错误及设计深度不够的地方,并提出相应的改进意见,协助设计部门将工程设计做到最完善,力求将工程施工期间更改设计的机会减至最低,并在设计概算报批前,对其进行详细审核;④加强施工过程的专项设计管理和深化设计管理。

2. 设计过程进度控制

设计进度是影响项目整体建设进度的直接因素,因此必须满足建设项目总进度计划要求,并充分考虑项目招标采购周期、合理的施工工期并预留可调整进度空间,合理编制项目设计进度计划。设计进度计划必须依照项目建设进度计划,分项目、分单位工程编制包含初步设计、初步设计审查、详勘周期、施工图设计、专项深化设计的各专业(建筑、结构、暖通、消防、电气、给排水等)设计成果交付时间节点计划,实施动态监控,以控制循环为指导,进行计划进度与实际进度的比较,发现偏差及时采取纠偏措施。协调是指相关联专业咨询团队之间、全过程工程咨询单位与建设单位、其他参建单位的合作推进关系。设计各阶段进度管控的主要任务见表4.2。

表4.2 设计过程进度管控任务

设计阶段	进度管控任务
可行性研究勘察	①搜集历史资料进行分析; ②现场踏勘及调查; ③进行工程地质测绘与勘探; ④场地稳定性及适应性评价; ⑤最优场址方案建议
方案设计阶段	①编制设计方案进度计划并监督其执行; ②审核方案设计文件,根据委托方的设计要求提出优化意见; ③比较进度计划值与实际值,编制本阶段进度管理报表和报告; ④编制本阶段进度管理总结报告
初步勘察阶段	①搜集地质资料和工程地质测绘及少量勘探; ②初步查明地下条件,查明不良地质影响; ③场地稳定性评价; ④提出设计参数和治理方案的建议; ⑤初步分析评价

续表

设计阶段	进度管控任务
初步设计阶段	①确定初步设计阶段进度目标； ②审核设计部门提出的设计进度计划并监督其执行,避免发生因设计部门进度推迟而造成施工单位的索赔； ③比较进度计划值与实际值,编制本阶段进度管理报表和报告； ④过程跟踪设计进度,监控各设计专业的配合情况,确保按计划出图； ⑤编制本阶段进度管理总结报告
详细勘察阶段	①搜集附有坐标和地形的建筑总平面图等资料； ②对动探点进行布置并进行地质测绘与勘探； ③查明不良地质的作用类型、成因、分布范围、发展趋势和危害程度； ④提出对不良地质的整治方案； ⑤岩土层性质分析及稳定性分析； ⑥岩土勘察报告的编制
施工图设计阶段	①确定施工图设计进度目标,审核设计部门的出图计划； ②编制甲供材料、设备的采购计划,在设计部门的协助下编制各材料、设备技术标准； ③及时对设计文件进行审定并作出决策； ④比较进度计划值与实际值,提交各种进度管理报表和报告； ⑤注意设计过程的配合问题,确保按时出图,控制设计变更及其审查批准实施的时间； ⑥编制施工图设计阶段进度管理的总结报告

(1)勘察设计进度管理的重点。

勘察工作完成后,设计部门进行设计图纸绘制,设计图纸是建设的基础,涉及施工招标等一系列工作,需要按"先勘察、后设计、再施工"的程序进行基本建设,需要高度重视勘察设计出图工作,明确各阶段出图时间点。勘察设计进度管理是贯穿设计管理全过程的重要工作内容。采取的主要措施如下。

①根据委托方的总体开发计划和工期要求,拟订勘察设计进度总控计划,明确方案设计、初步勘察、初步设计、详细勘察、施工图设计出图里程碑,征得委托方同意后作为各阶段勘察设计进度计划的依据。

②要求勘察部门、设计部门按照总控计划编制详尽的分阶段分专业进度计划表,要求落实到时间、人员安排等,明确各专业责任人,并拟订保证进度按计划进行的具体措施,明确专业之间的资料提交时间、初图交付时间、审图时间、修改

时间等,报委托方和全过程工程咨询单位审核批准后执行。

③加强勘察、设计过程的协调配合,及时解决设计中需明确的问题,为设计工作创造条件。

④实行计划并跟踪检查,及时纠正进度偏差。根据进度计划时间节点,重点检查进度计划完成情况,若发现偏差,要求设计部门分析原因,并制定纠偏措施。

当特殊情况出现,如委托方需求发生变化,全过程工程咨询单位应要求设计部门和委托方及时办理进度调整手续。

(2)编制方法。

勘察设计阶段进度管理的方法是规划、控制和协调。规划是指编制、确定项目设计阶段总进度规划和分进度目标;控制是指在设计阶段,比较计划进度与实际进度的偏差,及时采取纠偏措施;协调是指协调各参与单位之间的进度关系。

全过程工程咨询应针对具体的项目,编制勘察设计总进度目标,明确各阶段勘察设计成果交付时间和相应的设备、材料招标建议计划,并提前确定设计中所涉及材料、设备的技术要求和标准。勘察部门应配合设计部门完成设计文件交付,设计图纸交付计划必须满足施工进度计划要求及主要设备和材料的订货要求,全过程工程咨询应充分考虑各设计部门、各专业之间的接口配合要求和时间,及时组织设计联络会,保证设计进度。

①注重多界面协调,制订统一的项目编码系统,将项目各参与方的进度纳入统一的编码系统管理,通过统一检测、汇总准则及统一进度报告,对项目进度实施多界面的一体化管理。

②实行计划的分级管理。凡涉及计划修改与变动的任何里程碑性的建议,都必须获得委托方的同意和批准,否则不可调整。

③强调计划及协调的重要性,注重事前计划和过程控制,确保进度目标实现。

④设置主要控制点,包括:方案、初步设计、施工图文件提交时间;各阶段设计文件内部审查、确认时间;政府相关机构报建审批完成时间;关键设备和材料采购文件的技术标准提交时间。

(3)注意事项。

项目勘察设计进度管理的注意事项如下。

①应明确进度管理工作的基本思想:计划的不变是相对的,变是绝对的;平衡是相对的,不平衡是绝对的;根据项目条件的变化,定期、适时适度地调整进度计划。

②为提高设计质量,避免各专业、专项设计间的不协同而造成大量设计变更、无效成本、工期延误的发生,同时,为发挥、提升专项设计的价值贡献(优化房型、动线、开窗、预埋等),全过程工程咨询单位总咨询师在评审项目进度计划时,须关注专项设计(人防、内装、绿化、灯光、厨房/洗衣设备、市政管网等)岗位的设计时间,与建筑设计进度的衔接。各专业、专项设计岗位确定的时间,应与设计进度计划相匹配。否则一旦出现脱节,势必造成里程碑的延误。

③设计进度管理要注重施工阶段的专项设计及深化设计管理。

④注重设计的出图效率及版本管理,保证图纸及时有效发放到使用单位。

⑤为避免日后大量设计变更,单体建筑设计工作的启动须待规划及市场调研、产品策划完成后进行。

3.设计过程投资控制

在建设项目的工作分解结构中,建设项目的设计与计划阶段是决定建筑产品价值形成的关键阶段,它对建设项目的建设工期、工程造价、工程质量以及建成后能否产生较好的经济效益和使用效益,起到决定性的作用,因此对设计阶段进行造价管理是非常重要的。对国内外工程实践及造价资料的分析表明,在方案设计阶段,影响项目投资的可能性为75%~95%;在初步设计阶段,影响项目投资的可能性为35%~75%;在施工图设计阶段,影响项目投资的可能性为5%~35%。由此可见,重视对设计阶段的造价管理,可以有效地解决建设项目总造价偏高的问题。因此,控制工程造价的思想在设计开始的时候就应该保证选择恰当的设计标准和合理的功能水平。各设计阶段对投资影响程度的分析如图4.5所示。

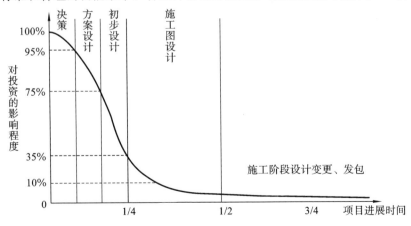

图4.5 各设计阶段对投资影响程度分析图

(1)限额设计管理。

限额设计是指按照批准的可行性研究报告中的投资限额进行初步设计,按照批准的初步设计概算进行施工图设计,按照施工图预算造价对施工图设计中相关专业设计文件修改调整的过程。限额设计需要在投资额度不变的情况下,实现使用功能和建设规模的最大化。

限额设计的控制过程是合理确定项目投资限额,科学分解投资目标,进行分目标的设计实施,设计实施的跟踪检查,检查信息反馈用于再控制的循环过程。

①限额设计管理流程。

限额设计是从投资估算到概算、预算的一个循序渐进和不断调整、修正的过程,通过限额指标的制定、指标实施情况记录分析,发现偏差后进行设计或投资分配调整、再实施的循环过程,基本流程如图 4.6 所示。

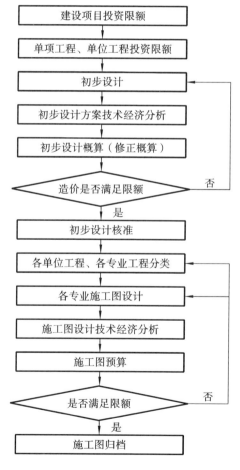

图 4.6　限额设计管理流程

②合理确定项目投资限额。

鉴于经审批的设计任务书中的项目总投资额,即为进行限额设计,控制项目造价的主要依据,而设计任务书中的项目总投资额又是根据审批的项目可行性研究报告中的投资估算额下达的,提高项目可行性研究报告中投资估算的科学性、准确性、可信性,便成为合理确定项目投资限额的重要环节。为适应推行限额设计的要求,应适当加深项目可行性研究报告的深度,并维护项目投资估算的严肃性,使投资估算真正起到控制项目造价的作用。为此,在编制项目投资估算时,要做到科学地、实事求是地编制项目投资估算,使项目的投资限额与单项工程的数量、建筑标准、功能水平相协调。

③科学分配初步设计的投资限额。

专业咨询工程师(设计)在进行设计以前,总咨询师应将项目设计任务书中规定的建设方针、设计原则、各项技术经济指标等向专业咨询工程师(设计)交底,并将设计任务与规定的投资限额分工程分专业下达到专业咨询工程师(设计),即将设计任务书中规定的投资限额分配到各单项工程和单位工程,作为进行初步设计的造价控制目标或投资限额,并要求各专业设计人员认真研究实现投资限额的可行性,对项目的总图方案、工艺流程、关键设备、主要建筑和各种费用指标提出方案比选,作出投资限额决定。

④根据投资限额进行初步设计。

初步设计开始时,总咨询师应将可行性研究报告的设计原则、建设方针、建设标准和各项控制经济指标向专业咨询工程师(设计)交底,对关键设备、工艺流程、主要建筑和各种费用指标提出技术方案比较,研究实现可行性研究报告中投资限额的可行性,将设计任务和投资限额分专业同时下达,促使专业咨询工程师(设计)进行多方案比选。并以单位工程为考核单元,事先做好专业内部的平衡调整,提出节约投资的措施,力求在不降低可行性研究报告中确定的建设标准的基础上,将工程量和工程造价控制在限额内。对由初步设计阶段的主要设计方案与可行性研究阶段的假设设计方案相比较而发生重大变化所增加的投资,应进一步优化方案,同时利用价值工程进行分析,确定投资增加的有效性和可行性,在不影响投资人资金安排的前提下,报总咨询师批准后,才可调整工程概算。

⑤合理分配施工图设计的造价限额。

经审查批准的建设项目或单项工程初步设计及初步设计概算,应作为施工图设计的造价控制限额。专业咨询工程师把概算限额分配给各单位工程各专业设计上,作为其造价控制额,使之在造价控制额内进行设计优化和施工图设计。

(2)设计优化。

设计方案评价与优化是设计过程的重要环节,通过技术比较、经济分析和效益评价,正确处理技术先进与经济合理之间的关系,力求达到技术先进与经济合理的和谐统一,如图4.7所示。

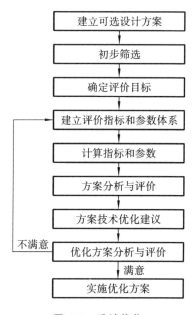

图4.7 设计优化

①建立评价指标和参数体系。即设计方案评价与优化的衡量标准。评价指标和参数既要符合有关法律法规和标准规范的规定,又能充分反映拟建项目投资人和其他利益相关者以及社会的需求,指标和参数体系包括的主要内容如下:a.使用价值指标,即拟建项目满足功能的指标;b.反映创造使用价值所消耗的社会劳动消耗量指标;c.其他相关指标和参数等。

指标和参数体系的建立,可按重要程度设置主要指标或参数和辅助指标或参数,并选择主要指标进行分析比较。

②方案评价。备选方案的筛选,剔除不可行的方案;根据评价指标和参数体系,对备选方案进行全面的分析比较,要注意各个方案间的可比性,要遵循效益与费用计算口径一致的原则。

③方案优化。根据设计方案评价的结果,并综合考虑项目工程质量、造价、工期、安全和环保五大目标,对基于全生命周期全要素的造价管控、可施工性管控、可运营性管控进行优化,力求达到整体目标最优,在保证工程质量和安全、保护环境的基础上,追求全生命周期成本最低的方案。

④评价与优化方法。设计方案评价与优化的方法有很多,主要有目标规划法、层次分析法、模糊综合评价法、灰色综合评价法、价值工程法和人工神经网络法等。较为常用的是利用价值工程法进行方案比选和优化。

(3)设计过程投资管控任务。

设计过程投资管控任务见表 4.3。

表 4.3 设计过程投资管控任务

设计阶段	投资管控任务
方案优化阶段	①编制设计方案,优化任务书中投资控制的内容; ②对设计单位方案优化提出投资评价建议; ③根据优化设计方案编制项目总投资修正估算; ④编制设计方案优化阶段资金使用计划并控制其执行; ⑤比较修正投资估算,编制投资控制报表和报告
初步设计阶段	①编制、审核初步设计任务书中有关投资控制的内容; ②审核项目设计总概算,并控制在总投资计划范围内; ③采用价值工程法,挖掘节约投资的可能性; ④编制初步设计阶段资金使用计划并控制其执行; ⑤比较设计概算与修正投资估算,编制各种投资控制报表和报告
施工图设计阶段	①根据批准的总投资概算,修正总投资规划,提出施工图设计的投资控制目标; ②编制施工图设计阶段资金使用计划并控制执行,根据设计情况对上述计划提出调整建议; ③跟踪审核施工图设计成果,从施工、材料、设备等多方面作市场询价和技术经济论证,并编制咨询报告,如发现设计可能会突破投资目标,则协助设计人员提出解决办法; ④审核施工图预算,结合总投资计划,采用价值工程法,在充分考虑满足项目功能的条件下,进一步挖掘节约投资的可能性; ⑤比较施工图预算与投资概算,分析制作投资控制报表和报告; ⑥比较各专业设计的概算和预算,分析制作投资控制报表和报告; ⑦控制设计变更,评估审核设计变更的结构安全性、经济性等; ⑧审核和处理设计过程中出现的索赔与资金有关的事宜; ⑨审核招标文件和合同文件中有关投资控制的条款

4. 建立设计阶段文档信息管理制度

设计阶段时间跨度较长，所涉及的资料范围较广，设计阶段的文档制度符合整个项目文档管理体系，贯穿整个项目。应建立有效的文档信息管理制度，如设计文件管理制度、工程信息编码体系、图纸传递及收发制度等。

对于已有的文档信息管理制度应当控制其执行。主要工作包括：①进行设计阶段各类工程信息的收集、分类存档和整理；②在设计阶段，应督促设计单位整理工程技术经济资料、归纳管理；③运用计算机进行项目的信息管理，随时向委托方提供项目管理各种报表和报告；④项目结束后，应将所有设计文档即图纸、技术说明、来往函件、会议纪要和相关部门批件等装订成册；⑤按阶段分册提供符合要求的全部资料，供政府主管部门及业主方相关部门审核。

4.2 招标采购阶段咨询

4.2.1 招标与采购的区域选定

影响招标采购方案确定的决定性因素是项目投资及项目规模。根据项目投资及规模的大小，可选择国际招标采购或国内招标采购。下文只介绍国内招标采购的流程及规定。

1. 招标与采购的法律应用

涉及工程建设项目，包括项目的勘察、设计、施工、监理以及与工程建设有关的重要设备、材料等，在招标时都必须根据《中华人民共和国招标投标法》（下文简称《招标投标法》）及各部委的相关法规和规定，主要为国家发展和改革委员会、住房和城乡建设部、交通运输部、水利部、工业和信息化部、商务部等相关各部委的相应法规、规定及标准性文件。

采购是指以合同方式有偿取得货物、工程和服务的行为，包括购买、租赁、委托、雇用等，采购必须根据《中华人民共和国政府采购法》（下文简称《政府采购法》）及相关法规和规定，主要体现为中华人民共和国财政部（下文简称"财政部"）、财政厅及相关财政管理部门的规定性文件。根据《政府采购法》第四条规定，政府采购工程进行招标投标的，适用《招标投标法》。

根据《招标投标法》及《政府采购法》的规定，有如表4.4所示的招标采购方式。

表 4.4 招标采购方式与对应法律文件

适用法律名称	招标或采购方式名称
《中华人民共和国招标投标法》	公开招标
	邀请招标
《中华人民共和国政府采购法》	公开招标
	邀请招标
	竞争性谈判
	单一来源采购
	询价
	竞争性磋商

国家发展和改革委员会 2018 年发布的《必须招标的工程项目规定》明确了必须招标的工程项目的具体范围和规模标准。工程施工的招标限额为 400 万元人民币及以上,重要设备、材料等货物招标限额为 200 万元人民币及以上,勘察、设计、监理等服务的招标限额为 100 万元人民币及以上,同时明确全国适用统一规则,各地不得另行调整。

财政部先后出台了相关文件,以及针对不同采购方式的管理办法,即《政府采购非招标采购方式管理办法》(财政部令第 74 号)针对竞争性谈判、单一来源采购和询价采购,《关于印发〈政府采购竞争性磋商采购方式管理暂行办法〉的通知》(财库〔2014〕214 号)针对政府采购竞争性磋商,《政府采购货物和服务招标投标管理办法》(财政部令第 18 号)针对货物和服务招标投标做出详细管理办法,必须严格遵照执行。

2. 招标与采购方式的选用基本原则

招标与采购方式选定见表 4.5。

表 4.5 招标与采购方式选定

适用法律名称	招标或采购方式名称	选用基本原则	资金来源
《中华人民共和国招标投标法》	公开招标	需经各级发改部门批准、核准或备案的工程建设项目和勘察、设计、施工、监理以及与工程建设有关的重要设备、材料等的项目	各级发改部门批准资金、企事业单位筹措资金、企事业单位银行贷款等资金
	邀请招标		

续表

适用法律名称	招标或采购方式名称	选用基本原则	资金来源
《中华人民共和国政府采购法》	公开招标	项目经费需经各级财政部门批准、审核后才能使用的项目	各级财政部门监管资金、各级财政部门筹措资金
	邀请招标		
	竞争性谈判		
	单一来源采购		
	询价		
	竞争性磋商		
	国务院政府采购监督管理部门认定的其他采购方式		

3. 招标与采购应考虑的因素

(1)业主可选择自行招标采购或委托中介机构招标采购。因招标与采购相关法律法规及规定的文件较多,涵盖面较广,一般建议选择全过程工程咨询单位进行招标、采购工作,这样可根据项目的时间进度需求完成。

(2)招标公告发布的范围。针对项目的具体情况,可选择全国大型的多家公告媒体发布,也可选择项目所属地区公告媒体发布。针对规模较大或重要项目,选择全国大型的多家公告媒体发布较有利。

(3)招标公告发布的时间。针对项目的具体情况,可选择发布公告的时间,时间越长,投标人参与数量会越多,项目业主选择性会更大,有利于选择到综合评价更高的中标单位。

(4)投标单位准备投标文件的时间。针对项目的情况设置投标文件提交时间,大型项目、特殊项目,需给投标单位足够的准备时间,如进行项目现场的认真踏勘、接受投标单位提问并解决问题的时间、投标预算的编制时间、重要设备及重要材料的询价了解时间,有利于投标报价的核算。

(5)评分办法的科学合理设置。不同项目的评分办法应该不同,根据项目情况,对普通项目来说,报价差异不大;对特殊大型项目,除报价外需考虑投标单位的施工方案、技术措施、人员素质、工程经验、财务状况及企业信誉等方面,进行综合评价。

(6)投标单位的综合实力、业绩能力及信誉。对可提供备选方案的项目来说,对备选方案的评价需要综合全面进行。

(7)评标专家的设置。评标专家对中标结果有很大的决定作用,如何选择评标专家是项目的关键,专家专业的设置应该综合项目特征和需求进行;根据项目情况选择全国性专家还是项目所在地专家,是有针对性地邀请国家或地方专业专家还是随机抽取专家;业主方需要设置业主代表专家还是不需要设置。

(8)合同条款的设置。合同条款里最有争议的就是合同款的支付和合同外增加部分的约定,为保证项目能顺利完成,支付款的设置必须考虑中标单位的经济承受能力和履约能力,同时也要考虑业主的经济能力和投资控制能力。

4. 招标与采购的流程图

招标项目程序应执行《中华人民共和国招标投标法》并结合各地管理办法,一般适用于工程建设项目的勘察、设计、监理、施工及与项目建设有关的设备材料采购;采购项目程序应执行《中华人民共和国政府采购法》并结合各地管理办法,一般适用于各级财政部门监管资金、各级财政部门筹措资金范围采购表单内的项目。两种程序要求略有差异,具体流程如图4.8和图4.9所示。

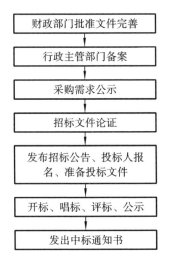

图4.8 招标项目流程

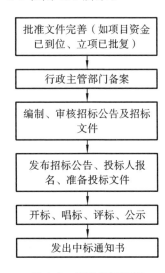

图4.9 采购项目流程

4.2.2 招标项目

1. 工程招标的分类

(1)按工程建设程序分类。

①建设项目前期咨询招标。建设项目前期咨询招标是指对建设项目的可行

性研究任务进行的招标。投标单位一般为工程咨询企业。中标方要根据招标文件的要求,向业主方提供拟建工程的可行性研究报告,并对其结论的准确性负责。中标方提供的可行性研究报告,应获得业主方专家组评估鉴定后确认。

②勘察设计招标。勘察设计招标是指根据批准的可行性研究报告,择优选择勘察设计单位的招标。勘察和设计是两种不同性质的工作,可由勘察单位和设计单位分别完成。勘察单位最终提出施工现场的地理位置、地形、地貌、地质、水文等在内的勘察报告。设计单位最终提供设计图纸和成本预算结果。

③材料设备采购招标。工程项目初步设计完成后,对建设项目所需的建筑材料和设备(如电梯、供配电系统、空调系统等)采购任务进行的招标。投标方通常为材料供应商、成套设备供应商。

④工程施工招标。工程项目的初步设计或施工图设计完成后,用招标的方式选择施工单位。施工单位最终向业主交付按招标和设计文件规定的建筑产品。

(2)按工程项目承包的范围分类。

①项目全过程总承包招标。全过程总承包人招标可分为两种类型,一种是指工程项目实施阶段的全过程招标,另一种是指工程项目建设全过程的招标。前者是在设计任务书完成后,从项目勘察、设计到施工交付使用进行一次性招标;后者则是从项目的可行性研究到交付使用进行一次性招标,业主方只需提供项目投资和使用要求及竣工、交付使用期限,其可行性研究、勘察设计、材料和设备采购、土建施工设备安装及调试、生产准备和试运行、交付使用,均由一个总承包商负责承包,即所谓"交钥匙工程"。承揽"交钥匙工程"的承包人被称为总承包人,绝大多数情况下,总承包人要将工程部分阶段的实施任务分包出去。

②工程分承包招标。中标的工程总承包人作为其中标范围内的工程任务的招标人,将其中标范围内的工程任务,通过招标的方式,分包给具有相应资质的分承包人,中标的分承包人只对招标的总承包人负责。

③专项工程承包招标。工程承包招标中,对其中某项比较复杂或专业性强、施工和制作要求特殊的单项工程进行单独招标。

(3)按工程建设项目的构成分类。

无论是项目实施的全过程还是某一阶段或程序,按照工程建设项目的构成,可以将建设工程招标分为全部工程招标、单项工程招标、单位工程招标、分部工程招标、分项工程招标。

①全部工程招标。对一个建设项目(如一所医院)的全部工程进行的招标。

②单项工程招标。单项工程是指具有独立的设计文件,竣工后可以独立发挥生产能力或效益的工程,也称作工程项目。一个工程项目由一个或多个单项工程组成。因此单项工程招标即指对一个工程建设项目中所包含的单项工程(如一家医院的综合楼、住院楼、食堂等)进行的招标。

③单位工程招标。单位工程是指具备独立施工条件并能形成独立使用功能的建筑物及构筑物。因此单位工程招标即指对一个单项工程所包含的若干单位工程(如一栋办公楼单项工程,其包含的土建工程、采暖工程、通风工程、照明工程、热力设备及安装工程、电气设备及安装工程等)进行招标。

④分部工程招标。分部工程是单位工程的组成部分,分部工程一般是按单位工程的结构形式、工程部位、构件性质、使用材料、设备种类等的不同而划分的工程项目。一般工业与民用建筑工程的分部工程包括地基与基础、主体结构、建筑装饰装修、建筑屋面、建筑给排水及采暖、建筑电气、智能建筑、通风与空调、电梯、建筑节能十个分部工程。因此分部工程招标即指对一项单位工程包含的分部工程进行招标。

应特别说明的是,我国一般不允许对分部工程招标,杜绝出现"肢解分包"(即指承包单位承包建设工程后,不履行合同约定的责任和义务,将其承包的全部建设工程肢解以后,以分包的名义单独或分别转给其他单位承包的行为)的情况。但允许特殊专业工程招标,如深基坑施工招标、大型土石方工程施工招标等。

各工程项目根据具体情况选择适当的方式进行招标。

2. 招标方法与标段划分

(1)国家现行发包合同模式。

第一种是工程总承包模式,根据住房和城乡建设部 2017 年 19 号文规定,政府投资工程应带头推行工程总承包。第二种是 EPC 工程总承包模式。第三种是传统单一的模式,如设计、勘察、监理、施工、建筑工程主要设备、建筑工程主要材料等。

投资人可以根据表 4.6 中的方式,结合项目特点和业主需求来选择招标模式。

表 4.6　发包模式与招标模式

招标模式		招标特点
施工总承包		①招标时间提前,具备可研批复即可进行招标备案; ②招标次数少,一次招标即可完成;施工总承包一次性完成施工招标,EPC 模式一次性完成勘察设计和施工; ③责任主体明确,但投资管控较复杂
勘察、设计和施工总承包(EPC 模式)		
DBB 模式	勘察招标	①招标时间推迟,招标次数多; ②招标内容容易产生遗漏或交叉; ③各专业实施过程配合性不强
	设计招标	
	主体施工招标	
	各专业施工招标	

(2)投资人的需求分析。

根据投资人对拟建项目质量控制、造价控制、进度控制、安全环境管理、风险控制、系统协调性和程序连续性等方面的需求信息,编制投资人需求分析报告。

(3)标段的划分。

影响标段划分的因素很多,应根据拟建项目的内容、规模和专业复杂程度等提出标段划分的合理化建议。标段划分应遵循的原则有合法合规、经济高效、客观务实、责任明确、便于操作等。划分标段时,应考虑的因素有投资人要求、投资人内部管控能力、建设项目特点、工期造价、潜在中标人专长的发挥、工地管理、建设资金供应等。

对于建设目标明确、专业复杂且需要多专业协同优化的建设项目,可优先考虑以工程总承包的方式选择承包人。

(4)招标方式的选择。

根据法律法规规定,根据投资人的资金来源、项目的复杂程度、项目所在地的自然条件、项目规模、发包范围以及潜在投标人情况等,确定是以公开招标的方式还是邀请招标的方式进行。

(5)合同策划。

合同策划包括合同种类选择和合同条件选择。合同种类基本形式有单价合同、总价合同、成本加酬金合同等。不同种类的合同,其应用条件、权利和责任的分配、支付方式,以及风险分配方式均不相同,应根据建设项目的具体情况选择合同类型。投资人应选择标准招标文件中的合同条款,没有标准招标文件的宜选用合同示范文本的合同条件,结合招投标目标进行调整完善。

(6)招标策划。

依据招标需具备的资料条件、招标投标价设定的条件等进行招标策划。

(7)设定评分标准及办法。

设置招标客观条件。根据市场情况设置招标主观条件。以利益项目的投资控制、质量控制、工期控制及合同管理控制为目标,综合设定评分标准及办法。

3. 招标控制价

招标控制价作为拟建工程的最高投标限价,是投资人在招标工程量清单的基础上,按照计价依据和计价办法,结合招标文件、市场实际和工程具体情况编制的最高投标限价,是对工程进度、质量、安全等各方面在成本上的全面反映。此外,招标控制价不仅是投标报价的最高限价,更是招投标机制中投资人主动进行投资控制的一种手段,是限制不平衡报价、分析投标报价是否低于成本价的重要参考依据。

(1)招标控制价编制。

招标控制价应由具有编制能力的投资人,或受其委托具有相应资质的工程造价咨询人编制。招标控制价应在招标时公布,不得上调或下浮。投资人应根据建设项目所在地工程造价管理机构要求,将招标控制价及有关资料留存备查或报送备案。承担招标控制价的编制人应在遵守相关规范规定的情况下,向委托人提交一份客观可行的招标控制价成果文件。

招标控制价编制的内容、依据、要求和表格形式等应该执行《建设工程工程量清单计价规范》(GB 50500—2013)的有关规定及当地工程造价管理机构发布的相关计价依据、标准。

(2)招标控制价审核。

招标控制价的审核主体一般为建设项目所在地的工程造价管理机构或其委托的工程造价咨询机构。招标控制价需经审核的,应安排在招标控制价公布之前,一般不得迟于投标文件截止日 10 日前。委托工程造价咨询机构对招标控制价审核应为全面的技术性审核,审核时间不得超过 5 个工作日。

招标控制价应重点审核以下几个方面:①招标控制价的项目编码、项目名称、项目特征、工程数量、计量单位等是否与发布的招标工程量清单项目一致;②招标控制价的总价是否全面,汇总是否正确;③计价程序是否符合《建设工程工程量清单计价规范》(GB 50500—2013)和其他相关工程造价计价的要求;④分部分项工程综合单价的组成是否与相应清单特征描述内容匹配,定额子目选取及换算是否准确;⑤主要材料及设备价格的取定是否结合了招标文件中相关技术参数要求,取值是否合理;⑥措施项目所依据的施工方案是否正确、可行,费用的计取是否合理,安全文明施工费是否执行了国家或省级、行业建设主管部门的规定;⑦管理费、利润、风险等费用计取是否正确、得当;⑧规费、税金等费用计取是否正确;⑨专业工程暂估价的工程估价累计是否超过相关法规规定的比例。

(3)招标文件的招标范围与招标控制价的编制范围应一一对应。

具体应注意以下几个方面的问题:①招标控制价计算图纸与招标时发给投标人的图纸内容必须统一;②招标控制价计价规则和依据必须与招标文件的计价规则和依据统一;③招标控制价计价材料标准及材料定价时间必须与招标文件的材料标准及材料定价时间统一;④招标控制价计算内容与招标文件招标范围内容必须统一;⑤措施项目费用的计取范围、标准必须符合规定,并与拟订的合适的施工组织设计和施工方案相对应;⑥在编制招标控制价时,要有对招标文件进行进一步审议的思路,对存在的问题及时反馈处理,避免合同履行时的纠纷或争议等问题出现。

4.2.3 采购项目

(1)采购项目的划分。

采购项目的划分主要是根据拟采购产品的技术标准、质量标准及服务标准,按照有利于采购项目实施的原则进行分类。

采购前应当对采购标的的市场技术或者服务水平、供应、价格等情况进行市场调查,根据调查情况、资产配置标准等,科学、合理地确定采购需求,进行价格测算。

(2)采购需求应包括的内容。

采购需求应当完整、明确,包括以下内容:①采购标的需实现的功能或者目标,以及为落实采购政策需满足的要求;②采购标的需执行的国家相关标准、行业标准、地方标准或者其他标准及规范;③采购标的需满足的质量、安全、技术规格、物理特性等要求;④采购标的的数量、采购项目交付或者实施的时间和地点;⑤采购标的需满足的服务标准、期限、效率等要求;⑥采购标的的验收标准;⑦采购标的的其他技术、服务等要求。

(3)采购过程应注意的内容。

采购人根据价格测算情况,可以在采购预算额度内合理设定最高限价,但不得设定最低限价。

采购项目的技术规格、数量、服务标准、验收等要求,包括附件、图纸等必须在采购文件中明确并公开。

采购项目符合下列情形之一的,评标委员会成员人数应当为7人以上单数:采购预算金额在1000万元以上;技术复杂;社会影响较大。

采购文件的评分办法中货物项目的价格分值占总分值的比重不得低于30%,服务项目的价格分值占总分值的比重不得低于10%。执行国家统一定价标准和采用固定价格采购的项目,其价格不列为评审因素。

(4)采购阶段信息资料收集及保管。

采购活动记录资料内容:①采购项目类别、名称;②采购项目预算、资金构成和合同价格;③采购方式,采用公开招标以外的采购方式的,应当载明原因;④邀请和选择供应商的条件及原因;⑤评标标准及确定中标人的原因;⑥废标的原因;⑦采用招标以外采购方式的相应记载。

采购文件内容:①采购活动记录;②采购预算;③招标文件;④投标文件;⑤评标标准;⑥评估报告;⑦定标文件;⑧合同文本;⑨验收证明;⑩质疑答复。投诉处理决定及其他有关文件、资料。

采购保存时间及内容规定:采购人、采购代理机构对采购项目每项采购活动的采购文件应当妥善保存,不得伪造、变更、隐匿或者销毁。采购文件的保存期限为从采购结束之日起至少十五年。

4.3 施工阶段咨询

4.3.1 投资管控

1. 投资控制流程

项目的投资控制是指在决策阶段、勘察设计阶段、招标采购阶段、施工阶段,把工程项目投资控制在批准的概算条件下,并确保项目保质、按期完成。

按照图4.10中工程项目投资控制的四个过程,细化各个过程的内容,如图4.11所示。

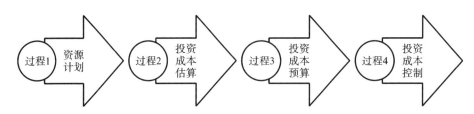

图 4.10 工程项目投资控制过程

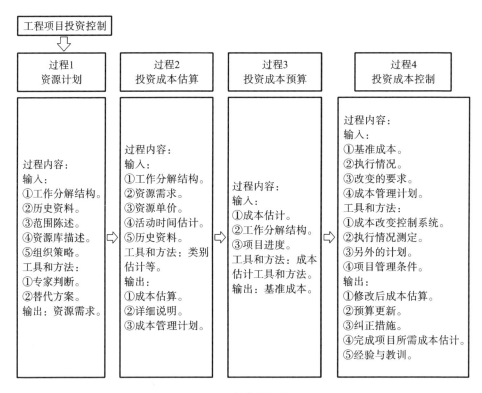

图 4.11 投资控制流程

2. 投资控制要点

工程项目进行投资控制时,应遵循投资最优化原则、全过程成本控制原则。

(1)设计阶段的投资控制。

根据国际上普遍分析认定,虽然工程建设项目的设计费仅占总投资的2%左右,但对工程造价实际影响程度却占80%以上,这说明设计阶段是控制工程造价的关键。改变目前工程设计实报实销的做法,在保证使用功能的前提下,通过优化设计,促进精心设计,使技术与经济紧密结合。建议设立设计的奖惩制度,进行限额设计,并做好限额管理,是有效使用和控制建设资金的有力措施。

(2)项目建设过程中费用控制的难点。

建设项目的复杂性在于工程中有很多不确定因素。比如施工方案的确定、开挖后现场条件的变化、新增项目单价、设计变更及签证、材料及设备价格变化等费用的审核。

管线搬迁费用的审核也是一大难点。在电力、电信、公用事业等公用管线建设中,不少单位集建设、施工、管理于一体,所以公用管线工程造价与市场价存在一定的差距。管线搬迁涉及的大多为行业垄断部门,由于其服务对象的社会性、工程内容的专业性、施工条件的不确定性、环境影响的多样性、工地的开放性等,一般都存在搬迁费用不透明、定额套用不合理、材料价格过高等通病。

作为总咨询方,加强管线的前期摸查及方案规划、加强管线搬迁费用的测算与审核显得尤为重要。在审核时严格执行规定,按需搬迁、按规划实施、按实计算,力争此部分费用合理化。

(3)前期动拆迁(征地)工作的难点及采取的措施。

前期动拆迁(征地)工作任务重、时间紧,如处理不当很可能激化当地群众矛盾、影响工程进度。

咨询单位作为独立的第三方,应公正地协调、处理动拆迁工作中涉及相关各方的问题,维护、保证各方的切身利益。提高动拆迁工作的透明度,真正解决"有情操作"的随意性及动拆迁工作中"老实人吃亏"的问题,维护社会稳定,化解建设单位与被拆迁人的矛盾等。

4.3.2 进度管控

进度管控流程见图4.12。

工程决策时应根据决策目标编制建设工程项目一级网络计划(项目总目标计划),将工程的决策阶段、实施阶段、运营阶段均包含在一级网络计划中,运用计划、执行、检查、处理(plan、do、check、act,PDCA)循环管理原理进行管理。进度控制要点如下。

(1)决策阶段、实施阶段的设计阶段进度控制。

决策阶段包括编制项目建议书、编制可行性研究报告,此阶段的进度控制应根据一级网络计划的进度要求分人分单位分解为二级网络计划实施执行,运用PDCA循环管理原理进行管理。

实施阶段的设计阶段包括设计准备阶段和设计阶段。设计准备阶段包括编制设计任务书,设计阶段包括初步设计、技术设计、施工图设计等工作任务。此

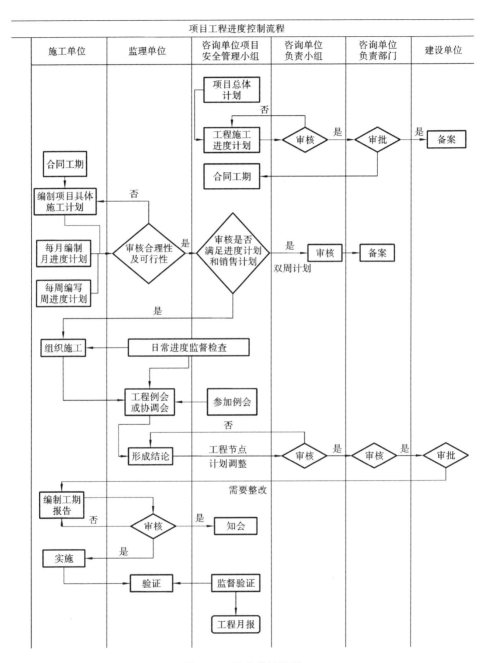

图 4.12 进度管控流程

阶段,设计单位应依据一级网络计划进行设计阶段的任务分解,落实到实施部门,形成二级网络计划,实施部门再根据二级网络计划落实到人,形成三级网络计划,若有必要,具体实施的人员应编制四级网络计划,实现工作按照计划执行。各级网络计划按照 PDCA 循环管理原理进行管理。

(2)实施性进度计划编制。

实施性进度计划是指可操作性的进度计划,一般分为一级网络计划、二级网络计划、三级网络计划、四级网络计划。各级网络计划可以运用 Microsoft Office(微软公司开发的一套基于 Windows 操作系统的办公软件套装)、计算机辅助设计(computer aided design,CAD)等相关软件进行编制,具体表示可采用横道图、双代号网络计划、双代号时标网络计划、单代号搭接网络计划等。为表达项目的逻辑、方便进行计划的跟踪等,建议采用双代号时标网络计划表示。

一级网络计划由建设单位根据决策目标进行编制,包括项目的决策阶段、实施阶段、运营阶段。根据一级网络计划进行目标分解,编制二级网络计划。实施单位或部门根据二级网络计划进行目标分解,编制三级网络计划。实施人员根据三级网络计划编制四级网络计划。

(3)进度动态控制。

进度控制通过各级网络计划的执行来实现,在执行过程中,因各种原因会出现实际进度与计划进度产生偏差,产生偏差后要对进度进行动态控制。

进度的动态控制运用 PDCA 循环管理原理来实现。当产生进度偏差时,应运用因素分析法进行进度偏差分析,根据分析结果运用组织措施、经济措施、技术措施、管理措施进行纠偏。当无法纠偏时,应根据实际执行情况动态调整网络计划。

4.3.3 质量管控

1. 质量控制流程

工程在建造的过程中,质量是控制的核心。质量控制贯穿在工程的全过程生命周期,主要包括审查承建单位及人员资质、组织设计方案评比、施工方案的选择、控制设计变更及签证。

为统一建设项目质量评价的基本指标和方法,国家制定了《建筑工程施工质量评价标准》(GB/T 50375—2016)。该标准以"地基及桩基工程、结构工程"等 5 个工程部位为评价框架体系,每个工程部位又以"施工现场质量保证条件、观感质量"等 5 个评价内容进行权重值分配,各评价项目又按实际达到的标准划分为三个档次。如项目打算申报工程奖项,其质量目标在工程开工前就应确立,并围绕此目标进行建设,制定相应的细化目标。对高级别的质量奖项,施工企业应高度重视,创立专门的创优支持部门。创优细化文件应根据工程具体情况及设计文件编制,由公司总工程师负责,项目经理编制,公司技术部门及项目部所有技术人员共同参与进行。总咨询单位也应积极参与其中,积极调动监理、设计、勘察等各部门或单位,为完成质量目标创造最优条件。在确立目标时就立即制定目标及细则。创优细化文件应包括质量目标、质量保证体系、组织管理及明确的人员分工、工程的重点难点的分解落实等。

2. 质量控制要点

(1)质量计划的编制。

在企业已建立质量管理体系的情况下,质量计划的内容必须全面体现和落实企业质量管理体系文件的要求,编制程序、内容和编制依据应符合有关规定,同时结合本工程的特点,在质量计划中编写专项管理要求。

质量计划的基本内容一般应包括:①工程特点及工程实施条件(合同条件、法规条件和施工现场条件等)分析;②质量总目标及其分解目标;③质量管理组织机构和职责,人员及资源配置计划;④确定设计工艺及施工方案;⑤材料、设备等物质的质量管理及控制措施;⑥质量检验、检测、试验工作的计划安排及其实施方法与检测标准;⑦质量控制点及其跟踪控制的方式与要求;⑧质量行为记录的要求;⑨质量计划需包含的其他内容。

建设单位的质量计划编制应由建设单位建设工程项目管理的质量管理部门组织编制,并由建设单位工程主管领导批准后执行,也可以由咨询单位协助建设单位编制完成,经建设单位工程管理部门及分管领导批准后执行。

施工单位的施工质量计划应由施工承包企业项目经理部主持编制,报组织管理层批准。在平行发包模式下,各承包单位应分别编制施工质量计划;在总分包模式下,施工总承包单位应编制总承包工程范围内的施工质量计划,各分包单位编制相应分包范围的施工质量计划,作为施工总承包单位质量计划的深化和组成部分,施工总承包单位有责任对各分包单位施工质量计划的编制进行指导和审核,并承担相应施工质量的连带责任。

根据整个工程项目质量的要求及建设单位质量计划的要求,施工质量计划涵盖的范围应与工程合同施工任务的实施范围一致,以保证整个项目工程的施工质量总体受控。项目的施工质量计划应在施工程序、控制组织、控制措施、控制方法等方面形成一个有机的质量计划系统,确保实现建设单位项目质量总目标和分解目标的控制能力。

项目工程质量控制流程见图4.13。

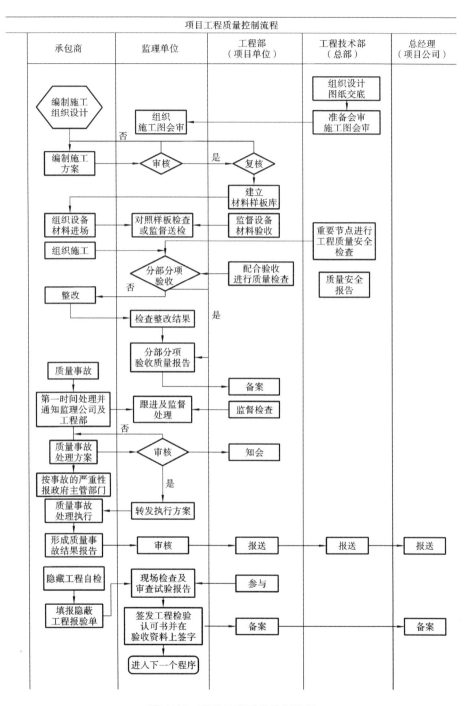

图 4.13 项目工程质量控制流程

施工质量计划在施工企业内部完成审批后,应按照现行建设工程监理规范的要求,经项目监理机构审查,经监理机构审查后报建设单位。质量计划需要调整时,应按照程序重新审查。

(2)材料、设备质量控制。

材料、设备是工程实体的主要构成部分,其质量是建设工程项目工程实体质量的基础,加强材料、设备的质量控制是提高工程质量的必要条件。

材料、设备质量控制的主要内容包括控制材料、设备的性能、标准、技术参数符合设计要求,材料、设备的各项技术性能指标、检验测试指标符合相关规范的要求,材料、设备进场验收程序符合法律法规要求,材料、设备质量文件资料应完整,禁止使用国家明令禁用或淘汰的建筑材料和设备,优先采用节能低碳的新型建筑材料和设备。

材料、设备进场后严格按照国家现行法律法规、设计文件、建设单位质量计划、施工单位施工质量计划等质量控制性文件执行检验试验及验收。

(3)施工质量控制。

施工质量控制应贯彻全面质量管理、全过程质量管理、全员参与质量管理的"三全"管理的思想和方法,充分运用PDCA循环管理原理进行质量的事前控制、事中控制、事后控制。

通过编制施工质量计划、明确质量目标、制定施工组织方案、设置质量控制点、落实质量责任,分析可能导致质量目标偏离预定目标的各种影响因素,并针对这些影响因素制定有效的预防措施,防患于未然,进行事前质量控制。

事前质量控制要针对质量控制对象的控制目标、活动条件、影响因素等进行周密分析,找出质量薄弱环节,制定有效的控制措施和对策,实现建设工程项目管理的事前质量控制。

事中质量控制是指在施工质量形成过程中,对影响施工质量的各种因素进行全面的动态控制。具体包括施工作业人员在施工过程中自我质量约束、施工单位内部质量管理(技术交底、质量巡视等),以及监理单位(旁站、验收、巡查、巡检等)、咨询单位(巡查、巡检等)、建设单位(巡查、巡检等)和政府质量监督部门(验收、巡查、巡检)等的监控。

施工过程中,各单位应严格按照国家法律法规、设计图纸、建设单位质量计划、施工单位施工质量计划等执行检验试验、验收等,各单位应随时进行施工现场巡视、巡查,将发现的质量问题控制在施工过程中。

事后质量控制也称为事后质量把关,上道工序质量不合格时,严禁进入下道工序施工。事后控制包括对质量活动结果的评价和认定、对工序质量偏差的纠正、对不合格工程进行整改和处理。重点是发现施工质量问题,并通过分析提出质量改进的措施,保持质量处于受控状态。

全过程工程咨询团队应对整个质量事故处理过程形成质量事故处理报告,报投资人,并按政府主管部门的要求提供有关报告。

4.3.4 安全管理

安全管理流程见图4.14。

安全管理要点如下。

(1)安全"三同时"。

"三同时"制度是指凡是在我国境内新建、改建、扩建的基本建设项目(工程)、技术改建项目(工程)和引进的建设项目,其安全生产设施必须符合国家规定的标准,必须与主体工程同时设计、同时施工、同时投入生产和使用。

《中华人民共和国安全生产法》第二十八条规定:生产经营单位新建、改建、扩建工程项目的安全生产设施,必须与主体工程同时设计、同时施工、同时投入生产和使用。安全生产设施投资应当纳入建设项目概算。

安全"三同时"的实施包括安全预评价、建设项目安全设施设计审查、安全设施施工和竣工验收。生产经营单位项目属于上述规定建设项目的,进行安全条件论证时,应当编制安全条件论证报告。生产经营单位应当委托具有相应资质的安全评价机构,对其建设项目进行安全预评价,并编制安全预评价报告。建设项目安全预评价报告应当符合国家标准或者行业标准的规定。生产经营单位在建设项目初步设计时,应当委托有相应资质的设计单位对建设项目安全设施进行设计,编制安全专篇。

安全设施设计必须符合有关法律、法规、规章和国家标准或者行业标准、技术规范的规定,并尽可能采用先进适用的工艺、技术和可靠的设备、设施。规定编制安全预评价报告的建设项目安全设施设计还应当充分考虑建设项目安全预评价报告提出的安全对策措施。建设项目安全设施的施工应当由取得相应资质的施工单位进行,并与建设项目主体工程同时施工。

施工单位应当在施工组织设计中编制安全技术措施和施工现场临时用电方案,同时对危险性较大的分部分项工程依法编制专项施工方案,并附具安全验算结果,经施工单位技术负责人、总监理工程师签字后实施。施工单位应当严格按照安全设施设计和相关施工技术标准、规范施工,并对安全设施的工程质量负

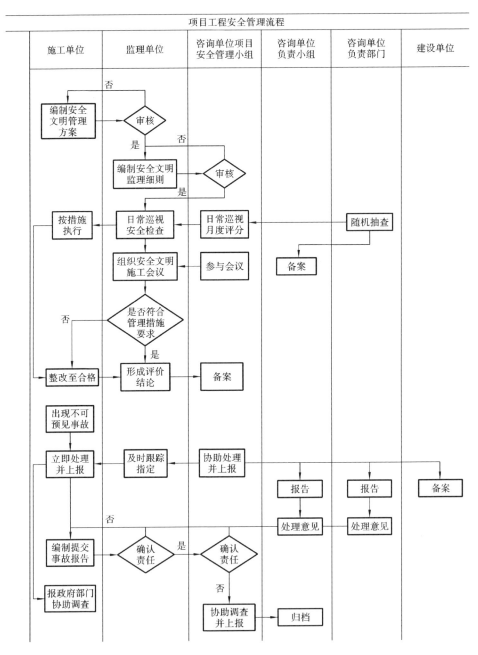

图 4.14 安全管理流程

责。施工单位发现安全设施设计文件有错漏的,应当及时向生产经营单位、设计单位提出。生产经营单位、设计单位应当及时处理。施工单位发现安全设施存在重大事故隐患时,应当立即停止施工并报告生产经营单位进行整改。整改合格后,方可恢复施工。

工程监理单位应当审查施工组织设计中的安全技术措施或者专项施工方案是否符合工程建设强制性标准。工程监理单位在实施监理过程中,发现存在事故隐患的,应当要求施工单位整改;情况严重的,应当要求施工单位暂时停止施工,并及时报告生产经营单位。施工单位拒不整改或者不停止施工的,工程监理单位应当及时向有关主管部门报告。工程监理单位、监理人员应当按照法律、法规和工程建设强制性标准实施监理,并对安全设施工程的工程质量承担监理责任。

要求编制安全预评价报告的建设项目竣工后,根据规定建设项目需要试运行(包括生产、使用,下同)的,应当在正式投入生产或者使用前进行试运行。试运行时间应当不少于30日,最长不得超过180日,国家有关部门有规定或者特殊要求的行业除外。生产、储存危险化学品的建设项目,应当在建设项目试运行前将试运行方案报负责建设项目安全许可的安全生产监督管理部门备案。建设项目安全设施竣工或者试运行完成后,生产经营单位应当委托具有相应资质的安全评价机构对安全设施进行验收评价,并编制建设项目安全验收评价报告。项目咨询单位应按照上述要求协助建设单位完成安全"三同时"相关实施工作。

(2)消防"三同时"。

《中华人民共和国消防法》(下文简称《消防法》)明确了建设工程消防设计审核、消防验收和备案抽查制度。

《消防法》第十一条、第十三条第一款第一项及第二款明确了消防设计审核、消防验收的范围。规定对国务院公安部门规定的大型的人员密集场所和其他特殊建筑工程,由公安机关消防机构实行建设工程消防设计审核、消防验收。

《消防法》第十条、第十三条第一款第二项及第二款明确了其他工程实行备案抽查制度。规定对国务院公安部门规定的大型人员密集场所和其他特殊建设工程以外的,按照国家建设工程消防技术标准需要进行消防设计的其他建设工程,建设单位应当依法取得施工许可证之日起七个工作日内,将消防设计文件报公安机关消防机构备案,公安机关消防机构应当进行抽查;经依法抽查不合格的,应当停止施工。建设单位在工程验收后,应当报公安机关消防机构备案,公安机关消防机构应当进行抽查;经依法抽查不合格的,应当停止使用。

《消防法》第十二条规定,建设工程的消防设计未经依法审核或者审核不合格的,负责审批该工程施工许可的部门不得给予施工许可,建设单位、施工单位不得施工;建设工程未经消防验收或者消防验收不合格的禁止投入使用;《消防法》第五十八条对违反建设工程消防设计审核、消防验收、备案抽查规定的违法行为,规定了责令停止施工、停止使用、停产停业和罚款的行政处罚。

根据《消防法》,建设工程应在施工图审查合格后将消防相关图纸报送公安机关消防机构进行消防设计备案,达到施工图和消防相关图纸同时设计的要求。施工过程中施工单位应严格按照消防图纸进行施工,监理单位应严格按照规范及设计图纸进行监理,保证消防设施与工程建设同时施工。在消防设施施工完成后,经调试具备运行条件时,经监理单位、建设单位验收合格后,根据《消防法》应向公安机关消防机构申请消防竣工验收或竣工备案。在消防设施与主体工程同时投入运营后,运营单位应按照消防法律、法规等对消防设施设备进行检查,保证消防设施设备随时处在待命状态。项目咨询单位应按照上述要求协助建设单位处理好消防"三同时"相关工作。

(3)危险性较大的分部分项安全管理。

为进一步规范和加强对危险性较大的分部分项工程安全管理,积极防范和遏制建筑施工生产安全事故的发生,《危险性较大的分部分项工程安全管理规定》已经于 2018 年 2 月 12 日在第 37 次住房和城乡建设部常务会议审议通过,并于 2018 年 6 月 1 日起施行。

施工单位应当在危险性较大的分部分项工程施工前编制专项方案。对于超过一定规模的危险性较大的分部分项工程,施工单位应当组织专家对专项方案进行论证。

建筑工程实行施工总承包的,专项方案应当由施工总承包单位组织编制。其中,起重机械安装拆卸工程、深基坑工程、附着式升降脚手架等专业工程实行分包的,其专项方案可由专业承包单位组织编制。专项方案应当由施工单位技术部门组织本单位施工技术、安全、质量等部门的专业技术人员进行审核。经审核合格的,由施工单位技术负责人签字。实行施工总承包的,专项方案应当由总承包单位技术负责人及相关专业承包单位技术负责人签字。不需专家论证的专项方案,经施工单位审核合格后报监理单位,由项目总监理工程师审核签字。

超过一定规模的危险性较大的分部分项工程专项方案,应当由施工单位组织召开专家论证会。实行施工总承包的,由施工总承包单位组织召开专家论证会。施工单位应当根据论证报告修改完善专项方案,并经施工单位技术负责人、项目总监理工程师、建设单位项目负责人签字后,方可组织实施。实行施工总承包的,应当由施工总承包单位、相关专业承包单位技术负责人签字。专项方案经论证后需做重大修改的,施工单位应当按照论证报告修改,并重新组织专家进行论证。

监理单位应当对专项方案实施情况进行现场监理。对不按专项方案实施的,应当责令整改,施工单位拒不整改的,应当及时向建设单位报告;建设单位接到监理单位报告后,应当立即责令施工单位停工整改;施工单位仍不停工整改的,建设单位应当及时向住房和城乡建设主管部门报告。

咨询单位应按照上述要求,严格执行《危险性较大的分部分项工程安全管理规定》(建办质〔2018〕31号)的规定,协助建设单位完成危险性较大的分部分项工程安全管理。

4.3.5　合同管理

在项目建设过程中,工程建设合同起着至关重要的作用。建设项目合同管理要以投资控制为中心,做好合同前期谈判、签订、实施等工作,确保项目的经济效益。

合同管理流程见图4.15。

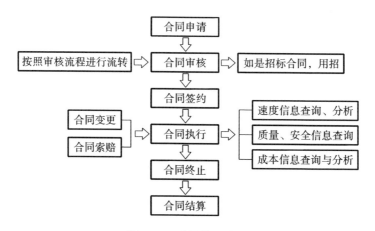

图 4.15　合同管理流程

合同管理要点如下。

(1)合同方式、类型、条件及其选择。

建设工程合同的计价方式主要有三种,即总价合同(包括固定总价合同、可调总价合同)、单价合同和成本加酬金合同。

建设工程施工合同特点各异,建设单位应综合考虑工程项目的复杂程度、工程项目的设计深度、工程施工技术的先进程度、工程施工工期紧迫程度等影响因素,选择不同计价模式的合同。

(2)合同风险控制。

合同风险是指合同中的以及由合同引起的不确定性。按照合同风险产生的原因可以将合同风险分为合同工程风险和合同信用风险;按照合同的不同阶段可以将合同分为合同订立风险和合同履约风险。

项目外界环境风险、项目组织成员资信和能力风险、管理风险是合同风险的主要类型。

为进行风险控制,应根据合同风险产生的原因制定相应的风险对策。常用的风险对策包括风险规避、减轻、自留、转移及其组合等策略。对于难以控制的风险可以向保险公司投保进行转移(如建筑工程一切险)。

合同执行过程中应收集和分析与合同风险相关的一切信息,预测可能发生的合同风险,对其进行监控并提出预警,采用相应的风险对策,使得合同风险得到有效的控制。

(3)合同变更、索赔、争议处理。

合同变更是指当事人对已经发生法律效力,但尚未履行或者尚未完全履行的合同,进行修改或补充所达成的协议。合同法规定,当事人协商一致可以变更合同。合同变更包括狭义的合同变更和广义的合同变更。广义的合同变更指合同主体和合同内容均变更,狭义的合同变更仅指合同内容的变更,建设工程项目合同变更一般为狭义的合同变更。当合同存在变更时,由于建设工程合同签订的特殊性,有些合同需要送工程所在地县级以上地方人民政府建设行政主管部门备案。

合同当事人协商一致,可以变更合同。法律、行政法规规定,变更合同应当办理批准、登记等手续的,应依照其规定办理批准、登记等手续。

建设工程索赔通常是指在工程合同履行过程中,合同当事人一方因对方不履行或未能正确履行合同或者由于其他非自身因素而受到经济损失或权利损害,通过合同规定的程序向对方提出经济补偿要求的行为。索赔是一种正当的权利要求,它是合同当事人之间一项正常的而且普遍存在的合同管理业务,是一种以法律和合同为依据的合情合理的行为。

建设工程索赔按照索赔目的分为工期索赔和费用索赔。

与合同对照,事件已造成了自身经济的受损,或直接工期的损失;造成费用增加或工期损失的原因,按照合同约定不属于自身的行为责任或风险责任;按照合同规定的程序和时间提交索赔意向通知和索赔报告。以上三项是索赔成立的条件,索赔时三个条件应同时具备,缺一不可。

在索赔发生时,被索赔方应以事实为依据,以合同为准绳,反驳和拒绝对方的不合理要求或索赔要求中的不合理部分。建设工程争议主要通过和解、调解、仲裁、诉讼四种途径处理。

和解是建设工程争议的当事人在志愿谅解的基础上,就已经发生的争议进行协商、妥协与让步并达成协议,自行解决争议的一种方法。和解是争议处理最常用的途径,也是解决争议最多的途径。

调解是指双方当事人以外的第三方应争议当事人的请求,以法律、法规、政策或合同约定以及社会工作为依据,对争议双方进行疏导、劝说,促使他们互相谅解,进行协商,自愿达成协议,解决争议的活动。

仲裁是当事人根据在争议发生前或争议发生后达成的协议,自愿将争议提交第三方(仲裁机构)作出裁决,争议各方都有义务执行裁决的一种解决争议的方式。

诉讼是指人民法院在当事人和其他诉讼参与人的参加下,以审理裁判执行等方式解决建设工程争议的活动,以及由此产生的各种诉讼关系的总和。

当争议发生时,首先应进行协商和解,当协商和解不成时,可进行调解、仲裁、诉讼等,但应优先选择调解解决。

4.3.6 信息管理

1. 信息管理流程

全过程工程咨询单位信息管理对象包括相关的专业数据库管理和专业软件管理。全过程咨询单位应利用计算机、互联网通信技术及 BIM 技术将信息管理贯穿咨询服务全过程。信息管理流程如图 4.16。

2. 信息管理要点

(1)在施工阶段 BIM 技术运用。

施工阶段可使用 BIM 技术进行现场布置方案的审核和优化、进度审批、施工方案模拟、工作面管理、质量和安全管理精细化、工程资料信息化、高效的协同管理。

但是 BIM 软件种类很多,成本高昂,技术创新与支撑能力依然不够,我国与

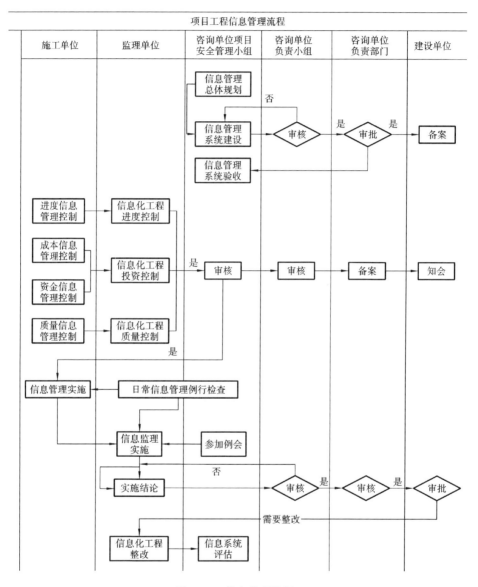

图 4.16 信息管理流程

国外均存在较大差距,整体上落地实施的项目不多。BIM 应用的实践数据、数据所有权、隐私权等相关法律法规和信息安全、开放共享的规范和标准缺乏或可操作性不强,技术安全防范和管理能力不够。

全过程工程咨询单位应加强人才队伍建设,提高 BIM 应用效率。未来,需要我们继续坚持国家大数据战略,审时度势,精心布局,努力开拓 BIM 发展新局面，更好地服务我国项目建设。

（2）建筑行业应用大数据的关键因素。

要建立一体化的大数据平台。大数据应用效果较好的行业，通常建立了生产业务和数据分析深度融合的系统。通过一体化大数据平台，数据的汇聚和共享得以实现，从而提升了数据价值。

要形成良好的数据管理体系。大数据应用效果较好的行业，通常都已经开展了成熟的数据治理和数据资产管理实践。数据的共享和集成水平比较高，标准化的数据管控体系得以建立，数据的质量、安全得以保证。

组建强有力的数据管理部门。数据管理职能应该有专门的部门实施，因此应成立专门数据管理领导小组和数据管理（处理）部门，将数据的监管职责赋予数据管理部门，由数据管理部门集中管理监控数据，各有关职责部门配合。

（3）"传统的管理和考核方式"与"变革思维"的冲突。

在传统的运营模式下，建设项目中各单位已经形成了较为完备的管理体系和考核方式，现有的管理者和执行人员都习惯了传统的管理和考核。但当前在信息化的要求下，生产模式正在发生巨大的变化，如引入了新的管理软件和协同平台。而相应的管理体系和考核方式的变化却与之不同。建设项目中各单位内部的管理者和执行人员就将面临传统的考核要求和新的生产流程、方式之间的矛盾。咨询单位既需要满足传统的条条框框的要求，又需要打破常规进行创新，这难免会使很大一部分人短时间内难以适应，甚至担心。这很可能变为生产变革的阻力。

所以，建设项目参与单位必须优化组织架构，适应转型需要，从管理机制和考核方面共同入手，为运营变革提供好的内部环境和文化氛围。数字化转型带来了网络运维和业务运营模式的深刻变革，人才转型成为转型成功的重要保障，是参与单位向"业务拓展型"和"双向拓展型"生态位演进过程中能力得以改善的基础条件。随着数字化转型对网络自主能力和网络产品创新能力要求的逐步加强，与时俱进、不断学习已经非常重要。

4.3.7　组织协调服务

1. 组织协调服务概述

（1）项目沟通协调的主要工作内容。

项目沟通协调的主要工作内容是沟通协调建设单位、承包商、全过程工程咨询单位、政府部门、金融组织、社会团体、服务单位、新闻媒体、周边群众等。全过程工程咨询单位应按照委托服务合同的约定,实施有关协调工作,明确与委托人在关系协调方面的界面界定,更好地做好协调工作,更好地服务于项目。

(2)协调工作原则。

①遵纪守法是协调工作的第一原则。全过程工程咨询单位必须遵守国家、地方及项目所在地工程建设法律法规,在法律法规许可范围内做好协调工作。

②维护公正原则。全过程工程咨询单位应站在项目立场,公平处理纠纷,以最大项目利益为原则做好协调工作,维护利益相关人的利益。如此方能有效维护委托人的利益。

③协调与控制目标一致原则。全过程工程咨询单位在协调过程中,应注意质量、工期、投资、环境、安全的统一,不能有所偏废,不能脱离项目建设目标。

(3)组织协调服务流程。

组织协调服务流程见图4.17。

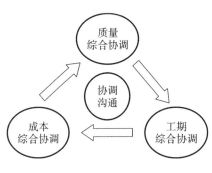

图4.17 组织协调服务流程

2. 组织协调服务要点

(1)组织方案及其控制。

为更好地进行项目实施管理,确保项目保质保量顺利实施,从建设项目前期、质量、工期与进度、投资管理、设计管理、竣工阶段管理等管理方面提出管理的组织方案,以明确干什么、怎么干、要达到什么目的和效果,以实现对项目进行高效率的计划、组织、指导和控制。

组织方案确定后,组织的管理层严格按照组织方案进行统筹协调管理,控制管理按照方案实施。

(2)协调政府主管部门。

政府提供建设环境,获得税收;建设单位依法获得土地,建设已核准项目。建设单位不能孤立地解决矛盾,必须依托政府,特别是最大限度地争取地方各级政府(市、区、镇及村委等)支持、协调,确保大环境的和谐。项目全过程管理过程中,咨询单位应根据项目进展需求,为建设单位协调政府主管部门提出合理的咨询建议。

(3)协调参与单位之间工作关系。

现场参建单位,因项目而走到一起,目标是一致的,包括设计单位、监理单位、施工单位、调试单位、生产单位等,都在设法寻求以最佳方案、最短时间、最少投入保质保量完成项目建设,是项目建设的主要力量。建设单位与现场参建单位的关系属内部环境关系,一般情况下由总咨询单位协调,建设单位参与。当协调不畅时,咨询单位根据具体情况协助建设单位协调各参与单位,或为建设单位提出咨询建议。

4.4 竣工阶段咨询

4.4.1 建设项目竣工验收概述

在编制咨询规划时,应在竣工验收概述里描述建设项目名称、项目建设内容、建设目标、建设规模、投资总额、项目地址、工程分类、结构形式、合同工期及实际工期、质量标准、监督单位及各参建单位名称和主要负责人、项目建设管理过程中的重大事项(含变更、工期、质量、投资等)等以及其他需要说明的内容。同时还应说明是否受建设方的委托,全过程工程咨询竣工管理的工作内容,授权范围等。

1. 建设项目竣工的依据

建设项目竣工的依据包括但不限于:①国家相关的法律、法规;②部委及行业的相关标准、规范、条例;③省、市颁布的验收规范、标准、规定;④建设项目的相关文件:a.建设承包合同文件及合同约定的关于涉及工程质量、经济方面的相关文件;b.建设项目决策阶段、勘察、设计等文件;c.设备说明书、设备设计文件及其他相关文件;d.利用世界银行等国际金融机构贷款的建设项目,应按国际金融机构规定文件执行。

2. 建设项目竣工验收的条件

根据国务院发布的《建设工程质量管理条例》的规定,建设单位收到建设工程竣工报告后,应当组织设计、施工、工程监理等有关单位进行竣工验收。

建设工程竣工验收应当具备下列条件:①完成建设工程设计和合同约定的各项内容;②有完整的技术档案和施工管理资料;③有工程使用的主要建筑材

料、建筑构配件和设备的进场试验报告;④有勘察、设计、施工、工程监理等单位分别签署的质量合格文件;⑤有施工单位签署的工程保修书。

3. 工程竣工验收阶段的流程

常用的工程竣工验收阶段的流程如图 4.18 所示,但全过程工程咨询竣工验收管理的负责人应结合本地质量监督管理部门的规定和合同约定,具体制定适用于咨询服务项目的工程竣工验收阶段的流程。

4. 工程竣工验收的工作计划

(1)专项工程验收计划。

建设项目的专项工程验收内容及进程一般为:防雷验收(竣工验收前)、园林绿化验收(竣工验收前)、节能验收(竣工验收前)、档案预验收(竣工验收前)、规划验收(竣工验收后档案备案前)、消防验收(竣工验收后档案备案前)、环保验收(竣工验收后档案备案前)、人防验收(竣工验收后档案备案前)、档案验收备案。

专项工程验收计划的编制需根据国家和部门颁布的法律法规及当地专业主管部门颁布的其他相关文件,制定各专项工程的验收计划。

专项工程的验收计划应含验收小组的建立、前置条件的预验收、问题处理、验收资料的准备、提请申请、组织验收、验收批复或报备的时间计划安排和组织等工作,采用工作进度横道图形式表示。

(2)验收管理工作计划。

竣工验收工作计划按竣工验收计划的流程编制机构建立、工程预验收、问题整改、验收资料预验、竣工验收、各专项验收、档案备案、项目交付、项目后评价时间节点计划安排。

5. 工程竣工验收的实施工作内容

工程竣工验收阶段流程图如图 4.18 所示。

(1)竣工验收前准备工作。

竣工验收准备阶段主要组织和协调的工作内容如下:①工程完成后的预验收工作;②竣工资料的收集整理工作;③专项工程验收;④工程质量问题整改工作;⑤工程质量问题整改验收工作;⑥工程验收控制重点的预控工作。

(2)竣工验收阶段工作。

竣工验收主要组织和协调的工作:①检查工程实体质量;②检查各工程建设

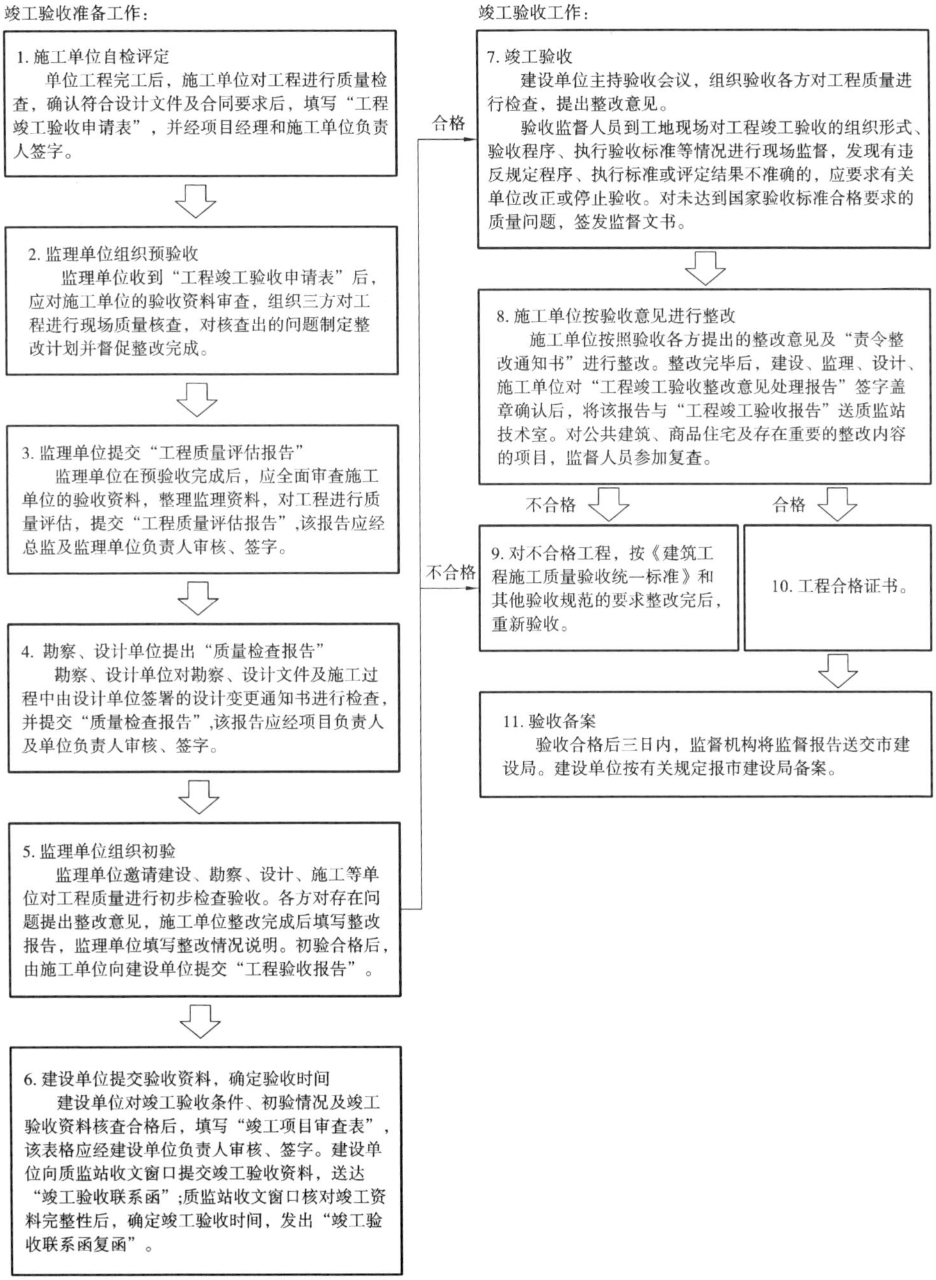

第4章 建筑工程建设阶段的咨询管理

竣工验收准备工作：

1. 施工单位自检评定
   单位工程完工后，施工单位对工程进行质量检查，确认符合设计文件及合同要求后，填写"工程竣工验收申请表"，并经项目经理和施工单位负责人签字。

2. 监理单位组织预验收
   监理单位收到"工程竣工验收申请表"后，应对施工单位的验收资料审查，组织三方对工程进行现场质量核查，对核查出的问题制定整改计划并督促整改完成。

3. 监理单位提交"工程质量评估报告"
   监理单位在预验收完成后，应全面审查施工单位的验收资料，整理监理资料，对工程进行质量评估，提交"工程质量评估报告"，该报告应经总监及监理单位负责人审核、签字。

4. 勘察、设计单位提出"质量检查报告"
   勘察、设计单位对勘察、设计文件及施工过程中由施工单位签署的设计变更通知书进行检查，并提交"质量检查报告"，该报告应经项目负责人及单位负责人审核、签字。

5. 监理单位组织初验
   监理单位邀请建设、勘察、设计、施工等单位对工程质量进行初步检查验收。各方对存在问题提出整改意见，施工单位整改完成后填写整改报告，监理单位填写整改情况说明。初验合格后，由施工单位向建设单位提交"工程验收报告"。

6. 建设单位提交验收资料，确定验收时间
   建设单位对竣工验收条件、初验情况及竣工验收资料核查合格后，填写"竣工项目审查表"，该表格应经建设单位负责人审核、签字。建设单位向质监站收文窗口提交竣工验收资料，送达"竣工验收联系函"；质监站收文窗口核对竣工资料完整性后，确定竣工验收时间，发出"竣工验收联系函复函"。

竣工验收工作：

7. 竣工验收
   建设单位主持验收会议，组织验收各方对工程质量进行检查，提出整改意见。
   验收监督人员到工地现场对竣工验收的组织形式、验收程序、执行验收标准等情况进行现场监督，发现有违反规定程序、执行标准或评定结果不准确的，应要求有关单位改正或停止验收。对未达到国家验收标准合格要求的质量问题，签发监督文书。

合格 →

8. 施工单位按验收意见进行整改
   施工单位按照验收各方提出的整改意见及"责令整改通知书"进行整改。整改完毕后，建设、监理、设计、施工单位对"工程竣工验收整改意见处理报告"签字盖章确认后，将该报告与"工程竣工验收报告"送质监站技术室。对公共建筑、商品住宅及存在重要的整改内容的项目，监督人员参加复查。

不合格 ↓   合格 ↓

9. 对不合格工程，按《建筑工程施工质量验收统一标准》和其他验收规范的要求整改完后，重新验收。

10. 工程合格证书。

11. 验收备案
    验收合格后三日内，监督机构将监督报告送交市建设局。建设单位按有关规定报市建设局备案。

图 4.18　工程竣工验收阶段流程

参与方提供的竣工资料;③对建筑工程的使用功能进行抽查、试验;④对竣工验收情况进行汇总讨论,并听取质量监督机构对该工程的工程质量监督情况;⑤对验收过程中发现达不到竣工验收标准的严重问题,验收小组责成责任单位立即整改,并宣布本次验收无效,重新确定时间组织竣工验收;⑥对竣工验收小组各方不能形成一致竣工验收意见时,咨询方应当协商提出解决办法,待意见一致后,重新组织工程竣工验收。当协商不成时,应报建设行政主管部门或质量监督机构进行协调裁决;⑦形成竣工验收意见,填写"建设工程竣工验收备案表"和"建设工程竣工验收报告",验收小组人员分别签字并盖公章、建设单位盖章。

(3)竣工验收后的工作。

竣工验收后的工作内容如下:①单项工程的组织验收;②建设工程竣工结算;③建设工程竣工档案备案;④建设项目的缺陷保修工作;⑤建设项目的竣工交付;⑥建设项目的后评价工作。

4.4.2　项目竣工结算组织与实施

建设项目完工并经验收合格后,应对所完成的工程项目进行全面的工程结算。竣工结算是指按工程进度、施工合同、施工监理情况办理的工程价款结算,以及根据工程实施过程中发生的超出施工合同范围的工程变更情况,调整施工图预算价格,确定工程项目最终结算价格。它分为单位工程竣工结算、单项工程竣工结算和建设项目竣工总结算。竣工结算工程价款等于合同价款加上施工过程中合同价款调整数额减去预付及已结算的工程价款再减去保修金。

经发承包双方确认的竣工结算文件是发包方最终支付工程款的依据,也是核定新增固定资产和工程项目办理交付使用、验收的依据。

1. 竣工结算的编制与实施

单位工程竣工结算由承包人编制,发包人审查;实行总承包的工程,由具体承包人编制,在总承包人审查的基础上,发包人审查。单项工程竣工结算或建设项目竣工总结算由总(承)包人编制,发包人可直接审查,也可以委托具有相应资质的工程造价咨询机构进行审查。

结算是在施工完成后编制的,反映的是基本建设工程的实际造价。

(1)结算编制及结算文件组成。

①根据工程竣工图或施工图以及经批准的施工组织设计进行现场踏勘并做好书面或影像记录。

②按招投标文件、施工合同约定的方式和相应的工程量计算规则,计算分部分项工程、措施项目和其他项目的工程量。

③按招投标文件、施工合同规定计价原则和计价办法,对分部分项工程、措施项目和其他项目进行计价。

④对于工程量清单或定额缺项以及采用新设备、新材料、新工艺的应根据施工过程中的合理消耗和市场价格,编制综合单价或单位估价分析表。

⑤过程索赔应按合同约定的处理原则、程序、计算方法提出索赔费用。

⑥汇总计算工程费用,包括编制分部分项工程费、措施项目费、其他项目费、规费和税金,初步确定工程结算价格。

⑦编写编制说明。

⑧计算和分析主要技术经济指标。

⑨编制工程结算的初步成果文件。

(2)结算编制成果文件提交。

结算成果文件一般都有标准格式,各单位可根据自身项目特点和本单位的规定自行调整或确定格式。总体来说,基本与行业标准参考格式大同小异。

①工程结算书封面,包括工程名称、编制单位和印章、日期等。

②签署页,包括工程名称、编制人、审核人、审定人姓名和执业印章、编制单位负责人印章、日期等。

③目录。

④工程结算编制说明。

⑤工程结算相关表格:工程结算汇总表、单项工程结算汇总表、单位工程结算汇总表、分部分项(措施、其他、零星)结算汇总表、工程结算分析表及其他必需的结算表格。

⑥必要的附件。

按照编制单位要求的复核程序,经各级审核确认后,提交结算成果文件。

2. 竣工结算的审核与实施

竣工结算审核咨询工作应依据《建设项目工程结算编审规程》(CECA/GC 3—2010)开展。

(1)结算审核的审查内容和方法。

在审核基本建设工程结算时,主要审查以下事项:①审查结算资料的真实性、准确性和完整性;②工程量计算是否符合规定的计算规则,是否准确;③分项工程预算定额套用是否合规,选用是否恰当;④工程取费是否执行相应计算基数和费率标准;⑤设备、材料用量是否与定额含量或设计含量一致;⑥设备、材料是否按国家定价或市场价计价;⑦利润和税金的计算基数、利润率、税率是否符合规定;⑧工程实施过程中发生的设计变更和现场签证;⑨工程材料和设备价格的变化情况;⑩工程实施过程中的建筑经济政策变化情况;⑪补充合同的内容。

结算审核依据发承包合同规定的结算方法,依据不同的结算类型采用不同的审查方法,具体如下:①收集和整理作为竣工结算审核项目的相关依据及资料;②组织接受经监理单位审核的送审资料的交验、核实、签收工作,并应对资料缺陷向监理单位提出书面意见及要求;③组织现场踏勘核实,召开审核会议,澄清并提出补充依据性资料和必要的弥补性措施;④形成会商纪要,进行计量、计价审核与核对工作、完成初步审核报告等;⑤就初步审核报告与承包人及委托人进行沟通,召开协调会议,处理分歧事项,形成竣工结算审核成果文件;⑥签认"竣工结算审核定案表"各相关方签章后,提交竣工结算审核报告并存档。

(2)结算审核成果文件形式。

结算审核成果文件一般都有标准格式,总体来说,行业标准参考格式如下。

①审查报告封面,包括工程名称、编制单位和印章、日期等。

②签署页,包括工程名称、审查编制人、审定人姓名和执业印章、编制单位负责人印章、日期等。

③结算审查报告目录。

④工程结算审查报告说明。

⑤工程结算审查相关表格,包括:结算审定签署表、工程结算审查汇总对比表、单项工程结算汇总对比表、单位工程结算审查汇总对比表、分部分项(措施、其他、零星)结算审查对比表、工程结算审核分析表及其他必需的结算审查表格。

⑥必要的附件。

按照结算审查单位要求的复核程序,经各级审核确认后,提交完整的结算审核成果文件。

4.4.3 项目竣工移交组织与实施

在竣工验收合格后,根据国家有关部门及省市建设工程交付规定和承包合同交付标准的约定,制定本项目的交付移交工作内容。主要交接内容含项目竣工档案移交、项目竣工实体移交、项目数字化成果交付等。

1. 项目竣工档案移交工作

根据《建设工程文件归档整理规范》《重大建设项目档案验收办法》和国家有关部门及省市档案管理部门规定,制定竣工验收档案资料移交的工作内容如下。

(1)工程准备阶段文件资料。文件归档类别、范围及保管期限见《建设工程文件归档规范》(2019年版)中相关表格。

(2)监理文件资料。监理文件归档类别、范围及保管期限见《建设工程文件归档规范》(2019年版)中相关表格。

(3)施工文件资料。施工文件归档类别、范围及保管期限要求见《建设工程文件归档规范》(2019年版)中相关表格。

(4)竣工图。文件归档类别、范围及保管期限见《建设工程文件归档规范》(2019年版)中相关表格。

(5)工程竣工文件资料。文件的归档类别、范围及保管期限见表4.7。

表4.7 竣工归档文件要求

序号	归档文件名称	建设单位	施工方	城建档案馆
一	工程竣工总结			
1	工程概况表	永久		永久
2	工程竣工总结	永久		永久
二	竣工验收记录			
(一)	建筑安装工程			
1	单项(单位)工程质量验收记录	永久	长期	永久
2	竣工验收证明书	永久	长期	永久
3	竣工验收报告	永久	长期	永久
4	竣工验收备案表	永久	长期	永久
5	工程质量保修书	永久	长期	永久
(二)	市政基础设施工程			
1	单位工程质量评定表及报验单	永久	长期	永久
2	竣工验收证明书	永久	长期	永久
3	竣工验收报告	永久	长期	永久
4	竣工验收备案表	永久	长期	永久
5	工程质量保修书	永久	长期	永久

续表

序号	归档文件名称	建设单位	施工方	城建档案馆
三	财务文件			
1	决算文件	永久		永久
2	交付使用财产总表和明细表	永久	长期	永久
四	声像档案、缩微品、电子档案			
1	声像档案	永久		永久
(1)	工程照片	永久		永久
(2)	录音录像材料	永久		永久
2	缩微品	永久		永久
3	电子档案			
(1)	光盘	永久		永久
(2)	磁盘	永久		永久

常用竣工档案移交的方法和程序如下。

建设项目总承包单位,组织指导各分包单位收集、整理分包范围内的竣工文件,交总承包单位汇总、整理。竣工时由总承包单位向建设单位提交完整、准确的竣工文件。

经初验工作组审查确认齐全、完整、准确后,交接管单位并按规定送上级档案部门归档。个别项目因故不能及时交接,由施工单位与接收单位共同协商交接时间,但最迟不得超过工程竣工验收后三个月。

需特别说明的是,各方交接的档案资料必须是原件。竣工档案移交的工作应参照《建设工程文件归档规范》(2019年版)的要求,一般情况其移交基本程序为:①全过程咨询单位受建设方授权,与城建档案管理机构签订"建设工程竣工档案移交责任书";②城建档案管理机构对项目参与单位的人员进行指导、培训、协调、组织;③全过程咨询单位组织总承包单位按归档要求对建设工程竣工资料进行收集、整理与汇总;④全过程咨询单位提交"建设工程竣工档案预验收申请表",组织、协调竣工资料的备案工作;⑤城建档案管理机构对工程档案进行预验收,预验收合格后出具"建设工程竣工档案预验收意见书";⑥全过程咨询单位组织总承包单位向城建档案管理机构移交建设工程竣工档案;⑦城建档案管理机构对移交工程档案合格项目发放"建设工程竣工档案合格证"。

2. 项目竣工实体移交

建设项目实体交付的工作内容和方法如下。

工程实体移交时,全过程咨询单位应组织监理、总包单位按建设项目名称和合同约定的移交方式,向投资人移交,然后由投资人移交给使用单位。

(1)建设项目实体交付计划。建设项目实体移交工作开展之前,应依照移交内容制定一份移交计划书,明确各项验收工作的主体、移交时间、移交责任人等具体事项。

(2)组织制定建设项目主体、配套工程及设备交付标准和范围,并组织具体移交工作。在建设项目的工程整改及工程竣工验收完毕后,应按合同约定进行移交,全过程咨询单位协助投资人,按合同约定组织工程竣工移交。

①组织承包人提交房屋竣工验收报告、消防监督机构出具的消防验收合格文件、质量监督部门出具的电梯验收文件等相关资料。文件齐全后,去当地建设行政主管部门办理竣工验收备案手续,取得竣工验收备案回执。

②在取得竣工验收备案回执以及整改处理情况完成后,总承包方向投资人、全过程咨询单位及监理工程师提交移交申请,全过程咨询单位应该组织专业工程师、投资人、产权人、运营人等相关单位的人员,共同组成项目移交小组,对建设工程进行初步验收,按照交验标准逐一实地查验,发现问题后,要求承包方限期整改并跟踪处理结果。

③将遗留问题处理完毕,各单位工程已经具备使用条件,方可办理移交手续。

④在承包方将工程办理移交的同时,全过程咨询单位应协助投资人提前组织设备厂商、承包人完成设备使用及维护手册的编制,并完成对运营人(一般为物业管理公司)相关人员进行培训。

⑤运营人(物业管理公司)需要对室内的电气、上下水、门窗、灯具、各设备系统等进行全面的试用检查,发现问题后立即组织承包方进行整改。在各项整改工作完毕后,将钥匙移交给运营人(物业管理公司),钥匙移交过程中要进行签字接收记录;在运营人接收前期,承包方可根据合同约定委派专业人员协助运营人熟悉和合理使用建筑物及其设施,对出现的问题及时处理解决。

⑥应注意按有关规定和总包单位签署或补签"工程质量保修书",移交过程需各方签署"工程实体移交书",签字完善的"工程实体移交书"需各方保存原件备查。

3. 项目数字化成果交付

工程实体移交的同时,实现包括 BIM 模型、完整结构性数据库以及工程实施过程中的各类文件、文档等数字化信息的数据化交付,为后期运维和管理提供有力的支持。数字化交付的本质是把工程项目全生命周期数据信息移交给业主,建立数字化交付平台,将使竣工文件移交向数字化交付平台移交迈进,从而实现建设项目档案管理的飞跃发展。

迄今为止,我国大多数建设项目的信息化水平还有待提高,数字化成果交付水平和能力远未达到国家相关标准要求。为了促进建设领域数字化成果的推广和快速发展,全过程工程咨询单位应参照现行《建筑施工企业信息化评价标准》(JGJ/T 272—2012)做好如下工作:①协助制定建设项目数字化成果交付计划;②协调建立建设项目数字化交付的组织;③组织制定建设项目数字化交付标准;④组织实施项目设施数字化成果交付。

4.4.4 项目竣工决算组织与实施

1. 项目竣工决算咨询工作内容

项目竣工决算是在项目竣工后,全过程工程咨询单位负责人协助委托单位按照国家有关规定,编制以实物数量和货币指标为计量单位,综合反映竣工的建设项目全部建设费用及建设成果和财务状况的总结性文件。

全过程工程咨询单位负责人在竣工决算过程中应做好以下工作:①协助收集和整理作为竣工决算编制的相关依据及资料;②组织编制竣工财务决算说明书;③组织编制竣工财务决算报表;④组织编制工程竣工造价对比分析表;⑤组织编制竣工决算报告书。

编制项目竣工决算应遵循下列程序:①收集、整理有关工程竣工决算依据;②清理账务、债务,结算物资;③填写工程竣工决算报表;④编写工程竣工决算说明书;⑤按规定送审。

2. 项目竣工决算的编制

(1)竣工决算编制的依据。
①经批准的可行性研究报告及其投资估算。
②经批准的初步设计或扩大初步设计及其概算或修正概算。

③经批准的施工图设计及其施工图预算。

④设计交底或图纸会审纪要。

⑤招投标的标底、承包合同、工程结算资料。

⑥施工记录或施工签证单,以及其他施工中发生的费用记录,如索赔报告与记录、停(交)工报告等。

⑦竣工图及各种竣工验收资料。

⑧历年基建资料、财务决算及批复文件。

⑨设备、材料调价文件和调价记录。

⑩有关财务核算制度、办法和其他有关资料、文件等。

(2)竣工决算编制的步骤。

按照财政部印发的关于《基本建设财务管理若干规定》的通知要求,竣工决算的编制步骤如下。

①收集、整理、分析原始资料。从工程建设开始就按编制依据的要求,收集、清点、整理有关资料,主要包括建设工程档案资料,如设计文件、施工记录、上级批文、概(预)算文件、工程结算的归集整理,财务处理、财产物资的盘点核实及债权债务的清偿,做到账账、账证、账实、账表相符。对各种设备、材料、工具、器具等要逐项盘点核实并填列清单,妥善保管,或按照国家有关规定处理,不准任意侵占和挪用。

②对照、核实工程变动情况,重新核实各单位工程、单项工程造价。将竣工资料与原设计图纸进行查对、核实,必要时可实地测量,确认实际变更情况;根据经审定的施工单位竣工结算等原始资料,按照有关规定对原概(预)算进行增减调整,重新核定工程造价。

③将审定后的待摊投资、设备工器具投资、建筑安装工程投资、工程建设其他投资严格划分和核定后,分别计入相应的建设成本栏目内。

④编制竣工财务决算说明书,力求内容全面、简明扼要、文字流畅、说明问题。

⑤填报竣工财务决算报表。

⑥作好工程造价对比分析。

⑦清理、装订竣工图。

⑧按国家规定上报、审批、存档。

(3)竣工决算的内容。

竣工决算是建设工程从筹建到竣工投产全过程中发生的所有实际费用支

出,包括设备工器具购置费、建筑安装工程费和其他费用等。竣工决算由竣工财务决算说明书、竣工财务决算报表、竣工工程平面示意图、工程造价比较分析四部分组成。其中竣工财务决算报表和竣工财务决算说明书属于竣工财务决算的内容。竣工财务决算是竣工决算的组成部分,是正确核定新增资产价值、反映竣工项目建设成果的文件,是办理固定资产交付使用手续的依据。

①竣工财务决算说明书。

竣工财务决算说明书主要反映竣工工程建设成果和经验,是对竣工决算报表进行分析和补充说明的文件,是全面考核分析工程投资与造价的书面总结。其内容主要包括以下方面。

a. 建设项目概况。它是对工程总的评价,一般从进度、质量、安全、造价、施工方面进行分析说明。进度方面主要说明开工和竣工时间,对照合理工期和要求工期分析是提前还是延期;质量方面主要根据竣工验收委员会或相当一级质量监督部门的验收评定等级、合格率和优良品率;安全方面主要根据劳动工资和施工部门的记录,对有无设备和人身事故进行说明;造价方面主要对照概算造价,说明节约还是超支,用金额和百分比进行分析说明。

b. 资金来源及运用等财务分析。主要包括工程价款结算、会计账务的处理、财产物资情况及债权债务的清偿情况。

c. 基本建设收入、投资包干结余、竣工结余资金的上交分配情况。通过对基本建设投资包干情况的分析,说明投资包干数、实际支用数和节约额、投资包干节余的有机构成和包干节余的分配情况。

d. 各项经济技术指标的分析。包括:概算执行情况分析,根据实际投资完成额与概算进行对比分析;新增生产能力的效益分析,说明支付使用财产占总投资额的比例,不增加固定资产的造价占投资总额的比例,分析有机构成和成果。

e. 工程建设的经验、项目和财务管理工作以及竣工财务决算中有待解决的问题。

f. 需要说明的其他事项。

②竣工财务决算报表。

建设项目竣工财务决算报表要根据大、中型建设项目和小型建设项目分别制定。大、中型建设项目竣工财务决算报表,包括建设项目竣工财务决算审批表,大、中型建设项目概况表,大、中型建设项目竣工财务决算表,大、中型建设项目交付使用资产总表;小型建设项目竣工财务决算报表,包括建设项目竣工财务决算审批表,竣工财务决算总表,建设项目交付使用资产明细表。

a.建设项目竣工财务决算审批表。该表在竣工决算上报有关部门审批时使用,其格式按照中央级小型项目审批要求设计,地方级项目可按审批要求做适当修改。

b.大、中型建设项目竣工工程概况表。综合反映大、中型建设项目的基本概况,内容包括该项目总投资、建设起止时间、新增生产能力、主要材料消耗、建设成本、完成主要工程量和主要技术经济指标及基本建设支出情况,为全面考核和分析投资效果提供依据。

c.大、中型建设项目竣工财务决算表。该表反映竣工的大中型建设项目从开工到竣工为止全部资金来源和资金运用的情况,它是考核和分析投资效果,落实结余资金,并作为报告上级核销基本建设支出和基本建设拨款的依据。在编制该表前,应先编制出项目竣工年度财务决算,根据编制出的竣工年度财务决算和历年财务决算编制项目的竣工财务决算。此表采用平衡表形式,即资金来源合计等于资金支出合计。

d.大、中型建设项目交付使用资产总表。该表反映建设项目建成后新增固定资产、流动资产、无形资产和其他资产的情况和价值,作为财产交接、检查投资计划完成情况和分析投资效果的依据。小型项目不编制"交付使用资产总表",直接编制"交付使用资产明细表";大、中型项目在编制"交付使用资产总表"的同时,还需编制"交付使用资产明细表"。

e.建设项目交付使用资产明细表。该表反映交付使用的固定资产、流动资产、无形资产和其他资产及其价值的明细情况,是办理资产交接和接收单位登记资产账目的依据,是使用单位建立资产明细账和登记新增资产价值的依据。大、中型和小型建设项目均需编制此表。编制时要做到齐全完整,数字准确。各栏目价值应与会计账目中相应科目的数据保持一致。

f.小型建设项目竣工财务决算总表。由于小型建设项目内容比较简单,因此可将工程概况与财务情况合并编制一张"竣工财务决算总表",该表主要反映小型建设项目的全部工程和财务情况。

③竣工工程平面示意图。

建设工程竣工工程平面示意图是真实地记录各种地上、地下建筑物、构筑物等情况的技术文件,是工程进行交工验收、维护改建和扩建的依据,是国家的重要技术档案。国家规定:各项新建、扩建、改建的基本建设工程,特别是基础、地下建筑、管线、结构、井巷、桥梁、隧道、港口、水坝以及设备安装等隐蔽部位,都要编制竣工图。为确保竣工图质量,必须在施工过程中(不能在竣工后)及时做好

隐蔽工程检查记录,整理好设计变更文件。其具体要求有:

a.凡按图竣工没有变动的,由施工单位(包括总包和分包施工单位)在原施工图上加盖全过程工程咨询竣工阶段"竣工图"标志后,即作为竣工图。

b.凡在施工过程中,虽有一般性设计变更,但能将原施工图加以修改补充作为竣工图的,可不重新绘制,由施工单位负责在原施工图(必须是新蓝图)上注明修改的部分,并附以设计变更通知单和施工说明,加盖"竣工图"标志后,作为竣工图。

c.凡结构形式改变、施工工艺改变、平面布置改变、项目改变以及有其他重大改变,不宜再在原施工图上修改、补充时,应重新绘制改变后的竣工图。由原设计原因造成的,由设计单位负责重新绘制;由施工原因造成的,由施工单位负责重新绘图;由其他原因造成的,由建设单位自行绘制或委托设计单位绘制。施工单位负责在新图上加盖"竣工图"标志,并附以有关记录和说明,作为竣工图。

d.为了满足竣工验收和竣工决算需要,还应绘制反映竣工工程全部内容的工程设计平面示意图。

④工程造价比较分析。

工程造价比较分析是对控制工程造价所采取的措施、效果及其动态的变化进行拟真的比较对比,总结经验教训。批准的概算是考核建设工程造价的依据。在分析时,可先对比整个项目的总概算,然后将建筑安装工程费、设备工器具费和其他工程费用逐一与竣工决算表中所提供的实际数据和相关资料及批准的概算、预算指标,实际的工程造价进行对比分析。以确定竣工项目总造价是节约还是超支,并在对比的基础上,总结先进经验,找出节约和超支的内容及原因,提出改进措施。在实际工作中,应主要分析以下内容。

a.主要实物工程量。对于实物工程量出入比较大的情况,必须查明原因。

b.主要材料消耗量。考核主要材料消耗量,要按照竣工决算表中所列明的三大材料实际超概算的消耗量,查明是在工程的哪个环节超出量最大,再进一步查明超出的原因。

c.考核建设单位管理费、建筑及安装工程措施费和间接费的取费标准。建设单位管理费、工程措施费和间接费的取费标准要符合国家和各地有关规定,将竣工决算报表中所列的建设单位管理费与概预算所列的建设单位管理费数额进行比较,依据规定查明是否有多列或少列的费用项目,确定其节约超支的数额,并查明原因。

4.4.5 项目缺陷责任期和保修期工作的组织与实施

1. 项目缺陷责任期的咨询实施内容

项目缺陷责任期的咨询实施内容包括：①组织检查承包人剩余工程计划；②组织检查已完工程；③协调审核确定缺陷责任及修复费用；④督促协调承包人按合同规定完成竣工资料；⑤协调安排建设方按承包合同约定预留保证金；⑥协助建设方签发缺陷期终止证书。

2. 工程保修期的咨询实施内容

按照《建设工程质量管理条例》规定，建设项目竣工后，施工方应在保修期内承担相应的责任，全过程咨询单位和监理应负责相应的管理工作。

全过程咨询单位负责人应协助建设方做好如下工作：①制定定期回访制度，组织签订工程质量保修书；②对建设方提出的质量缺陷，协调联系承包方现场核查；③组织相关方对建设方提出的质量缺陷界定责任；④根据责任界定结果组织督促维修；⑤对维修结果组织检查验收；⑥协助业主结算保修金。

（1）工程质量保修的范围。

一般来说，凡是施工方的责任或者由于施工质量不良产生的问题，都属于质量保修的范围，常见的保修内容主要有以下几个方面：基础、主体结构、屋面、地下室、外墙、阳台、厕所、浴室及厨房等处渗水、漏水；各种管道渗水、漏水、漏气；通风口和烟道堵塞；水泥地面大面积起砂、空鼓、裂缝；墙面抹灰大面积起泡、空鼓、脱落；暖气局部不热，接口不严、渗漏；其他不能正常发挥使用功能的部位。

凡是由于用户使用不当而造成建筑功能不良或者损坏的，不属于保修范围；凡从属于工业产品发生问题的，也不属于保修范围，应由使用单位自行组织修理。

（2）工程质量保修期限。

《建设工程质量管理条例》规定，在正常使用条件下，建设工程最低保修期限为：①基础设施工程、房屋建筑的地基基础工程和主体结构工程，为设计文件规定的该工程的合理使用年限；②屋面防水工程、有防水使用要求的卫生间、厨房和外墙面的防渗漏，为5年；③供热与供冷系统，为2个采暖期、供冷期；④电气管线、给排水管道、设备安装和装修工程，为2年；⑤其他工程保修期限由发承包双方自行约定，建设工程保修期自竣工验收合格之日起计算。

(3)工程质量保修责任。

工程质量保修期间,全过程咨询单位负责人应做好保修期管理工作,应组织做好以下工作:①督促承包人应制定工程保修期管理制度;②协助发包人与承包人签订工程保修期保修合同,确定质量保修范围、期限、责任与费用的计算方法;③承包人在工程保修期内应承担质量保修责任,回收质量保修资金,实施相关服务工作;④承包人应根据保修合同文件、保修责任期、质量要求、回访安排和有关规定编制保修工作计划,保修工作计划应包括主管保修的部门、执行保修工作的责任者、保修与回访时间、保修工作内容。

建设工程在保修范围和保修期限内,发生质量问题,全过程咨询单位负责人应督促监理立即分析原因,找出责任方,并要求相关责任方在规定时间内完成修补工作。若责任方拒不处理或迟迟不予处理的,由全过程咨询单位上报投资人认可后,可另行委托其他施工单位给予维修,产生的费用从责任方保修金内支出;质保期满后,全过程咨询单位应组织使用人、物业管理方、监理单位,以及施工单位进行质量缺陷的检查,确认无质量缺陷后,办理书面手续,并以此作为退还质保金的依据。

保修期过后,施工方的质保业务解除,全过程咨询单位完成质保金退还手续,相应的义务也完成。

第5章　建筑工程运维阶段的咨询管理

5.1　项目后评价

5.1.1　项目后评价概述

1. 项目后评价的概念和演变过程

项目后评价，按照传统定义就是在项目可行性研究的基础上，分别从宏观、中观、微观的角度，对项目进行全面的技术经济的分析、论证和评价，从而确定项目的实际投资经济效果。

从项目生命周期全过程的角度来看，项目后评价是对已建成并投入生产使用的建设项目所进行的评价活动。为了更好地进行项目管理和决策，它采用合适的评价尺度、应用科学的评价理论和方法，对审批决策、建设实施和生产使用全过程进行总结评价，从而判断项目预期目标的实现程度。它不仅对项目有论证和评价作用，还有监督、控制、总结经验、反馈信息、提高未来项目投资管理水平等作用。

项目后评价通常在项目投运并进入正常生产阶段进行。它的内容包括项目决策与建设过程评价、项目效益后评价、项目管理后评价、项目影响后评价。

项目决策与建设过程评价是项目竣工后对可研、立项、决策、勘测、设计、招投标、施工、竣工验收等不同阶段，从经历程序、遵循规范、执行标准等方面对项目进行评价；项目效益后评价主要是对应项目前期而言的，是指项目竣工后对项目投资经济效果的再评价，它以项目建成运行后的实际数据资料为基础，重新计算项目的各项技术经济数据，得到相关的投资效果指标，然后将它们同项目立项决策时预测的有关经济效果值（如净现值 NPV、内部收益率 IRR、投资回收期等）进行纵向对比，评价和分析其偏差情况及其原因，吸收经验教训，从而为提高项目的实际投资效果和制定有关的投资计划服务，为以后相关项目的决策提供借鉴和反馈信息;项目管理后评价是指当项目竣工以后,对项目实施阶段的管理工作进行的评价,其目的是通过对项目实施过程的实际情况的分析研究,全面总结项目管理经验,为今后改进项目管理服务;项目影响后评价是项目对国民经济、社会关系、自然生态环境等方面产生的影响的评价,在倡导保护自然生态环境、可持续发展、节约型社会的今天,如何处理好生产与生活、自然环境的关系,是一个迫切需要解决的问题,影响后评价的结果对于指导新建项目有着重要意义。

实际上,项目后评价的目的是对已完成的项目的目的、执行过程、效益、作用和影响所进行的系统的、客观的分析。通过项目活动实践的检查总结,确定项目预期的目标是否达到、项目是否合理有效、项目的主要效益指标是否实现;通过分析评价找出成功失败的原因,总结经验教训;通过及时有效的信息反馈,为未来新项目的决策和提高完善投资决策管理水平提出建议。同时也为评价项目实施运营中出现的问题提供改进意见,从而达到提高投资效益的目的。

项目后评价(post project evaluation)是指在项目已经完成并运行一段时间后,对项目的目的、执行过程、效益、作用和影响进行系统的、客观的分析和总结的一种技术经济活动。项目后评价在19世纪30年代产生于美国,直到20世纪60年代,才广泛地被许多国家和世界银行、亚洲银行等双边或多边援助组织用于世界范围的资助活动结果评价中。国外援助组织多年的实践经验证明了机构设置和管理机制对项目成败的重要作用,于是又将其纳入了项目评价的范围。项目后评价具体的历史演变过程如下。

(1)20世纪60年代以前,国际通行的项目评估和评价的重点是财务分析,以财务分析的好坏作为评价项目成败的主要指标。

(2)20世纪60年代,西方国家能源、交通、通信等基础设施以及社会福利事业将经济评价(国内称"国民经济评价")的概念引入项目效益评价的范围。

(3)20世纪70年代前后,世界经济发展带来的严重污染问题引起人们的广泛重视,项目评价因此而增加了"环境评价"的内容。此后,随着经济的发展,项目的社会作用和影响日益受到投资者的关注。

(4)20世纪80年代,世行等组织十分关心其援助项目对受援地区的贫困、妇女、社会文化和持续发展等方面所产生的影响。因此,社会影响评价成为投资活动评估和评价的重要内容之一。

项目后评价的基本前提:项目后评价是以项目前期所确定的目标和各方面指标与项目实际实施的结果之间的对比为基础的。

2. 项目后评价的基本内容

根据现代项目后评价理论可知,项目后评价的基本内容有以下几个。

(1)项目目标后评价。该项评价的任务是评定项目立项时各项预期目标的实现程度,并要对项目原定决策目标的正确性、合理性和实践性进行分析评价。

(2)项目效益后评价。项目的效益后评价即财务评价和经济评价。

(3)项目影响后评价。主要有经济影响后评价、环境影响后评价、社会影响后评价。

(4)项目持续性后评价。项目的持续性是指在项目的资金投入全部完成之后,项目的既定目标是否还能继续,项目是否可以持续地发展下去,项目业主是否可能依靠自己的力量独立继续去实现既定目标,项目是否具有可重复性,即是否可在将来以同样的方式建设同类项目。

(5)项目管理后评价。项目管理后评价是以项目目标和效益后评价为基础,结合其他相关资料,对项目整个生命周期中各阶段管理工作进行评价。

3. 项目后评价的意义

项目后评价的意义主要概括为以下三点。

(1)确定项目预期目标是否达到,主要效益指标是否实现;查找项目成败的原因,总结经验教训,及时有效反馈信息,提高未来新项目的管理水平。

(2)为项目投入运营中出现的问题提出改进意见和建议,达到提高投资效益的目的。

(3)后评价具有透明性和公开性,能客观、公正地评价项目活动成绩和失误的主客观原因,比较公正地、客观地确定项目决策者、管理者和建设者的工作业绩和存在的问题,从而进一步提高他们的责任心和工作水平。

项目后评价通过对项目实践活动的检查总结,确定项目预期的目标是否达到、项目是否合理有效、项目的主要效益指标是否实现,并找出项目成败的原因,总结经验教训。

4. 项目后评价的步骤和方法

项目后评价的步骤项目后评价的步骤主要有:提出问题;筹划准备;深入调查,收集资料;分析研究;编制项目后评价报告。项目评价是一个闭环过程,项目后评价的过程具体如图5.1所示。

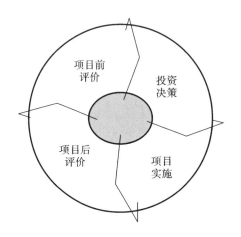

图 5.1 项目后评价的过程

国际通用的后评价方法有以下 4 种。

(1)统计预测法。统计预测法是以统计学原理和预测学原理为基础,对项目已经发生的事实进行总结和对项目未来发展前景做出预测的项目后评价方法。

(2)对比分析法。对比分析法是把客观事物加以比较,以达到认识事物的本质和规律并做出正确的评价的方法。对比分析法通常是把两个相互联系的指标数据进行比较,从数量上展示和说明研究对象规模的大小、水平的高低、速度的快慢,以及各种关系是否协调。

(3)逻辑框架法(logical framework approach,LFA)。逻辑框架法是将一个复杂项目的多个具有因果关系的动态因素组合起来,用一张简单的框图分析其内涵和关系,以确定项目范围和任务,分清项目目标和达到目标所需手段的逻辑关系,以评价项目活动及其成果的方法。

(4)定性和定量相结合的效益分析法。定性和定量相结合的效益分析法是对某种复杂的因素进行分析时,有一些因素难以量化,此时需要对因素进行定性分析,而有一些因素能够量化,此时需要对因素进行定量分析,然后把两种分析方法相结合的分析方法。一般而言,进行项目后评价的主要分析方法是定量分析和定性分析相结合的方法。

5.1.2 项目后评价与项目管理后评价

提出项目后评价需求的主体中有作为业主甲方的投资公司,也有作为乙方的工程公司。这种现象是伴随着国家大力推进 PPP 模式的市场行为而出现的,越来越多的企业开始从乙方向甲方的身份转变。他们对项目后评价提出需求反映出在现有市场推动下,企业对内部投资行为、管理成效的重视和反思。随着PPP市场的成熟,以及企业内在对项目管理能力提升的高要求,项目后评价及相关的管理工作开展必将是逼迫企业项目管理改进的重要手段。

甲方(投资主体)提出项目后评价的主要目的是在项目已经完成并运行一段时间后,对项目的目的、执行过程、效益、作用和影响进行系统的、客观的分析和总结,更侧重于经济结果分析。这种行为我们统称为项目后评价。项目后评价在19世纪30年代产生于美国,到20世纪70年代,在国内的应用主要是和世界银行、亚洲银行等投资活动的结果评价,后期逐步应用到中央企业投资项目后评价,包括项目目标评价、项目实施过程评价、项目效益评价、项目影响评价和项目持续性评价。

乙方(承建主体)提出项目后评价的主要目的是以竣工验收和项目效益后评价为基础,在结合其他相关资料的基础上,对项目实施生命周期中各阶段管理和全要素工作进行管理评价。其主要内容包括项目实施团队管理、项目管理过程和项目结果、体系执行和运行机制、项目管理者水平、企业项目管理、投资监管状况、体制机制创新,以及项目目标实现程度和持续能力改进的评价。这种行为通常称为项目管理后评价,由国际项目管理协会(international project management association,IPMA)提出的国际卓越项目管理模型是项目管理后评价的典型代表,项目管理后评价国内并无明文规定,各个企业可建立不同的定义和评价标准。

实质上和项目后评价、项目管理后评价关联的还有项目前评价、项目管理过程评价,在不同的时间节点,用于不同目的的评估,具体分析对比如图5.2、图5.3所示。

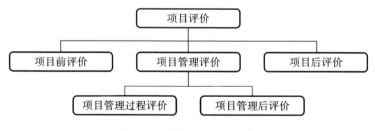

图5.2 项目评估体系框架

(1)项目前评价:指在项目可行性研究(项目论证)的基础上,由第三方(国家、银行或有关机构)根据国家颁布的政策、法规、方法、参数和条例等,从项目

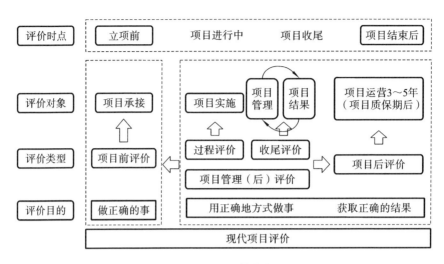

图 5.3 项目评估的应用

（或企业）、国民经济、社会角度出发，对实施项目的必要性、实施条件、市场需求、工程技术、经济效益和社会效益等进行全面评价、分析和论证，进而判断其是否可行的一个评价过程。企业的项目前评价实质是项目承接评价，也是项目投标报价的决策评价。

（2）项目管理过程评估：项目开工以后到项目竣工验收之前任何一个时点所进行的全过程工程咨询运维阶段评估，是企业对项目当前执行过程与状态进行的检查评估，对已完成阶段工作做出的评价，为项目后续阶段的顺利进展提供决策信息。

（3）项目后评价：是指在项目已经完成并运行一段时间后，由投资主体对项目的目的、执行过程、效益作用和影响进行系统的、客观的分析和总结的一种技术经济活动。

（4）项目管理后评价：是以竣工验收和项目效益后评价为基础，在结合其他相关资料的基础上，对项目实施生命周期中各阶段管理和全要素工作进行管理评价。其主要内容包括项目实施团队管理、项目管理过程和项目结果、体系执行和运行机制、项目管理者水平、企业项目管理、投资监管状况、体制机制创新，以及项目目标实现程度和持续能力改进的评价。

项目管理后评价整体围绕项目的目标、过程管理和结果，以目标为指引，通过好的过程管理，得到好的项目结果。通过用项目实际管理的结果与企业管理标准进行对比分析的评价活动，总结项目实际目标是否符合组织战略目标和管理目标；检查项目管理过程是否执行规范，管理结果是否达到管理标准的要求；

找出项目实施过程中管理的偏差并对其进行分析,树立项目管理的标杆;将信息做及时的反馈,为组织级的项目管理体系的完善和改进提供有力的依据,项目管理后评价流程图如图5.4所示。

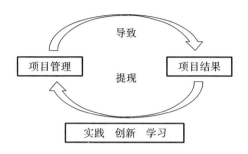

图 5.4　项目管理后评价流程图

关于项目管理后评价具体评价的内容,每个企业根据不同的目的会设置不同的评价指标,以下提供几个国内外应用比较广泛的评估模型。

中国卓越项目管理评估模型分为 2 大类指标,共有 13 个评估准则,31 个子准则,共计 1200 分。该模型突出了项目过程管理与项目结果的关联关系,同时强化项目的创新与环境友好,如图 5.5 所示。

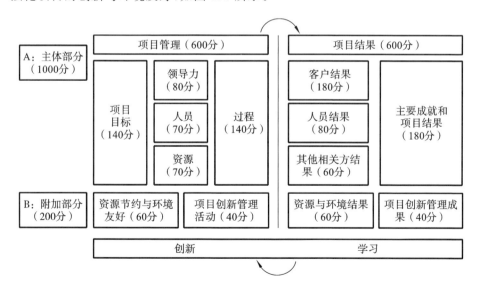

图 5.5　中国卓越项目管理评估模型

如图 5.6 所示,该 EPC 项目管理评价指标体系包括三大类,8 项一级指标,20 个二级指标,满分总分值为 100 分。该模型突出了项目目标管理,并强化

EPC管理中的关键指标,是过程与结果并举的评价。

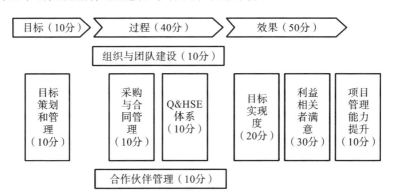

图5.6 某国际工程公司EPC项目管理评价模型

注:HSE即health safety and environment management system,健康、安全与环境管理体系。

如图5.7所示,该施工总包项目管理指标体系分为2个大类、19个小类,共计93个评分指标,满分总分值为1000分。该评价模型考虑项目管理评价的有效性和及时性,未考虑经济指标的评价,待项目结算完成后才开展项目成本和经济指标核算。

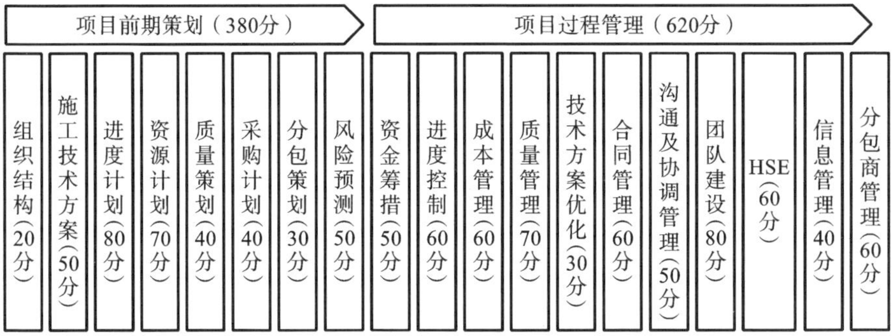

图5.7 某工程公司施工总包项目管理评价模型

以上评价模型是企业项目管理评价的实践部分展示,企业需在项目管理评价的基础上逐层细化,明确评估标准,建立项目管理评估体系。

项目管理评估系统的建立需要考虑以下要素的建设,如图5.8所示。

项目管理评估系统的建立应该包含以下内容:评估的指标建立、评估指标权重的差异化设置、评估量表建设来实现评价的客观真实、最终建立评估程序及制度保障项目评估在企业内部有效实施和开展,如图5.9所示。

项目管理评估体系的建设需要企业结合评价的目的和项目管理的水平、内

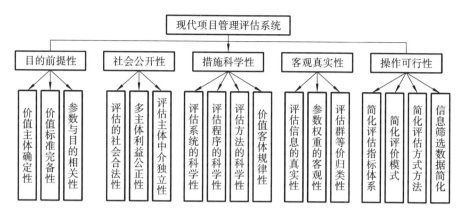

图 5.8　项目管理评估系统建立需考虑的因素

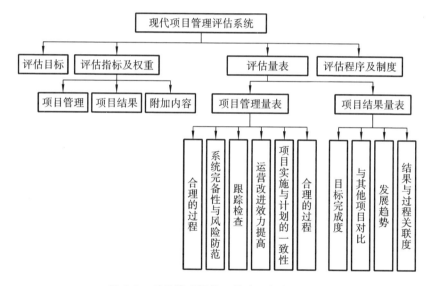

图 5.9　项目管理评估系统建立包含的内容

部标准的建设综合考虑,切合实际情况建设,然而项目管理后评价的主要目的仍然是通过"以评促建"达到提升企业项目管理的能力水平。

(5)项目管理后评价:是以竣工验收和项目效益后评价为基础,在结合其他相关资料的基础上,对项目实施生命周期中各阶段管理和全要素工作进行管理评价。其主要内容包括项目实施团队管理、项目管理过程和项目结果、体系执行和运行机制、项目管理者水平、企业项目管理、投资监管状况、体制机制创新,以及项目目标实现程度和持续能力改进的评价。

5.1.3 项目运营阶段的评价和管理

1. 项目管理和运营管理

项目管理的核心词在"项目"上,任何项目都会具有一个最大的特点,那就是"一次性",也就是说,一个项目完成以后,同样的项目就再也不会发生,区别的地方有:项目的大小、地点、时间、类型等,例如一个房地产项目结束以后,就不会在一个地方做一个一样的项目。项目管理有九大内容:范围、进度、费用、质量、人力资源、沟通、采购、风险、综合。

运营管理的范围比项目管理更大一些,现在流行的和标准的说法是"生产运营管理",也有人称"生产运作管理"。具体来说,就是"在需要的时候,以适宜的价格,向顾客提供具有合格质量的产品和服务",实际上是把原来的生产制造提升到了根据客户的需求进行产品设计,一直到为客户提供对应产品和服务的全过程的管理,就是生产运营管理。那么,运营管理,从概念上来说,就是从需求、设计、试制、生产、质检、运输、安装服务一直到售后服务全过程的管理。

项目管理和运营管理的区别如下。

(1)管理的对象不同。项目管理的对象是一次性、独特性的项目,管理的是有关项目的评估、决策、实施和控制过程;日常运营管理的对象是企业生产和运营的决策、实施和控制。

(2)管理的方法不同。项目管理的方法中有许多针对具体任务的管理技术和方法,日常运营管理更多的是采用部门协调、指挥命令等针对日常运行的管理方法和工具。

(3)管理的周期不同。项目管理的周期是一个项目的生命周期,而日常运营管理的周期相对长远。

项目管理的特性如下。

(1)普遍性。项目作为一种一次性和独特性的社会活动而普遍存在于人类社会的各项活动之中,甚至可以说是人类现有的各种物质文化成果最初都是通过项目的方式实现的,因为现有各种运营所依靠的设施与条件最初都是靠项目活动建设或开发的。

(2)目的性。项目管理的目的性是通过开展项目管理活动去保证满足或超越项目有关各方面明确提出的项目目标或指标和满足项目有关各方未明确规定的潜在需求和追求。

(3)独特性。项目管理的独特性是项目管理不同于一般的企业生产运营管理,也不同于常规的管理内容,是一种完全不同的管理活动。

(4)集成性。项目管理的集成性是指项目的管理中必须根据具体项目各要素或各专业之间的配置关系做好集成性的管理,而不能孤立地开展项目各个专业或专业的独立管理。

(5)创新性。项目管理的创新性包括两层含义:其一是指项目管理是对于创新(项目所包含的创新之处)的管理;其二是指任何一个项目的管理都没有一成不变的模式和方法,都需要通过管理创新去实现对于具体项目的有效管理。

(6)临时性。项目是一种临时性的任务,它要在有限的期限内完成,当项目的基本目标达到时就意味着项目已经完成,尽管项目所建成的目标也许刚刚开始发挥作用。

运营管理的特性如下。

(1)信息技术已成为运营管理的重要手段。由信息技术引起的一系列管理模式和管理方法上的变革,成为运营的重要研究内容。近30年来出现的计算机辅助设计(CAD)、计算机辅助制造(computer aided manufacturing,CAM)、计算机集成制造系统(computer integrated manufacturing systems,CIMS)、物料需求计划(materials requirements planning,MRP)、制造资源计划(manufacturing resources planning,MRP Ⅱ)以及企业资源计划(enterprise resource planning,ERP)等,在企业生产运营中得到广泛应用。

(2)运营管理全球化。全球经济一体化趋势的加剧,"全球化运营"成为现代企业运营的一个重要课题,因此,全球化运营也越来越成为运营学的一个新热点。

(3)运营系统的柔性化。生产管理运营的多样化和高效率是相矛盾的,因此,在生产管理运营多样化前提下,努力搞好专业化生产管理运营,实现多样化和专业化的有机统一,也是现代运营追求的方向。供应链管理成为运营管理的重要内容。

2. 项目运营阶段的总结评价

项目运营阶段的总结评价包括两方面:一是项目运营状况的小结,主要评价指标有达到设计能力、生产变化、财务状况等;二是项目效益预测,项目后评价的工作包括对项目评价时点以前完成的部分进行总结和对项目评价时点以后的工作进行预测。在项目投入运营后的评价预测包含:达到设计能力状况及预测;市场需求状况和预测;项目竞争能力现状及预测;项目运营外部条件现状及预测等。

(1)项目运营概况。

①运营期限。项目运营考核期的时间跨度和起始时刻的界定。

②运营效果。项目投产(或运营)后,产品的产量、种类和质量(或服务的规模和服务水平)情况及其增长规律。

③运营水平。项目投产(或运营)后,各分项目、子系统的运转是否达到预期的设计标准;各子系统、分项目、生产(或服务)各环节间的合作、配合是否和谐、正常。

④技术及管理水平。项目在运营期间的表现,反映出项目主体处于什么技术水平和管理水平(世界、国内、行业内)。

⑤产品销售及占有市场情况。描述产品投产后,销售现状、市场认可度及占有市场份额。

⑥运营中存在的问题。一是生产项目的总平面布置、工艺流程及主要生产设施(服务类项目的总体规模,主要子系统的选择、设计和建设)是否存在问题,属什么性质的问题。二是项目的配套工程及辅助设施的建设是否必要和适宜。配套工程及辅助设施的建设有无延误,原因是什么,产生什么副作用。

(2)项目运营状况评价。

①项目能力评价。项目是否具备预期功能,达到预定的产量、质量(服务规模、服务水平)。如未达到,差距多大。

②运营现状评价。项目投产(或运营)后,产品的产量、种类和质量(或服务的规模和服务水平)与预期存在的差异,产生上述差异的原因分析。

③达到预期目标可能性分析。项目投产(或运营)后,产品的产量、种类和质量(或服务的规模和服务水平)增长规律总结,项目可达到预期目标的可能性分析。

5.2 项目绩效评价

5.2.1 绩效管理及绩效评价

1. 项目绩效管理

项目绩效管理是一个由绩效目标管理、绩效运行跟踪监控管理、绩效评价实施管理、绩效评价结果反馈和应用管理共同组成的综合系统。推进项目绩效管理，要将绩效理念融入项目管理全过程，使之与项目策划、项目实施、项目运行一起成为项目管理的有机组成部分。逐步建立"项目策划有目标、项目实施有监控、项目运维有评价、评价结果有反馈、反馈结果有应用"的绩效管理机制。

项目绩效是指项目资金所达到的产出和结果。

项目运维阶段绩效管理是项目绩效管理的重要组成部分，是一种以项目产出结果为导向的项目管理模式。

2. 项目绩效评价

项目运维阶段绩效评价是指通过合理的绩效评价方案，根据设定的绩效目标，运用科学、合理的绩效评价指标、评价标准和评价方法，对项目运维阶段的经济性、效率性和效益性进行客观、公正的评价。通过评价项目的目标实现程度，总结经验教训并提出对策建议。其基本做法一般如下。

(1)依据事先制定的绩效目标，对项目实施效果进行检查，收集测量数据。绩效目标一旦建立，所有项目管理人员应了解这些目标，并按要求定期进行绩效测量和整理，对实施情况进行检查。项目检查主要包括状态检查和工作过程检查两方面内容。项目的状态检查，主要检查项目的绩效是否达到要求，项目是否在进度计划和预算之内，以及项目管理的范围是否正确；项目的工作过程检查，重点在于检查项目管理工作开展得如何，现在做得是否满足要求，有哪些问题需要改进。

(2)对检查结果和测量数据进行综合分析和预测，制定必要的改进措施。分析和预测要紧紧围绕项目总体目标要求进行。对检查结果和测量数据的分析，主要围绕事先制定的绩效目标，运用绩效评价指标进行分析，一般包括业务指标分析及财务指标分析两部分。

业务指标分析是指依据设定的目标情况，对目标完成程度、组织管理水平、项目产生的经济效益、社会效益、生态环境效益、可持续影响、顾客满意度等指标进行分析，从业务管理的角度，检测项目绩效目标的完成情况。

财务指标分析是依据设定的目标情况，对运维阶段的资金落实、运维支出、财务管理、资产配置与使用等指标进行分析，从财务管理的角度，检测项目绩效目标的完成情况。

(3)编写项目绩效报告。项目绩效报告是对项目运维期间的关键指标、目标、风险和设想等因素进行监控的结果，是对工程项目运维阶段能否获得圆满成功的早期预警,能够及时反映出某一时间点上的项目执行状态、问题,并提出改进措施。

项目运维阶段的绩效评价应符合国家法律、法规及有关部门制定的强制性标准;遵循独立、客观、科学、公正的原则,建立畅通、快捷的信息管理和反馈机制。通过重点绩效评价,总结成功经验,发现存在问题,提出整改意见。

3.绩效评价目的、对象与内容、原则及依据

(1)评价的目的。

项目运维阶段的绩效评价,是在项目的策划、实施、运行与维护全生命周期中,更关注项目产出和结果。要求项目运维单位不断改进服务水平和质量,向社会公众提供更多、更好的公共产品和公共服务,使项目能更加切实、高效地为受益群体服务。推进项目运维阶段的绩效评价管理,有利于提升项目运维阶段的管理水平、减少单位支出、提高公共服务质量、优化公共资源配置、节约公共支出成果。这是企业管理科学化、精细化管理的重要内容,对于加快经济发展方式的转变和和谐社会的构建,具有重大的政治、经济和社会意义。

(2)评价的对象与内容。

项目是绩效评价的主体,与项目实施有关的国家机关、政党组织、事业单位、社会团体和其他独立核算的法人组织是绩效评价的对象。

绩效评价的基本内容包括:①绩效目标的设定情况;②资金投入和使用情况;③为实现绩效目标制定的制度、采取的措施等;④绩效目标的实现程度及效果;⑤绩效评价的其他内容。

(3)评价原则。

①科学规范原则。绩效评价应当严格执行规定的制度,按照科学可行的要求,采用定量与定性分析相结合的方法。

②公正公开原则。绩效评价应当符合真实、客观、公正的要求,依法公开并接受监督。

③分级分类原则。绩效评价由各级部门根据评价对象的特点分类组织实施。

④绩效相关原则。绩效评价应当针对具体支出及其产出绩效进行,评价结果应当清晰反映支出和产出绩效之间的紧密对应关系。

(4)评价依据。

绩效评价的主要依据有:①国家相关法律、法规和规章制度;②各级政府制

定的国民经济与社会发展规划和方针政策;③评价对象制定的相应管理制度、资金及财务管理办法、财务会计资料;④评价对象职能职责、中长期发展规划及年度工作计划;⑤相关行业政策、行业标准及专业技术规范;⑥评价对象年初制定的绩效目标及其他相关材料,评价对象财务部门预算计划、年度预算执行情况、年度决算报告;⑦人大审查结果报告、审计报告及决定、监督检查报告;⑧其他相关资料。

4. 评价等级

项目绩效评价结果作为项目执行期内政府安排资金的重要依据。对资金使用效果好的,可以继续支持或加大支持;使用效果不好的,责令整改,整改不到位的要减少预算安排或撤销资金。绩效评价等级划分如表5.1所示。

表 5.1　绩效评价等级划分表

评价等级	对应分值	结果反馈
优	90～100	通报表扬,继续支持及加大支持
良	80～89	
中	60～79	责令整改,整改不到位的,减少资金安排或取消支持
差	0～59	

5.2.2　绩效目标与绩效指标

1. 绩效目标

绩效目标是绩效评价的对象计划在一定期限内达到的产出和效果。一般包括长期目标和年度目标。长期目标是指描述项目整个计划期内的总体产出和效果,而年度目标是描述项目在本年度所计划达到的产出和效果。

(1)目标设定。

绩效目标是绩效管理的基础,是整个项目绩效管理系统的前提,包括绩效内容、绩效指标和绩效标准。项目运维单位在编制绩效目标时,应根据项目的总体要求和具体部署、部门职能划分及项目远期规划,科学、合理地报送绩效目标。报送的绩效目标应与部门目标高度相关,并且是具体的、可衡量的、一定时期内可实现的。并要详细说明为全过程工程咨询运维阶段达到绩效目标拟采取的工作程序、方式方法、资金需求、信息资源等,并有明确的职责和分工。

报送的绩效目标应具有如下特点。①指向明确。绩效目标设置应符合项目运维阶段总体要求及具体部署、部门职能划分及远期规划,并与相应的运维方向、过程、效果紧密相关。②具体量化。应当从数量、质量、成本和时效等方面进行细化,尽量进行量化,不能进行量化的,应采用定性分级分档形式表示。③合理可行。制定绩效目标要经过科学预测和调查研究,目标要符合客观实际。

(2)目标审核。

绩效主管部门要根据项目运维阶段的方向和重点、部门职能划分等,对各部门提出的绩效目标进行审核,包括绩效目标与部门职能的相关性、绩效目标的实现所采取的措施的可行性、绩效目标设置的科学性、实际绩效目标所需资金的合理性等。

通常从以下五个方面进行审核:①预期产出,包括提供的公共产品和服务的数量;②预期效果,包括经济效益、社会效益、环境效益和可持续影响等;③服务对象或受益人满意程度;④达到预期产出所需要的成果资源;⑤衡量预期产出、预期效果和服务对象满意程度的绩效指标。

绩效目标不符合要求的,绩效主管部门应要求报送单位进行调整、修改;审核合格的,进入绩效运行跟踪监控管理。

绩效目标一经确定,一般不予调整。确需调整的,应当根据绩效目标管理的要求和审核流程,按照规定程序重新报批。

2. 绩效指标

绩效评价指标是衡量绩效目标实现程度的考核工具。主要包括产出指标和效益指标。

产出指标是反映项目单位根据既定目标计划完成的产品和服务情况。可进一步细分为:①数量指标,反映项目单位计划完成的产品或服务数量;②质量指标,反映项目单位计划提供产品或服务达到的标准、水平和效果;③时效指标,反映项目单位计划提供产品或服务的及时程度和效率情况;④成本指标,反映项目单位计划提供产品或服务所需成本,分单位成本和总成本等。

效益指标反映与既定绩效目标相关的、项目支出预期结果的实现程度和影响,包括经济效益指标、社会效益指标、生态效益指标、可持续影响指标及社会公众或服务对象满意度指标。

(1)原则。

绩效指标的确定应遵循以下五个基本原则。

①相关性原则:应当与绩效目标有直接的联系,能够恰当地反映目标的实现程度。

②重要性原则:应当优先使用最具评价对象代表性、最能反映评价要求的核心指标。

③可比性原则:对同类评价对象要设定共性的绩效评价指标,以便于评价结果可以相互比较。

④系统性原则:应当将定量指标与定性指标相结合,系统反映财政预支所产生的社会效益、经济效益、环境效益和可持续影响等。

⑤经济性原则:指标应当通俗易懂,数据的获得应当考虑现实条件和可操作性,符合成本效益原则。

(2)指标体系。

绩效评价指标体系通常包括具体指标、指标权重、指标解释、数据来源、评价标准及评分方法等。指标体系框架如表5.2所示。

表5.2 项目绩效评价指标体系框架表

一级指标	建议权重	二级指标	三级指标	指标解释及备注
项目决策	15±5	战略目标适应性	项目与战略目标(部门职能)的适应性	项目是否能够支持部门目标的实现,是否符合发展政策和优先发展重点
		立项合理性	项目立项的合理性	项目的申请、设立过程是否符合相关要求,立项资料是否齐全,用以反映和考核项目立项的规范情况
			立项依据的充分性	项目立项是否有充分的依据
			绩效目标的合理性	项目所设定的绩效目标是否依据充分,是否符合客观实际,用以反映和考核项目绩效目标与项目实施的相符情况
			绩效指标的明确性	依据项目申报或执行中绩效目标设定的绩效指标是否清晰、细化、可衡量等,用以反映和考核项目绩效目标与项目实施的相符情况
		……	……	根据具体情况进行调整

续表

一级指标	建议权重	二级指标	三级指标	指标解释及备注
项目管理	20±5	投入管理	预算合理性	项目预算编制是否合理、充分、符合客观实际,预算审批是否符合要求,用以反映预算编制的规范情况
			预算执行率	预算执行率＝实际支出/实际到位预算,用以反映预算执行情况
			资金到位率	资金到位率＝实际到位资金/计划到位资金。计划到位资金(含配套资金)与实际到位资金的比率,以用考虑资金是否到位
			资金到位及时率	及时到位资金与应到位资金的比率,用以反映和考核资金到位情况对项目实施的总体保障程度
		财务管理	财务(资产)管理制度健全性	是否建立了财务、资产管理制度及相应的内控制度
			资金使用合规性	资金使用是否符合相关制度规定
			财务监控有效性	项目实施单位是否为保障资金的安全、规范运行而采取了必要的监控措施,用以反映和考核项目实施单位对资金运行的控制情况
		项目管理	管理制度健全性	项目实施单位的业务管理制度是否健全,用以反映和考核业务管理制度对项目顺利实施的保障情况
			制度执行有效性	项目实施是否符合相关业务管理规定,用以反映和考核业务管理制度的有效执行情况
			项目质量可控性	项目实施单位是否为达到项目质量要求而采取了必需的措施,用以反映和考核项目实施单位对项目质量的控制情况
			……	……

续表

一级指标	建议权重	二级指标	三级指标	指标解释及备注
项目绩效	65±5	项目产出	计划完成率	项目的实际产出数与计划产出数的比率,用以反映和考核项目产出数量目标的实现程度
			完成及时率	项目实际完成时间与计划完成时间的比率,用以反映和考核项目产出的时效目标的实现程度
			质量达标率	项目完成的质量达标产出与实际产出数量的比率,用以反映和考核项目的成本节约程度
			成本节约率	完成项目计划工作目标的实际节约成本与计划成本的比率,用以反映和考核项目的成本节约程度
		项目效果	经济效益	项目实施对经济发展所带来的直接或间接影响情况
			社会效益	项目实施对社会发展所带来的直接或间接影响情况
			环境效益	项目实施对环境发展所带来的直接或间接影响情况
		能力建设及可持续影响	长效管理情况	维持项目发展所需要的制度建设及维护费用等落实情况
			人力资源对项目可持续影响	项目实施后人力资源水平改善状况对项目及单位可持续发展的影响
			硬件条件对项目发展作用	项目实施过程中设备条件的改善对项目及单位可持续发展的意义
			信息共享情况	项目实施后的成果及信息与其他部门共享
		……	……	……
		社会公众或服务对象满意度		社会公众或服务对象对项目实施效果的满意程度

续表

一级指标	建议权重	二级指标	三级指标	指标解释及备注
总分	100			

5.2.3 绩效评价方法与实施

1. 评价方法

绩效评价主要采用成本效益分析法、比较法、因素分析法、最低成本法、公众评判法等方法；其他绩效评价方法还包括案卷研究、现场调研、访谈座谈、问卷调查、对比分析，以及定性与定量相结合等方法。评价方法的选用，应当坚持简便有效的原则，根据评价对象的具体情况，可采用一种或多种方法进行绩效评价。

(1) 成本效益分析法。

成本效益分析法是指将一定时期内的支出与效益进行对比分析，以评价绩效目标的实现程度。成本效益分析法又称为投入产出法，是将一定时期内的支出所产生的效益与付出的成本进行对比分析，从而评价绩效的方法。在西方"成本-效益分析"是指一系列指导公共开支决策的实践程序的总称，其核心是为公共开支的评价提供一个系统的程序，从而使政策分析可以确定一个项目总体而言是否有益。

在评价时，将一定时期内项目的总成本与总效益进行对比分析，通过多个预选方案进行成本准备分析，选择最优的支出方案。该方法适用于成本和收益都能准确计量的财政支出评价，但对于成本和收益都无法用货币计量的项目则无能为力，一般情况下，以社会效益为主的支出项目不宜采用此方法。

(2) 比较法。

比较法是指通过对绩效目标与实施效果、历史与当前情况、不同部门和地区同类支出的比较，综合分析绩效目标实现程度。

比较法又称目标比较法，它是指通过对财政支出产生的实际效果与预定目标的比较，分析完成目标或未完成目标的原因，从而评价绩效的方法。在西方国家，此方法主要用于对部门和单位的评价以及周期性较长项目的评价。也是我国目前采用的最主要的方法之一。

比较法是一种相对评价方法,当绝对评价标准难以确定,或所使用的客观尺度不尽合理时,必须采取其他的相对评价方法来衡量绩效。具体来说,比较法是指按照统一的标准将评价对象进行相互比较,以确定评价对象绩效的相对水平。这种评价方法在操作上相对简便,省去了一些复杂的量化步骤,主要适用于较为复杂的项目,如财政项目资金管理等评价标准的确定。

(3)因素分析法。

因素分析法是指通过综合分析影响绩效目标的实现、实施效果的内外因素,评价绩效目标的实现程度。

因素分析法又称指数因素分析法,是利用统计指数体系,分析现象总变化中各个因素影响程度的一种统计分析方法。因素分析法是现代统计学中的一种重要方法,是多元统计分析的一个分支,具有极强的实用性。使用这种方法能够把一组反映事物性质、状态、特点的变量,通过科学的方法,精简为几个能够反映事物内在联系的、固有的、决定事物本质特征的因素。

预算绩效评价因素分析法是指将影响投入和产出的各项因素罗列出来进行分析,计算投入产出比并进行评价的方法。很多公共项目都可以用到预算绩效评价因素分析法,通过不同因素的权重评比,进行综合评分,最终确定项目的效率性和效益性。采用此种方法的关键在于权重的分配,即如何通过合理配比使得整个评价过程客观全面,并且符合不同项目的实施特点。

(4)最低成本法。

最低成本法是指对效益确定且不一的多个同类对象的实施成本进行比较,评价绩效目标实现程度。

(5)公众评判法。

公众评判法是指通过专家评估、公众问卷及抽样调查等,对财政支出效果进行评判,评价绩效目标实现程度。

对于无法直接用指标计量其效益的支出项目,可以选择有关领域的专家进行评估,或对社会公众进行问卷调查以评判其效益。专家评估主要是聘请有关专家,就评价对象的某一方面进行评价、判断。专家根据绩效评价项目的特点,可以采用多种评价方式,包括"背靠背"或"面对面"评议,或两者相结合的综合评价方式;对社会公众的问卷调查,则可以通过设计不同形式的调查问卷,将需要进行考评的内容涵盖在设计的问题中,然后将问卷发放给公众填写,在发放过程中需要保证人群的随机性、广泛性,最后汇总分析调查问卷,得出评价结果。

与其他评价方法相比,公众评判法具有民主性、公开性的特点。它最大范围地吸收了社会力量的参与,使整个绩效评价过程较为充分地表达了社会公众的诉求,同时也保证了实施过程的透明度。这种评价方法由于具有公开性的特点,适用于对公共部门和财政投资的公共设施进行评价,但需要注意设计好相应的评估方式和调查问卷,并有效选择被调查的人群。

(6)其他评价方法。

其他经常适用的绩效评价方法包括综合指数法、层次分析法、查问询证法和实地考察法等。

由于评价方法具有多样性,因此在选择合适的绩效评价方法时,既要照顾到项目之间的可比性,又要关注项目本身的特点。财政部门需要对绩效评价方法的选择做出统一的适用原则和标准,对相同类型的项目采取一致的评价方法,以便进行横向比较;同时各具体评价部门(或机构)也需要深入了解项目的特性,结合财政部门的要求选择相适应的评价方法,也可在允许范围内采用个性化的评价方式,以保证评价结果的准确性和实用性。

2.实施

运维阶段各相关职能部门应制定本部门绩效评价规章制度,组织实施本部门绩效评价工作。

(1)策划准备。

①制定年度运维绩效评价计划。绩效评价部门结合预算管理工作,综合考虑评价数量、评价重点及评价范畴等情况,制定年度绩效评价工作计划。

②确定绩效评价对象。绩效评价部门根据年度绩效评价工作计划,研究确定年度绩效评价对象。评价对象确定后,原则上不再进行调整。

③制定评价实施方案。根据年度绩效评价工作计划、评价对象及预算管理要求,评价组织机构制定年度绩效评价工作实施方案,明确绩效评价实施工作目标、任务、时间安排和工作要求等具体事项。

④部署绩效评价工作。评价组织机构根据评价对象、内容和参与绩效评价第三方中介机构情况,成立评价工作组,开展有针对性的培训工作,组织开展绩效评价各环节工作。

⑤下达评价入户通知书,明确评价依据、任务、时间、人员等事项。

(2)评价实施。

①制定评价方案及指标体系。在充分了解评价对象的基础上,制定具体评价工作方案。评价工作方案应明确评价对象、评价目的、评价内容、评价方案、指

标体系框架、组织形式、技术和后勤保障等内容。

②收集与审核资料。评价工作组根据资料清单,结合评价对象实际情况收集资料,并对所收集的资料进行核实和全面分析,对重要的和存在疑问的基础数据资料进行核实确认。

评价资料是对相应评价指标进行评分的依据。资料收集应注意以下事项。

a.明确每一末级指标(评分标准和依据)所对应的评价资料,确保每一末级指标都有明确对应的支撑资料。

b.围绕确定的末级指标,需要由被评价方(项目单位及子项目单位)提供的资料,被评价方应在限期内将资料清单提供给评价方。不同类型的资料应全部提供,内容较多的同类型资料,可按一定比例进行现场抽查后统一提供。

c.对于来自利益相关者的观点,可设计访谈内容,制定访谈计划,根据部门利益相关者的范围,有重点地、科学地抽取一定数量的利益相关者进行访谈。对于利益相关者人数众多的情况,可设计调查问卷,进行问卷调查。

d.对于具体的产出目标完成情况,需进行现场检查或测量,检查前需制定检查方案,明确具体的检查内容和方法。对于不同类型的内容,应全面检查;如果需检查内容较多,可选定科学合理的检查比例进行抽查。

e.项目决策资料。项目决策资料包括:项目单位职能文件、项目单位中长期规划、项目单位本年工作计划、立项背景及发展规划、项目立项报告或任务书、上级主管部门对于立项的批复文件;项目申报书、绩效目标表、项目可行性研究报告、立项专家论证意见、项目评审报告、项目内容调整和预算调整有关的申请和批复等。

f.项目管理资料。项目管理资料包括:项目实施方案、项目预算批复;项目管理制度与项目执行相关的部门或单位内财务管理制度反映项目管理过程的相关资料,项目经费决算表;审计机构对项目执行情况的财务审计报告等。

g.项目绩效资料。项目绩效资料包括:项目单位绩效报告;项目执行情况报告,反映产出目标(产出数量、质量、时效和成本)完成情况的有关证据资料,如评价机构对项目产出目标完成情况的调研结果、评价专家对项目产出目标完成情况的认定证明、项目完工验收报告、科研课题结题报告、项目完工实景图纸、采购设备入库记录等;反映项目实施效果的证据资料,如反映项目实施效果的有关经济数据、业务数据、发表论文、申请专利与专利授权、获奖情况、服务对象调查问卷、项目实施效益与历史数据对比、成本合理发生分析等。

③现场调研和勘察。按照工作方案内容,评价工作组到项目现场进行实地

调研和勘察,并对勘察情况进行视图和文字记录,有明确服务对象的,要设计调查问卷,进行服务对象满意度调查。

④筹备和召开专家评审会。评价工作组应遴选具有丰富经验的管理专家、财务专家和业务专家,组成专家评价工作组,在完成评价会资料准备和召开专家预备会的基础上,召开专家评价会。专家对绩效实现情况进行评价和打分,并出具评价意见。

⑤撰写评价报告及反馈。评价工作组在专家评价会结束后,汇总专家打分和评价意见,撰写绩效评价报告,并就报告中所反映的问题与被评价单位进行沟通,征求被评价单位意见。

(3)总结。

①形成正式评价报告。评价工作组在被评价单位反馈意见的基础上,对报告内容进行完善,形成正式绩效评价报告和报告简本,并将绩效评价报告和评价资料报送评价组织机构。

②归档绩效评价资料。绩效评价工作结束后,评价组织机构应及时将资料整理归档。

5.2.4 报告及应用

1. 绩效自评报告

(1)项目概况。①项目单位基本情况。②项目年度预算绩效目标、绩效指标设定情况,包括预期总目标及阶段性目标;项目基本性质、用途和主要内容、涉及范围。

(2)项目资金使用及管理情况。①项目资金(包括财政资金、自筹资金等)安排落实、总投入等情况分析;②项目资金(主要是指财政资金)实际使用情况分析;③项目资金管理情况(包括管理制度、办法的制定及执行情况)分析。

(3)项目组织实施情况。①项目组织情况(包括项目招投标情况、调整情况、完成验收等)分析;②项目管理情况(包括项目管理制度建设、日常检查监督管理等情况)分析。

(4)项目绩效情况。①项目绩效目标完成情况分析。将项目支出后的实际情况与申报的绩效目标对比,从项目的经济性、效率性、有效性和可持续性等方面进行量化、具体分析。其中:项目的经济性分析主要是对项目成本(预算)控制、节约等情况进行分析;项目的效率性分析主要是对项目实施(完成)的进度及质量等情况进行分析;项目的有效性分析主要是对反映项目资金使用效果的个性指标进行分析;项目的可持续性分析主要是对项目完成后,后续政策、资金、人员机构安排和管理措施等影响项目持续发展的因素进行分析。②项目绩效目标未完成原因分析。

(5)其他需要说明的问题。①后续工作计划;②主要经验及做法、存在问题和建议(包括资金安排,使用过程中的经验、做法、存在问题、改进措施和有关建议等);③其他。

(6)项目评价工作情况。项目评价工作情况包括评价基础数据收集、资料来源和依据等佐证材料情况,项目现场勘验检查核实等情况。

2. 绩效评价报告

(1)项目基本情况。①项目概况;②项目绩效目标,包括项目绩效总目标和项目绩效阶段性目标。

(2)项目单位绩效报告情况。

(3)绩效评价工作情况。①绩效评价目的;②绩效评价原则、评价指标体系(附表说明)、评价方法;③绩效评价工作过程,包括前期准备、组织实施和分析评价。

(4)绩效评价指标分析情况。①项目资金情况分析,包括项目资金到位情况分析、项目资金使用情况分析和项目资金管理情况分析;②项目实施情况分析,包括项目组织情况分析和项目管理情况分析;③项目绩效情况分析,包括项目经济性分析、项目效率性分析和项目效益性分析。

(5)综合评价情况及评价结论(附相关评分表)。

(6)绩效评价结果应用建议(以后年度预算安排、评价结果公开等)。

(7)主要经验及做法、存在的问题和建议。

(8)其他需说明的问题。

3. 绩效评价成果的应用

预算绩效结果应用既是开展预算绩效管理工作的基本前提,又是完善预算编制、增加资金绩效理念、合理配置公共资源、优化支出结构、强化资金管理水平、提高资金使用效益的重要手段。各预算单位要高度重视预算绩效管理结果应用工作,积极探索一套与部门预算相结合、多渠道应用管理结果的有效机制,提高绩效意识和财政资金使用效益。

绩效管理部门要结合绩效评价结果,对被评估项目的绩效情况、完成程度和存在的问题与建议加以综合分析,建立绩效评价相关结果的应用制度。

(1)建立绩效评价激励与约束机制。

①绩效评价结果优秀且绩效突出。对于实施过程评价的项目,安排后续资金时应给予优先保障;对于已完成结果评价的项目,安排该部门其他项目资金时给予综合考虑。

②绩效评价结果为良好。对于实施过程评价的项目,在安排后续资金时给予保障,力求延续项目能持续有效开展。

③绩效评价结果为合格。对于实施过程评价的项目,财政部门及时提出整改意见,并对该整改意见落实情况进行跟踪观察,在此过程中,拨款会暂缓进行;对于已完成结果评价的项目,在安排该部门其他项目资金时,原则上不再具备优先保障资格。

④绩效评价结果为不合格。对于实施过程评价的项目,财政部门及时提出整改意见,整改期间停止安排资金的拨款和支付,未按要求落实整改的,要会同有关部门向上级部门提出暂停该项目实施的意见;对于已完成结果评价的项目,在安排该部门新增项目时,应从严考虑,并加强项目前期论证和综合分析,以确保项目资金使用的安全有效,安排该部门其他项目资金时,不再具备优先保障资格。

(2)建立信息报告制度。

①共享制度。绩效评价机构应及时将项目的评价结果提供给相关财政支出管理机构,作为财政支出管理机构向部门和单位下达预算控制数时调整项目资金的依据。

②通报制度。为督促各部门和项目单位如期完成绩效自评工作,对部门和项目单位绩效自评完成进度、完成质量以及组织开展等情况,在一定范围内对其评价结果予以通报,促使其自觉的、保质保量地完成项目的绩效自评工作。

③公开制度。不断提升绩效评价社会参与度,在公开绩效评价政策、程序的同时,对社会关注度高、影响力大的民生项目预算绩效情况,可通过有关媒体公开披露,使公众了解有关项目的实际绩效水平,接受社会公众监督。

(3)建立责任追究制度。

在绩效评价中发现的违规行为,要借助管理监督的依据和手段,查清责任部门违规事实,督促责任部门认真加以整改和落实,增加绩效评价结果应用的严肃性和有效性,确保资金活动在允许的范围内进行。对于严重违规行为,应予以制止并追究责任。

5.3 设施管理

设施管理的内容特指在民用领域(如商业、办公、住宅、城市民用交通和综合体等,包括工业、农业、军事、国民基础建设等)不动产所属范围,对其中设备与设备之间、设备与全过程工程咨询运维阶段设备使用人之间以及设备与环境之间的关系,进行全过程的规划、配置、管控、维护,从而在设施运行成本、设施使用效率和设施与环境协调等方面,全面满足设施所有人和受益人的综合需要。

在全过程咨询管理中,设施管理的咨询人员应了解业主的需求,在设施管理中充当物业的咨询方,就像施工过程中的监理方一样。应该像明确"三控三管两协调"一样,做运维阶段的空间管理、设备管理、资产管理、环境管理、物业管理、数据管理、风险管控和价值管控。

5.3.1 空间管理

基于空间的设施资产管理,不同于财务角度的资产管理。所有的设施资产都存在于某个空间之中,都有其特定的位置,这一属性使得设施资产与金融资产的管理完全不同。在金融资产管理中,物理位置不是考虑因素;而在设施管理中,位置是极为重要的考虑因素。

工作空间环境是设施资产管理的直接对象,设施管理通过为员工创造更好的工作环境来提高员工的生产力,进而为企业发展创造价值。所有的设施管理职能都可以通过空间要素进行整合,进而得到更高的管理绩效。

(1)空间的系统性。

空间的系统性的表现形式如下所述。①一个系统化的问题;②不同部门的空间需求有冲突;③牵涉的人员太多,意见和想法不一致;④能满足所有人的需求;⑤各个业务部门人员变换的不确定,导致空间管理及调配的被动性;⑥在不影响舒适的前提下,空间使用最大化;⑦空间总是在变化,缺少很好的预测和规划;⑧部门重整后的资产转移。

(2)不同领域的空间管理。

根据物业使用方式分类,把物业分为住宅物业和非住宅物业。在建筑空间上通过基本的逻辑关系,把物业分为设施管理(facility management,FM)范畴、公共物业范畴和居家范畴。不同领域的空间管理如图 5.10 所示。

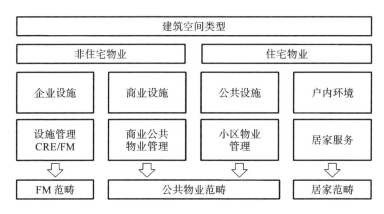

图 5.10　不同领域的空间管理

注：CRE 即 corporate real estate，企业不动产。

将工作空间、设施资产和服务集成起来进行有效管理，空间是设施管理的载体。

FM 与 PM[①] 的区别主要在于空间。在有空间管理的环境下，服务面更宽，服务周期更长，服务内容会更多，如英式管家服务；企业内部在无空间的前提下，出现了企业大管家服务。缺乏空间管理理念的情况下，一般为单项目系统管理理念，如保安、保洁、工程管理等。

(3)空间管理的基本维度。

①资产。包括不动产资产、租赁资产和固定资产等。

②空间资产。包括库存、分类、标准等。

③以面积进行计量。

(4)企业空间的精细化管理模式与空间成本管理。

办公室的人均服务面积，根据企业规模和性质的不同，可以就办公工位与人员进行最佳配置，随着计算机存储和网络技术的发展，目前很多国际性公司已经没有固定工位的概念，只要有网络，登录自己的企业云账号，随时随地就可以办公。目前国内比较专业的高端写字楼运营商已经在第三代办公空间内引入无固定工位办公空间，由过去每人一个工位的固定办公，改为共享办公。所以在做全过程运维咨询时，也要引入全新的办公理念。

全球人均办公面积呈现不断缩小的趋势，在人均房地产面积不断缩小的情况下，如何能够通过空间的合理设置提升员工的工作效率和工作体验非常重要。

---

①　PM 即 project management，项目管理。

根据埃森哲公司对员工工作模式和时间比例划分(见图5.11)可以看出,员工在工作时间中,只有22%是独自进行且不可中断的工作,而38%的工作可以中断,更有26%的时间是与同事合作工作,甚至电话会议也占据了员工10%的工作时间。

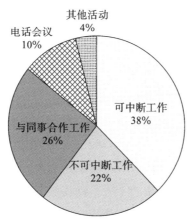

图5.11 员工工作模式和时间比例划分

在这样的工作模式和时间比例划分下,埃森哲公司从1999年就开始彻底改革其办公空间。从"分布式""功能高复合"和"归属感营造"三个维度重新设计办公空间的功能划分。上至公司总裁,下到普通员工,甚至是行政、财务等固定场所办公的人员,均采用移动办公的形式。目前埃森哲公司整体工位的员工比例已从最初实行移动办公时的1∶4,进一步扩大为目前的1∶8。这样的改变,使得埃森哲公司休斯敦总部的办公面积从6100 m^2 缩减为2300 m^2。

据此总结未来企业办公空间会呈现以下三大主要需求的形态。

需求一:灵动办公。例如埃森哲公司的办公室改革,或是国际国内其他企业的共享办公工位的设置,根据企业全球化布局和创新业务的发展需求,员工的合作办公和临时团队需求不断增多。

国际企业地产协会的调查中显示,大多数企业都已经建立起了创新的流程,企业经营策略和创新是密不可分的。在2/3的企业中,有60%~80%的时间都是用于合作办公的,因为合作办公能够产生丰富而更有深度的结论,契合创造力的工作要求。超过一半(55%)的受访者表示,他们经常会让拥有多元化背景的员工一同参与创新项目的工作。绝大多数(85%)企业都会寻求外部顾问或者专业人士来协助创新,与大部分或者所有项目相比,顾问所涉及的多为临时的项目(67%),2/3的企业和外部资源保持着长期合作关系。图5.12所示为灵活办公适配的工作模式。

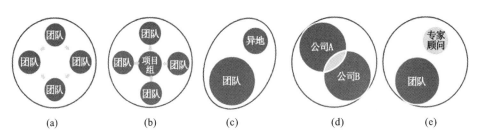

图 5.12 灵活办公适配的工作模式

(a)内部协同合作;(b)临时项目组;(c)异地合作;(d)合作伙伴协作;(e)外聘专家协作

需求二:移动办公。互联网的快速普及和发展,激发了随时随地办公的需求,并逐渐形成了企业设置移动办公空间的诉求。2014 年思科发布的全球互联网使用及网际互联协议(internet protocol,IP)流量预测显示:截至 2018 年,全球网络设备和连接数量从 2013 年的 120 亿增长到 210 亿;截至 2018 年,全球固定宽带连接的平均速度将增长 2.6 倍,从 2013 年的 16Mbps 提高到 42Mbps;截至 2018 年,全球 IP 视频流量在所有流量中的比例将从 2013 年的 66% 提高到 79%。

互联网蓬勃发展带来的企业对移动办公的考虑也逐渐成为企业新办公室设计的重中之重。一方面,企业更加明确对共享移动办公工位的设置;另一方面,企业将更加重视视频、网络等多媒体设备在会议空间和办公空间的设置比例。

需求三:服务式办公。这种新型办公需求目前已经成为市场热潮,在国内衍生出遍地开花的众创空间。高企的办公物业成本增加和逐渐增多的小团队、小企业,驱动市场出现类似酒店式公寓的短租型服务式办公模式,从而实现空间管理者提供的"工作款待"和多企业的"协同消费"。

新的办公需求未来仍然会进一步促进办公空间的改革,从而出现更多个性化、人性化和主题化的办公空间。就像谷歌的社区总部给人们留下的深刻印象一样,未来国内也将会出现越来越多的空间节约和成本节约的办公空间。

(5)企业工作空间的全生命周期精细化管理。

空间整合管理的价值在于将空间管理的概念引入设施管理领域,为设施管理带来了革命性的变化。设施管理的整合特性在空间管理领域表现得淋漓尽致,真正的人员、设施资产和流程融合是借助空间这一重要的介质得以实现的。

5.3.2 租赁管理

物业租赁管理是指按照社会主义市场经济体制的客观要求以及租赁双方签订的租赁契约,依法对物业租赁的主体和客体、租金与契约进行的一系列管理活动。物业租赁管理包括国家相关主管部门依照相关法规对物业租赁活动的行政管理以及物业服务企业对物业管理租赁双方所提供的各种日常管理与服务。

1. 租赁管理的内容

(1)物业租赁主、客体资质管理。物业租赁主、客体资质指的是出租人、承租人、出租房屋应具备法律法规规定的条件。

(2)物业租赁营销服务。采取多种形式捕捉潜在租户,促进物业租赁的营销推广。

(3)日常管理与服务。

2. 物业租赁管理程序

物业服务企业实施物业租赁管理一般经过以下几个步骤。

(1)捕捉潜在租户。

①通过广告捕捉潜在租户。要挖掘和寻找到最好的潜在租户,物业管理者可以利用广告。广告的呈现有多种形式,如做标志牌,或通过报纸期刊、广播电视及网络宣传,或分发信函、宣传手册、传单,或通过赞助体育比赛、戏剧、音乐会等。关键是用最少的广告成本开支找到最多的潜在租户。由于住宅、工业和商业物业都有着不同的潜在客户群,所以做广告时要考虑到潜在租户的类型。

②使用"免费"噱头捕捉潜在租户。物业管理者可采用类似"免费"的噱头来寻找潜在租户,比如物业管理者可以提供一次免费旅行、免费游泳或网球课程、免费使用俱乐部的机会等。为了刺激和吸引更多的潜在租户光顾,广告中还可以声明某些优惠措施,如前六位签约者可免收第 1 个月的租金,或在一个特定的时期内有某种优惠,或在头 10 天内来光顾物业的客户都有一个小礼品等。

③引导参观捕捉潜在租户。物业管理者要引导潜在租户参观,使其对待租物业产生兴趣和需求。千万要注意避免潜在租户在参观现场时失望的情况发生,如发现一些与先前的广告内容截然不同的地方等。因此,物业管理者要注意应从最佳线路带领他们参观,沿途宣传令人愉快的设施和服务。

④建立租售中心捕捉潜在租户。对于大型综合住宅和商业物业来说,建立

一个组织健全、有专业人员的租售中心是必要的。租售中心要有完整的装修并带有极富吸引力的家具,以使潜在租户看到完成后物业的情况。由于建立租售中心的费用昂贵,因此是否建立取决于租赁的物业数量、希望出租的时间、租赁者期望的租赁额和竞争者的情况等。期望中的租金越高,租售中心的效用就越大,因为使用合适的租售中心会增加潜在租户的询问率,从而提高出租的可能性。但当市场强劲时,一般不需要精心布置这样的租售中心。

(2)租户资格审查。

①每一个前来咨询或参观物业的潜在租户都要填写一份来客登记表。

②潜在租户的身份证明。核对居住或商业物业租赁者的身份证明很重要,尤其是零售性的商业物业,如混合租赁的零售购物中心。因为在商业物业中租户做何种生意是很重要的,它关系到与其他租户能否协调,如有些租户就要求同一个购物中心要限制有竞争性的租户。

③租赁经历。为减少风险,应了解潜在租户的过去租赁历史,尽量寻找租赁史稳定可靠的、租赁期较长的租户。

④资信状况。物业管理者可通过调查得到所需要的潜在租户的以往信用资料,从租户以往的拖欠记录中了解潜在租户的资信状况。对那些有拖欠、赖账史的潜在租户可不予考虑。

(3)合同条款谈判。

房屋租赁的一个主要工作就是要签署租赁双方都满意的、公平合理的租约,物业服务企业往往要协助业主完成谈判的全过程。物业管理者在业主和租户的接触过程中,应尽量规避可能出现的冲突。一般的技巧是当谈判快要结束准备签约时,再让双方见面。

①讲求谈判妥协。

妥协是指业主降低原始条款而给租户的一种优惠,妥协是为了让潜在租户成为真正的租户,达到签约的目的。

租约中几乎所有的条款都有谈判的余地,关键在于双方立场的坚定性和灵活性。任何一点点的妥协都可能引导潜在租户接受并签署租约,成为真正租户。因此,物业管理者在谈判中要考虑的是妥协程度多大时才能打动租户,即妥协的尺度。一般来说,决定妥协程度的因素有三:一是业主的财务和战略目标;二是该地区物业租赁市场竞争的情况;三是租户租赁的紧迫性。

②租金的确定。

在租金上作出让步,无疑是最具吸引力的,也是最具负面影响的让步。因此任何时候物业管理者都要分析租价折扣的利弊得失,在保证物业一定租金水平的基础上考虑给予租户短期的租金减免优惠或一定的折扣。

③租期的确定。

在租户更迭时,业主为寻找新租户要花费广告支出,对新租户的资格审查要花费成本,谈判要花时间和费用,而每次租户搬出搬进都要产生对物业进行清理、重装修和修整等费用,所有这些都要增加业主的租赁成本,减少租赁收益。因此,一般有经济头脑的业主都愿意签一份长一些的租约。当然在长租约中,业主一般会设有逐渐提高租金的条款(如随物价指数而变动等),以避免损失。

a.居住物业的租期。对居住物业,如果租金随时间推移而增长,租期才会超过一年,否则一般不超过一年。当然也有例外,如对新建或新改造的物业,业主为提升物业的声望,就会与那些资信好、经济地位坚实的租户签订两三年的租约,因为这些人的租用会提高物业在租户及邻里间的声望。

b.办公、商用和工业物业的租期。办公、商用物业则不同于居住物业,其租期最短也有5～10年,而工业厂房租期则长达10～25年或更长。业主一般在长期租约中要加入租金随时间而增加的条款。由于商用物业往往有专为租户进行改造的费用,因此对商用物业,物业管理者要尽量寻求较长的租期,以期能完全收回改造费用。

在租期结束时,给予续租也是一种优惠,有较高声誉或经营业绩好的工商业租户往往能够得到续期的优惠。其他租户要续期则往往有附加条件,如提高租金等。

(4)关于物业改造的谈判。

新租户在入住前,一般会提出改造或改进物业的要求。改造费用一般通过租金的形式收回。但物业管理者要向租户申明的是,所有超标改造装修费用或由租户自负,或由业主提供并在租金中收回。在市场疲软或租户需要的时候,标准内的定期重装修或设备更新可以在租约中考虑由业主负担。例如,对一家名声显赫的证券公司租用的空间,业主负责每三年重新粉刷一次,每六年更换一次地毯等。

①居住物业的改造装修要求。租户对居住物业的要求一般局限在物业的装饰上,如重新粉刷、重换窗帘或更新地毯等。有些新建住宅的业主让租户自己设计挑选装饰,并把这作为优惠条件。旧的住宅是否重新装饰由当时的租赁市场状况和租赁双方的急需程度决定。

②工商业物业的改造要求。租户经营的性质决定了租户对改造的要求,如

保险公司通常就采用原有的建筑设备设施的标准;而律师事务所则因业务原因,需要单人的办公间和华丽的装饰,这往往会超过原有设备设施的标准;医疗机构对设备设施的要求则可能更高。

物业管理者在对工商业物业改造的条款做出妥协时,不仅要考虑改造对物业的影响,还要考虑由此而增加的业主负担。一般谈判的结果是用其他条款作为交换,以避免给业主带来损失。物业管理者要给租户一个可以改造的上限,允许租户在此范围内确定标准。超出标准的费用应由租户负担。

(5)扩租权的谈判。

扩租权就是指允许租户在租用一段时间后根据需要增加租用邻近的物业。对居住物业而言,扩租并不常见。但对工商业物业租户,尤其是对正处在成长阶段的工商业租户,这一优惠条件是很有吸引力的。

(6)限制竞争租户条款的谈判。

限制竞争租户条款就是指租户在物业中享有排他的、从事某一行业的经营垄断权。该附加限制条款常常出现在商业物业尤其是零售物业的租约中,有时也在服务业的物业租赁中出现,如理发店等。在谈判中要注意如果这一限制条款不影响业主的利益,或租户愿意为此交付额外的补偿,就可以考虑采纳。

(7)签订租约。

按照双方达成的各项条款填写合同,出具出租方及承租方的有效文件并签名盖章。

(8)核查物业。

在租赁伊始,物业管理者应陪同租赁人核查物业,检查所租物业是否符合租赁条款中的条件,如果租赁双方都同时认可物业的情况,就应请租赁人办理接受物业的签字手续。同时,物业管理者和租赁人都要填写"物业迁入-迁出检查表",租户离开时也要使用该表。双方必须如实填写,以免发生争议。

(9)与租户建立良好关系。

双方签署了租赁合同,租赁关系即告成立。租户搬进,物业管理者就要与租户建立良好的关系,以期租户愿意续签合同。

与租户建立联系的途径有很多,如可以通过电话或私人拜访等途径与租户保持联系,设法抓住一切机会并创造机会与租户面谈,广泛征求他们对舒适、服务、维修及管理等方面的意见。同时要重视维修服务,确保租户了解维修程序(如向谁和怎样提出维修服务要求等)以及由业主还是租户承担责任等。为此,物业服务企业必须建立一个快速有效的服务系统,使租户要求能够准确地反馈给相应的部门。

(10)收缴租金。

一般来说,提前收取租金是通行的做法。物业管理者在签订租约之初,就要向租户解释交费要求和罚款制度,要求其熟悉交费管理程序和有关规定,保证租金收缴率。

(11)续签租约。

物业管理者应尽量促成业主和租户续签租约,以节约装修成本,业主也节省了寻找新租户的费用。续约时要考虑新契约的条款内容是否需要改变。一般考虑新契约条款是否改变的因素:一是以前未考虑的因素,如租户以往是否准时缴纳租金等;二是市场的情况。通常改变租赁条款的内容主要集中在租赁期限,维修、更换、再装修的程度和租金水平上。

(12)租赁终(中)止。

①租赁终(中)止的种类。

第一种是合同到期的租赁终止。一般租赁终止有两种情况:一种是租户提出的租赁终止;另一种是物业服务企业拒绝续签。

第二种是强制性的中止租赁。当租户违反法规、不付租金、参与犯罪或违反租约协议条款的其他方面时,物业服务企业在发出最后通牒后,有权通过法律途径强制性将其驱逐出去。

②租赁终(中)止的程序。

a.搬迁前的会面。物业管理者在租户搬迁前,要与租户进行一次私人会面,填写搬迁前会面表等。

b.物业检查。结束租赁,物业管理者必须在租户搬出之后与其一起检查物业,并填写物业检查表,计算出维修与清洁方面应扣除的押金。

c.归还押金。当归还租户押金时,物业管理者要说明押金扣除了哪些方面及其数额。如果物业管理者未按租赁协议动用了部分押金,必须向租户逐条说明其使用情况。如果租户不能接受,物业服务企业必须承担相应的责任。

③物业租赁管理注意事项。

a.物业租赁用途不得随意改变。物业租赁双方在租赁合同中,明确了物业用途,这就要求出租人在交付租赁房屋时,应提供有关物业使用中的特殊要求,并明确通知承租人,保证承租人按照租赁物业的性能、用途,正确合理地使用出租房屋,并对其正常磨损不承担责任;承租人在承租房屋上添加新用途时,应征得出租人的同意,相应的开支由双方约定。只要承租人按合同约定的用途合理使用租赁房屋,租赁期满返还房屋时的合理磨损,出租人不得要求赔偿。物业是经营还是自住,承租人不能随意改动,更不得利用承租房屋从事违法犯罪活动。

b. 违法建筑不得出租。在城市规划区内,未取得城市规划行政主管部门核发的建设工程规划许可证或者违反建设工程规划许可证的规定新建、改建和扩建建筑物、构筑物或其他设施的,都属违法建筑。违法建筑本体的非法性,使其根本不具备租赁客体合法、安全等条件,属于禁止出租的范围。根据《商品房屋租赁管理办法》,属于违法建筑的房屋不得出租。以下五种建筑物均属违法建筑:一是房屋加层、屋面升高的建筑物;二是庭院住宅和公寓庭院内的建筑物、构筑物;三是小区、街坊、新村等地区建造的依附于房屋外墙的建筑物、构筑物;四是小区空地、绿地、道路旁的搭建物;五是逾期未拆除的,未占用道路的施工临时建筑物、构筑物。

④物业租赁与物业抵押的关系。

物业租赁与物业抵押的关系有两种情形:其一是物业先租赁,后抵押;其二是物业先抵押,后租赁。本质上,抵押权与租赁关系两者之间并无冲突。上述两种情形都是允许的,但两者在法律后果上不一样。

物业先租赁,后抵押。根据《中华人民共和国民法典》和《城市房地产抵押管理办法》(建设部令第56号)的规定,已出租的房地产抵押的,抵押人应当将租赁情况告知抵押权人,并将抵押情况告知承租人,原租赁合同继续有效。这时,抵押人不需征得承租人的同意,只要履行告知手续,便可将已租赁出去的物业再抵押给抵押权人。而且,抵押权实现后,租赁合同在有效期间内对抵押物的受让人继续有效。

物业先抵押,后租赁。根据《城市房地产抵押管理办法》规定,经抵押权人同意,抵押房地产可以转让或者出租。也就是说,只有经过抵押权人同意之后,抵押物的出租才是合法的。因为租赁合同的解除对承租人造成的损失,应该区别不同情形分别处理:抵押人将已抵押的财产出租时,如果抵押人未书面告知承租人该财产已抵押的,抵押人对出租抵押物造成承租人的损失承担赔偿责任;如果抵押人已书面告知承租人该财产已抵押的,抵押权实现造成承租人的损失,由承租人自己承担。

5.3.3 维保管理

物业管理中有三大用人部门:工程部门、保安部门和保洁部门。维保主要责任人在工程部门。维保管理是指加强对各物业设备设施维修保养项目的有效控制,确保设备设施高效、经济、安全运行。运维阶段全过程咨询方应就物业管理维保部门的组建、管理职责、管理流程、委外管理、过程监督和考核管理进行咨询。

(1)团队组建。

按照各管理方工程类别、工程用途进行安排,一般人员配置与建筑面积标准见表5.3。

表5.3 物业管理维保的人员配置　　　　　(单位:人/万平方米)

序号	工作阶段	非住宅项目		住宅项目	备注
		公共设施项目	商业运行项目	人居项目	
1	工程实施阶段	0.5	0.7	0.4	
2	承接查验阶段	1.0	1.4	1.2	
3	物业管理阶段	0.8	1.0	0.8	

按照以上配置,超过10万平方米应按以下系数折减配置人数。10万～20万平方米项目,折减系数按照0.9计算;20万～40万平方米项目,折减系数按照0.8计算;40万平方米以上项目,折减系数按照0.7计算。

(2)管理职责。

①负责组织开展对维保商的年度评审及维保商的续约或招标工作。

②负责编制、签订维保合同,向审批中心提交年度维保计划。

③监督检查外委维保业务合同履行情况及服务质量。

④负责组织维保商专题维保工作会议,落实维保责任和工作要求。

⑤负责审核维保费用的支付。

⑥负责审定维保商提交的年度总结与维保计划,并上报工程管理部审定。

⑦负责监督与检查维保商按维保合同履约及对维保质量进行评审。

⑧负责每月与维保商召开履约情况沟通会,对维保工作进行沟通、评核和安排。

⑨配合工程管理部完成维保商年度评审或待选维保商的评审工作。

⑩负责按审批流程向工程管理部提交维保费用支付资料。

(3)设备设施外委管理。

①公司在技术或技能方面不具备资质对设备设施进行维保的,或者国家规

范要求必须外委维保的,或者从经济效益方面权衡外委维保更为合理的,委托专业维保商(分承包方)对该部分设备设施进行维修保养,如高压供配电、消防、电梯、空调、水处理等。

②分承包方必须具备国家认可的相关资质、营业执照、技术等级等,并符合公司"工程分承包方资料库管理办法"的相关规定,才能成为外委分承包方。

(4)维保商监管。

由物业管理公司根据项目维保委外条件,负责进行委外维保方的监督和管理。

(5)维保相关管理文件。

维保相关管理文件如表5.4所示。

表5.4 维保相关管理文件

序号	文件编号	文件名称	所属子模块	版号及修订状态
1		工程分承包方资料库管理办法		
2		YZ-AG-9.3.6危险作业管理工作指引		
3		供电系统管理质量标准指引		
4		电梯系统管理质量标准指引		
5		中央空调系统管理质量标准指引		
6		给排水系统管理质量标准指引		
7		擦窗机系统管理质量标准指引		

5.3.4 家具和设备

家具和设备是实时管理的显性商品,在经营性场所中需要根据项目需求及客户要求进行配置。2016年6月20日,财政部、全国人民代表大会常务委员会办公厅、中国人民政治协商会议全国委员会办公厅、国家机关事务管理局、中共中央直属机关事务管理局联合发布《中央行政单位通用办公设备家具配置标准》(财资〔2016〕27号),并于2016年7月1日起实施。中央行政单位通用办公设备和办公家具配置标准表如表5.5和表5.6所示。

表5.5 中央行政单位通用办公设备配置标准表

资产品目			数量上限/台	价格上限/元	最低使用年限/年	性能要求
台式计算机（含预装正版操作系统软件）			结合单位办公网络布置以及保密管理的规定合理配置。涉密单位台式计算机配置数量上限为单位编制内实有人数的150%；非涉密单位台式计算机配置数量上限为单位编制内实有人数的100%	5000	6	按照《中华人民共和国政府采购法》的规定，配置具有较强安全性、稳定性、兼容性，且能耗低、维修便利的设备，不得配置高端设备
便携式计算机（含预装正版操作系统软件）			便携式计算机配置数量上限为单位编制内实有人数的50%。外勤单位可增加便携式计算机数量，同时酌情减少相应数量的台式计算机	7000	6	
打印机	A4	黑白	单位A3和A4打印机的配置数量上限按单位编制内实有人数的80%计算，由单位根据工作需要选择配置A3或A4打印机。其中，A3打印机配置数量上限按单位编制内实有人数的15%计算。原则上不配备彩色打印机，确有需要的，经单位资产管理部门负责人同意后根据工作需要合理配置，配置数量上限按单位编制内实有人数的3%计算	1200	6	
		彩色		2000	6	
	A3	黑白		7600	6	
		彩色		15000	6	
	票据打印机		根据机构职能和工作需要合理配置	3000	6	

续表

资产品目	数量上限/台	价格上限/元	最低使用年限/年	性能要求
复印机	编制内实有人数在100人以内的单位,每20人可以配置1台复印机,不足20人的按20人计算;编制内实有人数在100人以上的单位,超出100人的部分每30人可以配置1台复印机,不足30人的按30人计算	35000	6年或复印30万张纸	按照《中华人民共和国政府采购法》的规定,配置具有较强安全性、稳定性、兼容性,且能耗低、维修便利的设备,不得配置高端设备
一体机/传真机	配置数量上限按单位编制内实有人数的30%计算	3000	6	
扫描仪	配置数量上限按单位编制内实有人数的5%计算	4000	6	
碎纸机	配置数量上限按单位编制内实有人数的5%计算	1000	6	
投影仪	编制内实有人数在100人以内的单位,每20人可以配置1台投影仪,不足20人的按20人计算;编制内实有人数在100人以上的单位,超出100人的部分每30人可以配置1台投影仪,不足30人的按30人计算	10000	6	

注:价格上限中的价格指单台设备的价格。

表5.6 中央行政单位通用办公家具配置标准表

资产品目	数量上限	价格上限/元	最低使用年限/年	性能要求
办公桌	1套/人	司局级:4500;处级及以下:3000	15	
办公椅		司局级:1500;处级及以下:800		

续表

资产品目		数量上限	价格上限/元	最低使用年限/年	性能要求
沙发	三人沙发	视办公室使用面积,每个处级及以下办公室可以配置1个三人沙发或2个单人沙发,司局级办公室可以配置1个三人沙发和2个单人沙发	3000	15	充分考虑办公布局,符合简朴实用、经典耐用要求,不得配置豪华家具,不得使用名贵木材
	单人沙发		1500		
茶几	大茶几	视办公室使用面积,每个办公室可以选择配置1个大茶几或者1个小茶几	1000	15	
	小茶几		800		
桌前椅		1个/办公室	800	15	
书柜		司局级:2组/人	2000	15	
		处级及以下:1组/人	1200	15	
文件柜		1组/人	司局级:2000;处级及以下:1000	20	
更衣柜		1组/办公室	司局级:2000;处级及以下:1000	15	
保密柜		根据保密规定和工作需要合理配置	3000	20	
茶水柜		1组/办公室	1500	20	
会议桌		视会议室使用面积情况配置	会议室使用面积在50平方米以下:1600元/平方米;50～100平方米:1200元/平方米;100平方米以上:1000元/平方米	20	
会议椅		视会议室使用面积情况配置	800	15	

注:配置具有组合功能的办公家具,价格不得高于各单项资产的价格之和。价格上限中的价格指单件家具的价格。

5.3.5 工作场所管理

如今,工作场所需要变得更加全球化、更加智能、更加协调、更加可持续,以适应千变万化的竞争要求,提升工作场所对新一代工作者的吸引力,减少场所环境对他们工作带来的影响。

为了适应新的工作方式,对于工作场所的理解也应该突破传统物理隔断的概念,应该要包含家庭工作和第三方场所工作的理念。通过技术的支撑,雇员要能够适应任何时间在任何场所的工作,并且其生产力和绩效表现都不会被体验环境所破坏。

大多数的工作场所,并不被设计成为有效进行核心机构商业变革的动力场所。很多组织也在努力制定适当的工作场所战略,以反映其品牌、强化其组织文化。

要想为新的工作方式制定有弹性的工作场所,机构和业务经理们必须:①进行更高效、分裂性更小的工作场所重组;②打造在精神上和身体上都能提供类似体验的无缝组织;③营造一个能够取悦多样化劳动力的工作场所;④制定工作场所解决方案和服务,保证员工的生产力和福祉。

5.3.6 物业服务

(1)人员管理。

物业服务说到底实际上是对人的管理,即有管理者内部人与人的管理,也有管理者与业主之间的管理。在空间和设施提供完善适用的前提之下,怎样才能满足使用者的感知,这非常重要。

服务人员的感受、反应和行为如何,对于设施和服务管理以及外包关系的成功至关重要。

不同的研究已表明,员工敬业度是诸如生产力、效率、客户关注度、服务品质和盈利能力等企业绩效的重要预测指标。换句话说,敬业度影响着服务行为,而服务行为是卓越客户体验的先决条件。

提升员工敬业度的方式之一就是不断理解和强化共同工作目标与个体工作目标。有目标的工作让人们被比日常工作和利润更宏大的事物驱动。这种驱动力是宏图大志,是企业愿景,是为了他人改变自己。

因此,当客户决定外包服务时,重要的是让涉及服务交付系统的所有员工都能理解并说清楚他们如何从集体角度和个体角度帮助客户实现目标。这可以通过专门的服务员工培训来实现。

让外包服务员工知道如何最佳地展示客户品牌和业务价值,了解客户的需要、要求和行事方式,是客户组织和设施供应商双方的责任。

(2)服务管理。

服务管理是当今所有组织的关键竞争参数。

服务管理帮助组织发展服务交付系统,聚焦高品质、个性化的用户体验,打造让员工参与其中的服务文化,建立起对卓越服务的持续关注。

服务供应商要想获得竞争优势,就需要优化服务交付系统的设计,而该系统是基于用户视角对如何创造价值的深刻理解。

为了实现这一目标,设施服务经理必须营造一种服务文化,让员工参与进来,通过服务战略设定超出终端用户不断增长的预期的服务品质。

这要求企业制定一种平衡的方法,首先识别、定义一种优良的终端用户体验,以驱动员工敬业度及共同的使命感的提升,为高效的服务文化设定标准。

技术将成为更优质服务体验的巨大赋能者。技术将帮助设施服务经理衡量终端用户的行为、需求和满意度。有效利用技术让服务供应商能够采用一个框架来定制服务,以便将资源配置到事关终端用户和优化绩效的方方面面。

(3)未来发展趋势。

未来几年,以下趋势将影响服务管理,如物联网、云计算、人工智能和机器人学等正在出现的技术将改变服务的管理方式、终端用户与服务互动的方式以及服务员工与经理和终端用户互动的方式。

①更大的多样性正指向新的用户细分,各个细分均有其自身的服务要求和期望。这些挑战创造了机遇,让企业发展新的基于文化的服务理念,通过跨文化学习提高服务绩效。

②随着不断增强的个性化和民主化,用户将日渐有能力参与到服务供应中。服务供应商必须确定用户参与的程度,以便更好地适应其终端用户的需求。

5.3.7　环境与风险管理

环境与风险管理是环境风险评价的重要组成部分,也是环境风险评价的最终目的。环境与风险管理包括环境风险的减缓措施和应急预案两方面的内容。环境风险管理主要是决策过程,也就是要权衡某项人类活动的收益及其带来的风险。

(1)基本内容。

①风险防范与减缓措施。风险评价的重点在于风险减缓措施。应在风险识别、后果分析与风险评价的基础上,为使事故对环境影响和人群伤害降低到可接受水平,提出相应采取的减轻事故后果、降低事故频率和影响的措施。其应从两个方面考虑:一是开发建设活动特点、强度与过程;二是所处环境的特点与敏感性。

②应急预案。应急预案应确定不同的事故应急响应级别,根据不同级别制定应急预案。应急预案主要是为了消除污染环境和人员伤害的事故,并应根据要清理的危险物质特性,有针对性地提出消除环境污染的应急处理方案。

(2)基本体系。

①防范及措施。首先要重视预防,环境风险的事前防范比事后的补救更加经济有效。具体措施有以下方面。

a.选址、总图布置和建筑安全防范措施:厂址及周围居民区、环境保护目标设置卫生防护距离;厂区周围工矿企业、车站、码头、交通干道等设置安全防护距离和防火间距;厂区总平面布置符合防范事故要求,有应急救援设施及救援通道、应急疏散及避难所。

b.危险化学品贮运安全防范措施:对贮存危险化学品数量构成危险源的贮存地点、设施和贮存量提出要求,与环境保护目标和生态敏感目标的距离符合国家有关规定。

c.工艺技术设计安全防范措施:自动检测、报警、紧急切断及紧急停车系统;防火、防爆、防中毒等事故处理系统;应急救援设施及救援通道;应急疏散通道及避难所。

d.自动控制设计安全防范措施:有可燃气体、有毒气体检测报警系统和在线分析系统设计方案。

e.电气、电讯安全防范措施:爆炸危险区域、腐蚀区域划分及防爆、防腐方案。

f.消防及火灾报警系统:消防设备的配备、消防事故水池的设置,以及发生火灾时厂区废水、消防水外排的切断装置等。

g.紧急救援站或有毒气体防护站设计。

②风险应急。风险应急管理最根本的目的是保障环境风险事故发生之后的危害能得以及时、有效的控制,从而保护环境风险受体的安全。风险应急工作的重点是应急决策及应急预案的建设,构建起及时、有效的环境风险事故的应急响

应体系。加强环境风险应急管理工作是为了预防和减少损害、降低污染事件的危害、保障人民群众的生命和财产安全。应急预案的制定主要可以分为应急组织管理指挥系统、整体协调系统、综合救援应急队伍、救助保障系统与救助物资保障的供应系统五个部分。而建立的应急决策系统主要分为两方面：一是事故发生时对环境风险源的应急处理技术；二是环境风险源的规避、控制与管理技术。

③风险处置。风险处置包括对环境风险事故造成的环境污染后果进行合理的环境整治与恢复措施，对受难人员的帮助、对事故责任人的处理以及对事故进行分析总结等。风险处置是环境风险管理全过程管理的最后一个步骤，它以清除事故带来的环境隐患、减缓其对环境的危害、消除环境风险事故造成的社会心理病痛、开展环境修复工作为目的。但目前，环境风险管理者普遍注重的是应急处置工作，对环境修复的重视程度还不够，这将会加大风险事故的后续影响，对公众健康和生态环境造成进一步破坏。

5.3.8 其他系统与运维系统的数据交换管理

(1)集成平台与机电子系统的通信接口。

①智能化管理系统集成平台与机电系统物理界面接口应满足表5.7中的要求。

表5.7 机电系统物理接口标准

功能集	子系统	接口标准
安防管理	视频监控	基于TCP/IP的网络接口、RS485串口
	防盗报警	基于TCP/IP或者UDP/IP的网络接口
	门禁管理	基于TCP/IP或者UDP/IP的网络接口
设备管理	暖通空调	基于TCP/IP的网络接口
	给水排水	基于TCP/IP的网络接口
	变配电	基于TCP/IP的网络接口
	公共照明	基于KNX/EIB总线接口
	夜景照明	基于KNX/EIB总线接口
	电梯运行	基于TCP/IP的网络接口或者RS232、RS485的串口
运营管理	客流统计	基于TCP/IP的网络接口
	停车管理	基于TCP/IP的网络接口

续表

功能集	子系统	接口标准
节能管理	能耗计量	基于TCP/IP的网络接口

注：(1)TCP(transmission control protocol)即传输控制协议；(2)UDP(user datagram protocol)即用户数据报协议；(3)KNX即Konnex的缩写，1999年，欧洲安装总线协会、欧洲家用电器协会和BatiBUS国际俱乐部三大协会联合成立Konnex协会，提出了KNX协议；(4)EIB(european installation bus)即欧洲安装总线，在亚洲称为电气安装总线；(5)RS232和RS485均为一种联网通信接口。

②智能化管理系统集成平台与机电系统通信协议应满足表5.8中的要求。

表5.8 机电系统通信协议标准

功能集	子系统	协议标准
安防管理	视频监控	Onvif、28181、SDK、RS485协议
	防盗报警	OPC、SDK
	门禁管理	OPC、SDK
设备管理	暖通空调	OPC、BACnet
	给水排水	OPC、BACnet
	变配电	OPC、BACnet、ModBus
	公共照明	OPC、KNX/EIB
	夜景照明	OPC、KNX/EIB
	电梯运行	OPC、ModBus
运营管理	客流统计	OPC、SDK、ODBC
	停车管理	OPC、SDK、ODBC
节能管理	能耗计量	OPC、SDK、ODBC

注：(1)Onvif(Open Network Video Interface Forum)即开放型网络视频接口论坛，2008年5月，安讯士网络通讯有限公司联合博世安保有限公司及索尼公司宣布三方将携手共同成立一个国际开放型网络视频产品标准网络接口开发论坛，并保证以公开、开放的原则共同制定开放性行业标准；(2)28181即国家标准《公共安全视频监控联网系统信息传输、交换、控制技术要求》(GB/T 28181—2022)；(3)SDK(software development kit)即软件开发工具包；(4)OPC(OLE for process control)即对象链接与嵌入的过程控制；(5)BACnet(building automation and control network)即楼宇自动化和控制网络，是用于智能建筑的通信协议；(6)ModBus即Modbus protocol，Modbus通信协议；(7)ODBC(open database connectivity)即开放数据库互联。

③各机电系统应向集成平台提供基于信息点的数据交互方式，使得集成平台能够实时获取各机电系统的关键数据。

以嵌套方式集成的机电系统也应与平台进行数据交互，以在平台主页显示重要参数信息,但不要求在平台中进行地图绑点工作。机电系统嵌套方式为网页页面嵌套或远程桌面嵌套,即在系统指定位置嵌入显示由机电系统提供的网页页面或子系统本身的 Windows 桌面内容,对嵌入页面进行的所有操作也均由机电系统直接执行。被嵌套机电系统页面在平台上的显示内容完全依赖于各嵌套子系统,其显示内容应嵌入主页面,不得脱离平台指定显示区域另起窗口进行显示,且平台显示被嵌套内容时应进行自动认证以提高用户友好性。

(2)远程访问服务的接口方式。

为了方便对各个城市综合体进行区域级的集成化管理,"智能化管理系统"集成控制系统应预留远程访问接口。远程访问通过专网实现,采用 B/S[①] 模式。在有权限的情况下,用户可以通过网页浏览器,远程进入集成化管理系统平台。

5.4 资产管理

5.4.1 资产管理概述

1. 资产管理介绍

我国鼓励物业服务企业开展多种经营,积极开展以物业保值增值为核心的资产管理。从传统的物业管理服务向现代化服务业转型升级,是物业管理行业发展的方向。物业经营管理的未来发展是行业能否可持续发展的关键,决定物业管理行业向现代服务业转型升级的进程和效果。

物业资产运营商又称物业资产管理模式,是伴随着物业从消费功能向投资功能扩展、从使用价值向交换价值提升而衍生的高级商业模式。其特征是业主不仅将物业硬件的日常维修、养护和管理工作委托给物业服务企业,而且将资产属性为不动产的日常投资、经营和管理工作(如租赁管理、物业招商、营销策划、销售代理和不动产融资等)委托给物业服务企业。其实质是物业服务企业利用客户资源和专业技能,同时为业主提供传统物业管理和不动产投资理财两项服务,从而获取物业服务费和资产管理佣金的双重收益。这就是建立在物业管理平台上的物业经营管理。

---

① B/S 即 browser/server,浏览器/服务器。

2. 资产管理的主要类型

目前,我国物业服务企业开展的资产管理大致有以下三种形式。

(1)专业服务。专业服务是指物业服务企业凭借自身的专业知识、技术能力和管理经验,以房地产开发建设单位、其他单位以及业主等受众群体为对象,有偿提供专业意见、咨询服务和操作方案等综合性的服务行为。物业服务企业既可以提出方案,全程参与方案的实施,也可以仅提供专业意见或方案,由服务需求方自行组织实施。

(2)多种经营。多种经营是指物业服务企业针对业主、物业使用人等客户日常衣、食、住、行、游、娱、购等生活与工作多方面、深层次需求进行的服务。多种经营包括物业服务衍生服务、代办服务和咨询服务等。

(3)资产经营。资产经营是物业服务企业充分利用自身的综合优势与综合能力,对业主共有或专有的资产实施经营管理,并获取相应利益的综合性活动。资产经营的对象主要是不动产。其产权归属主体既有房地产开发建设单位,也有业主或其他单位。资产管理主要是受委托经营管理,经营的方式既有自营,也有合作经营。

5.4.2　资产管理的工作内容

(1)资产的保值和增值。

与以满足使用价值为主的普通居住物业不同,物业资产运营商模式主要面向具有较高利润回报的办公、商业、休闲娱乐等收益型物业,与以委托物业共有部分为主的基础服务模式不同,物业资产运营通常包含物业专有部分以及建筑物的整体委托。有效实现资产的保值增值,可以保障所有者权益、增加经营者效益、提高使用者舒适度等,实现多方共赢。

(2)运营安全分析和策划。

物业服务企业要有较强的风险管控能力。与物业服务集成商模式旱涝保收的低收益不同,物业资产运营商模式产生较高的商业利润必然伴随着较高的商业风险,企业的资本运作能力和风险管控能力,不仅是业主进行商业决策时必须考察的信用基础,而且是物业服务企业成功运营物业资产的安全保证。

(3)项目的运营资产清查和评估。

物业资产管理模式要求物业服务企业不仅具备建筑物及其附属设施的维修、养护技能,而且应当具备市场研究、投资策划、资产评估、财务分析等物业经营管理的综合性的专业能力。

在资产评估过程中，应该发现项目在资产管理、经营过程等方面存在的问题和不足；充分揭示项目的有形资产和无形资产的真实价值。对项目运营资产做到心中有数，进而变被动管理为主动管理，使之规范化，并能够为经营者提供管理信息、决策依据。

（4）项目的招商策划和租赁管理。

目前我国物业经营管理运行中资产管理的运作形式大致有三种，分别是自营、提供交易平台和合作经营。

自营是指物业服务企业自行组织开展资产管理活动，并对服务的过程和结果承担全部责任。如物业服务企业扩大经营范围，以管理部为服务单位或建立专门部门为业主代租、代售物业。

提供交易平台是指物业服务企业只提供交易平台并负责管理，提供技术支持等，不参与交换的服务形态。如：通过电子商务平台，整合供应商资源直接向业主提供日常生活所需产品与服务；物业服务企业搭建经营场地，组织小区跳蚤市场等。

合作经营是指物业服务企业与其他经营主体合作，共同开展资产管理经营。如业主提出直饮水需求，最佳的路径是物业服务企业依据业主需求联系销售商为业主安装直饮水设备，而非自行研发、生产和销售。从资产管理经营实践来看，合作经营是当前较普遍的运作形式。

第6章 绿色建筑的工程设计及咨询管理

6.1 设计原则与设计目标

在我国《绿色建筑评价标准》(GB/T 50378—2019)中,对绿色建筑的定义是"在建筑的全寿命周期内,最大限度地节约资源(节能、节地、节水、节材),保护环境和减少污染,为人们提供健康、适用和高效的使用空间,与自然和谐共生的建筑"。

绿色建筑的兴起与绿色设计观念在全世界范围内的广泛传播密不可分,是绿色设计观念在建筑学领域的体现。绿色设计(green design,GD)这一概念最早出自20世纪70年代美国的一份环境污染法规中,它与现在的环保设计(design for the environment,DFE)含义相同,是指在产品整个生命周期内优先考虑产品环境属性,同时保证产品应有的基本性能、使用寿命和质量的设计。因此,与传统建筑设计相比,绿色建筑设计有两个特点:一是在保证建筑物的性能、质量、寿命、成本要求的同时,优先考虑建筑物的环境属性,从根本上防止污染,节约资源和能源;二是设计时所考虑的时间跨度大,涉及建筑物的整个生命周期,即从建筑的前期策划、设计概念形成、建造施工、建筑物使用直至建筑物报废后对废弃物处置的全生命周期环节。

6.1.1 设计原则

绿色建筑的设计包含两个要点:一是针对建筑物本身,要求有效地利用资源,同时使用环境友好的建筑材料;二是要考虑建筑物周边的环境,要让建筑物适应本地的气候、自然地理条件。

有关绿色设计或绿色建筑的设计理念和设计原则的著作很多,除满足传统建筑的一般设计原则外,要有发展理念,即在满足当代人需求的同时,应不危及后代人的需求及选择生活方式的可能性。具体在规划设计时,应尊重设计区域内土地和环境的自然属性,全面考虑建筑内外环境及周围环境的各种关系,做好建筑物设计、室外环境设计以及绿化设计工作。

1. 建筑物设计的原则

在参照有关绿色建筑的理论基础上,结合现代建筑的要求,综合归纳出绿色建筑中建筑物设计的13项原则。

(1)原则1——资源利用的3R原则。

建筑的建造和使用过程中涉及的资源主要包含能源、土地、材料、水。3R原则,即减量(reducing)、重用(reusing)和循环(recycling),是绿色建筑中资源利用的基本原则,每一项都必不可少。

减量是指减少进入建筑物建设和使用过程的资源(能源、土地、材料、水)消耗量。通过减少物质使用量和能源消耗量,从而达到节约资源(节能、节地、节材、节水)和减少排放的目的。

重用即再利用,是指尽可能保证所选用的资源在整个生命周期中得到最大限度的利用,尽可能以多次或多种方式使用建筑材料或建筑构件。设计时需注意使建筑构件容易拆解和更换。

循环即选用资源时须考虑其再生能力,尽可能利用可再生资源;所消耗的能量、原料及废料能循环利用或自行消化分解。在规划设计中能使各系统在能量利用、物质消耗、信息传递及分解污染物方面形成一个卓有成效的相对闭合的循环网络,这样既对设计区域外部环境不产生污染,周围环境的有害干扰也不易入侵设计区域内部。

(2)原则2——环境友好原则。

建筑领域所说的环境包含两层含义:其一,设计区域内的环境,即建筑空间的内部环境和外部环境,也可称为室内环境和室外环境;其二,设计区域的周围环境。

室内环境应考虑建筑的功能要求及使用者的生理和心理需求,努力创造优美、和谐、安全、健康、舒适的室内环境。

室外环境应努力营造出阳光充足、空气清新、无污染及噪声干扰、有绿地和户外活动场地、有良好的环境景观的健康安全的环境空间。

周围环境影响:尽量使用清洁能源或二次能源,从而减少因能源使用带来的环境污染;同时,规划设计时应充分考虑如何消除污染源,合理利用物质和能源,更多地回收利用废物,并以环境可接受的方式处置残余的废弃物。选用环境友好的材料和设备,采用环境无害化技术,包括预防污染的少废或无废的技术和产品技术,同时也包括治理污染的末端技术。要充分利用自然生态系统的服务,如空气和水的净化、废弃物的降解和脱毒、局部调节气候等。

(3)原则3——地域性原则。

地域性原则包含三方面的含义。

①尊重传统文化和乡土经验,在绿色建筑的设计中应注意传承和发扬地方历史文化。

②注意与地域自然环境的结合,适应场地的自然过程。设计应以场地的自然过程为依据,充分利用场地中的天然地形、阳光、水、风及植物等,将这些带有场所特征的自然因素结合在设计之中,强调人与自然过程的共生和合作关系,从而维护场所的健康和舒适,唤起人与自然的天然情感联系。

③使用当地材料,包括植物和建材。乡土物种不但最适宜在当地生长,管理和维护成本最低,而且因为物种的消失已成为当代最主要的环境问题,所以保护和利用地方性物种也是对设计师的伦理要求。本土材料的使用,可以减少材料在运输过程中的能源消耗和环境污染。

(4)原则4——系统协同性原则。

绿色建筑是建筑物与外界环境共同构成的系统,具有一定的功能和特征,构成系统的各相关要素需要关联耦合、协同作用,以实现其高效、可持续、最优化地实施和运营。

绿色建筑是在建筑运行的全生命周期过程中,多学科领域交叉、跨越多层级尺度范畴、涉及众多相关主体、硬科学与软科学共同支撑的系统工程。

(5)原则5——地域性原则。

绿色建筑设计应密切结合所在地域的自然地理气候条件、资源条件、经济状况和人文特质,分析、总结和吸纳地域传统建筑应对资源和环境的设计、建设和运行策略,因地制宜地制定与地域特征紧密相关的绿色建筑评价标准、设计标准和技术导则,选择匹配的对策、方法和技术。

(6)原则6——高效性原则。

绿色建筑设计应着力提高在建筑全生命周期中对资源和能源的利用效率,以减少对土地资源、水资源以及不可再生资源和能源的消耗,减少污染排放和垃圾生成量,降低环境干扰。例如采用创新的结构体系、可再利用或可循环再生的材料系统、高效率的建筑设备与部品等。

(7)原则7——自然性原则。

自然性原则强调在建筑外部环境设计、建设与使用过程中应加强对原生生态系统的保护,避免和减少对生态系统的干扰和破坏,尽可能保持原有生态基质、廊道、斑块的连续性;对受损和退化生态系统采取生态修复和重建的措施;对于在建设过程中造成生态系统破坏的情况,采取生态补偿的措施。在建筑室内环境调控设计中,采用适宜的措施引入自然要素。

(8)原则8——健康性原则。

绿色建筑设计应通过对建筑室外环境营造和室内环境调控,构建有益于人的生理舒适健康的建筑热、声、光和空气质量环境,以及有益于人的心理健康的空间场所和氛围。

(9)原则9——经济性原则。

基于对建筑全生命周期运行费用的估算,以及评估设计方案的投入和产出,绿色建筑设计应提出有利于成本控制的、具有经济运营现实可操作性的优化方案。进而根据具体项目的经济条件和要求选用技术措施,在优先采用被动式技术的前提下,实现主动式技术与被动式技术的相互补偿和协同运行。

(10)原则10——进化性原则(弹性原则、动态适应性原则)。

进化性原则也可称作弹性原则、动态适应性原则,即在绿色建筑设计中充分考虑技术更新、持续进化的可能性,并采用弹性的、对未来发展变化具有动态适应性的策略,在设计中为后续技术系统的升级换代和新型设施的增补留有操作接口和载体,并能保障新系统与原有设施的协同运行。

(11)原则11——健康舒适原则。

绿色建筑应保证建筑的舒适性和适用性,为用户创造与自然环境沟通的条件,让人们在健康、舒适、充满活力的环境中生活和工作。例如,创造良好的通风环境、保证建筑的自然光照、创造良好的声环境、建立立体绿化系统净化环境。

(12)原则12——整体及环境优化原则。

建筑是一个开放体系,与周围的环境相互影响。设计应促使环境与建筑形成一个和谐的有机整体,保证环境效益最大化。建筑要与周围的自然环境和社会生态环境和谐相处,体现对环境的尊重,用现代的美学艺术让建筑体现自己的风格和时代精神。

(13)原则13——简单高效发展原则。

绿色建筑最大的特点是实现对能源的节约。因此,在进行绿色建筑的设计时,要最大限度地利用可再生能源,并采用发展的理念,将近期规划与长远规划有机结合,为扩建和改造留有余地。

2. 室外环境设计的原则

(1)可持续发展原则。

可持续发展原则可以从三个方面理解。首先,与自然和谐共存,维护生态功能的完整性,不以掠夺自然和损害自然来满足人类发展的需要;其次,协调当前与未来世代发展要求的关系,这就要求在发展过程中合理利用自然资源,维护资源的再生能力;最后,满足人类的生存、生活及发展的需求,使整个人类社会公平地得到发展,逐渐达到健康、富有的生活目标。绿色建筑正是人们针对传统建筑的资源与能源消耗高、污染环境等不可持续的特点提出的解决方法。它存在的基础就是保护全球生态系统环境、节约能源、确保人居环境质量等一系列可持续发展的基本思想。

(2)科技性原则。

发展绿色建筑,应坚持技术创新,走技术含量高、资源消耗低、环境污染少的道路。室外环境的设计具有很强的技术性。设计意图必须依赖技术手段,依靠对于各种技术、材料、工艺的科学运用,才能圆满地实现。

①发展资源利用与环境保护技术,如废弃物收集与回收技术,计算机模拟分析,太阳能利用与建筑一体化技术,污水收集、处理与回用成套技术,节水器具与设施,等等。

②信息技术的应用,如应用地理信息系统(geographic information system, GIS)技术、虚拟现实(virtual reality, VR)等工具,建立三维地表模型,对场地的自然属性与生态环境等进行量化分析,辅助规划设计;采用计算机辅助评价(computer assisted assessment, CAA)、计算机辅助设计(CAD)、计算机辅助施工(computer-aided construction, CAC)、计算机支持的协同设计(computer supported collaboration design, CSCD)等技术。

③发展新型绿色建筑材料,加强材料性能、环境等指标的检测,及时淘汰落后产品,加速新型绿色建筑的推广应用。

(3)整体优化原则。

建筑学是一门综合性很强的学科,涉及理、工、文、艺诸领域,具有科学与艺术、理工与人文结合的特点。吴良镛先生针对我国的建筑与环境设计状况提出了广义建筑学的概念,他认为"广义建筑学,就其学科内涵来说,是通过城市设计的核心作用,从观念上和理论基础上把建筑、地景和城市规划学科的精髓合为一体"。这无疑是从横向对传统的建筑学、城市规划、风景园林学科的融合,实现涉及环境设计各学科之间的交融。绿色建筑学,就其学科内涵来说,就是依据可持续发展的原则,从纵向上对传统的建筑学进行再造。它要多学科、多领域协同合作才能实现。鉴于绿色建筑学的综合性特点,绿色建筑室外环境设计是一项内容繁多的复杂工作。其设计目的是整体优化和可持续发展,核心是正确处理节能、节地、节水、节材、环保及满足建筑功能之间的辩证关系。

(4)以人为本原则。

绿色建筑室外环境设计必须按照人类自身(包括生理、安全、社交、心理、自我实现)的需求进行,给予使用者足够的关心。设计应尽可能利用自然的方法创造优良的温度、湿度环境。在尽量减少能耗的同时保证甚至提高舒适性;创造良好的声环境氛围,给使用者提供一个安静、和谐、宜人的居住与工作环境;良好的室外照明环境,避免光污染;合理的室外空间布局,宜人的空间环境;对各类使用者的全面考虑,包括对残障人士的关心;提高安全性,增强防灾能力;使用对人体健康无害的材料,对危害人体健康的有害辐射、电磁波、气体等进行有效抑制;符合人体工程学的设计;室外空气质量的改善与净化等。另外,设计应充分发挥室外环境便于人和自然相互沟通的场所优势,使人贴近自然,重新唤醒人与自然的情感联系。

(5)经济性原则。

实现节地、节能、节水、节材,从建筑的全生命周期综合核算效益和成本,引导市场发展需求,适应地方经济状况,提倡朴实简约,反对浮华铺张。

(6)地域性、历史文化性原则。

尊重民族习俗,依据当地自然资源条件、经济状况、气候特点等因地制宜地创造出具有时代特点和地域特征的绿色建筑。尊重历史,加强对已建成环境和历史文脉的保护及再利用。

3. 绿化设计的原则

(1)乡土植物优先利用原则。

城市绿化树种选择应借鉴地带性植物群落的组成、结构特征和交替规律,顺应自然规律,选择对当地土壤和气候条件适应性强、有地方特色的植物作为城市绿化的主体。采用少维护、耐候性强的植物,可减少日常维护的费用。

(2)充分发挥生态效益原则。

采用生态绿地、墙体绿化、屋顶绿化等多种形式,对乔木、灌木和地被、攀缘植物进行合理配置,形成多层次复合生态结构,达到人工配置植物群落的自然和谐,并起到遮阳、降低能耗的作用;合理配置绿地,达到局部环境内保持水土、调节气候、降低污染和隔绝噪声的目的。

(3)多样性原则。

多样性包括遗传多样性、物种多样性和生态系统多样性。绿化设计要求应用多种植物,创造多种多样的生态环境和绿地生态系统,满足各种植物及其他生物的生活需要和整个城市自然生态系统的平衡,促进人居环境的可持续发展。

(4)坚持生态性原则。

我国提出了创新、协调、绿色、开放、共享五大发展理念,在绿色建筑设计当中也应该充分地尊重生态性的原则,才能够在建筑设计中有效地节约能源,促进环境保护工作真正有效落实。充分考虑建筑周边的环境,无论是在建筑施工还是在建筑设计阶段,都要以保护周边的生态环境为首要的前提。

(5)坚持环保性原则。

在进行建筑设计过程当中,如果不能秉承绿色、节约、环保的原则,那么很有可能造成环境污染和生态破坏,不能有效地利用资源。只有坚持环保性原则,选择科学环保的建筑材料,应用符合国家标准的绿色建材,才能够有效地减少在建筑设计过程当中所造成的污染环境现象;必须充分地应用可再生资源,如风能、太阳能等,才能够起到环保的效果。

(6)坚持先进性原则。

随着我国经济的不断发展,网络信息时代已经到来,为人们提供了更加现代化和智能化的生活,使得人们享受绿色和智能的完美结合,促进人类发展和社会的进步。所以在进行绿色建筑设计时,必须坚持先进性原则,才能够使得建筑设计更加科学合理。尤其是随着我国建筑行业的不断发展,建筑设计也在不断提升,建筑设计的理念也在向环保方向发展。因此,建筑绿色设计必须坚持先进性原则,摒弃传统建筑设计合同中存在的不合理现象,使得绿色建筑设计更加深入人心,更符合群众的需求。

6.1.2 设计目标

目前,得到普遍认同的对于绿色建筑的认知观念是绿色建筑不是基于理论发展和形态演变的建筑艺术风格或流派,不是单纯的方法论,也不是具有良好市场前景的新产品,而是试图解决自然和人类社会可持续发展问题的建筑表达;是相关主体(包括建筑师、政府机构、投资商、开发商、建造商、非营利机构、业主等)在社会、政治、经济、文化等多种因素影响下,基于社会责任或制度约束而共同形成的、对待建筑设计的严肃而理性的态度和思想观念。

绿色建筑观念目标最初衍生于环保学者、生态科学家、社会学家、哲学家等基于对环境和资源问题的深切关注和前瞻而提出的社会发展的理想模式，即理想目标。随后，建筑师与工程师合作进行绿色建筑技术研发，并应用于一些实验性、示范性项目中，探索通过技术手段解决建筑的能耗与环境问题，将理想目标转化为技术目标。伴随着可持续发展思想的逐渐成熟，人们对绿色建筑的认知观念也逐渐由单一的技术目标演变为"环境-经济-社会"复合目标，具体可以分解为以下方面。

(1) 采用更高的能源、资源和环境利用效率，削减建筑对传统能源的消耗，将建筑的环境影响控制在生态承载力水平内，实现人居环境与自然生态的和谐。

(2) 在建筑全生命周期过程中，协调满足经济需求与保护生态环境之间的矛盾。

(3) 将实现环境目标与人们的社会、文化、心理需求相融合，构建和谐健康的新生态文化。观念目标的特征表现为以下两方面。其一，普适性。绿色建筑不应仅作为个别案例或实验性、示范性项目，而应广泛存在于人居环境中。实现绿色建筑不单纯是社会精英的理想，而是普适性的群体观念。其二，系统性。绿色建筑是受多种因素影响和作用的复杂系统，需要在整合的时空范畴和专业领域，由各相关主体在技术研发、经济支持、社会组织、管理决策各个层面通过协同合作来实现。

(4) 在运输过程中减少对材料的消耗。对建筑的整体设计来说，我们既要保证在施工过程中节省能源，还要多考虑材料自身的消耗。对建筑的使用做到安全有效是建筑设计的基础，除此之外，要选用低消耗的材料，以及没有污染或者低污染的材料，实现可循环和可持续的发展。在整个运输过程中，要尽量选取地方性材料，减少运费的损耗。

(5) 注重健康环境。绿色建筑的建造对地理条件的要求有：土壤中不存在有毒、有害物质，地温适宜，地下水纯净，地磁适中等。绿色建筑应尽量采用天然材料，建筑中采用的建筑材料和装饰等要经过检验处理，确保对人体无害。保持室内空气清新，温度、湿度适当，使居住者感觉良好，身心健康。

(6) 尽可能减少在使用过程中的能源消耗。为了避免在建筑过程中有太多的能源损耗，在选用建筑材料时要做好节能设计工作，通过建筑的一系列设计达到需要的节能效果。由于面积、表面积、形状或者布局都会影响建筑在过程中的热损失，因此，合理的设计也就成了当前需要解决的问题之一，并在一些地区设置一定的保护结构也对建筑有着重大的意义。

(7)强调回归自然。绿色建筑外部强调与周边环境相融合,和谐一致、动静互补。根据地理条件,设置太阳能采暖、制备热水、发电装置及风力发电装置,进而充分利用环境提供的天然可再生能源,做到保护自然生态环境。

6.2 设计过程与设计方法

6.2.1 "集成设计"的过程

集成设计(integrated design)是一种强调不同学科专家合作的设计方式,通过专家的集体工作,达到解决设计问题的目标。由于绿色建筑设计的综合性和复杂性,以及建筑师受到知识和技术的制约,因此设计团队应由包括建筑、环境、能源、结构、经济等多专业的人士组成。设计团队应当遵循符合绿色建筑设计目标和特点的整体化设计过程,在项目的前期阶段就启用整体设计的过程。

绿色建筑的整体设计过程如下。首先由使用者或者业主结合场地特征定义设计需求,并在适当时机邀请建筑专家及使用者、建筑师、景观设计师、土木工程师、环境工程师、能源工程师、造价工程师等专业人员参与,组成集成设计团队。专业人员介入后,使用专业知识针对设计目标进行调查与图示分析,促进对设计的思考。这些前期的专业意见起到保证设计正确方向的作用。随着多方沟通的进行,初步的设计方案逐渐出现,业主与设计师需要考虑成本问题与细节问题。此时之前准备好的造价、许可与建造方面的设计相关文件开始发挥作用,设计方案成熟之后就可以根据这些要求选择建造商并开始施工。在施工过程中,设计师和团队的其他成员也应对项目保持持续的关注,并对建设中可能产生的问题,如合同纠纷、使用要求的改变等提出应对策略。在项目完成后,建筑的管理与维护十分重要,同时应该启动使用后评估检讨设计成果,为相关人员提供有价值的经验。

可见,集成设计是一个贯穿项目始终的团队合作的设计方法。其完成需要业主与专业人员清晰与连续的交流,建造过程中细节的严格关注和团队成员间的积极合作。

6.2.2 生命周期设计方法

建筑的绿色度体现在建筑整个生命周期的各个阶段。建筑从最初始规划设计到随后的施工建设、使用及最终的拆除,形成了一个生命周期。关注建筑的全生命周期,意味着不仅在规划设计阶段充分考虑并利用环境因素,而且降低施工对环境的影响,使用阶段能为人们提供健康、舒适、安全、低耗的空间,拆除后可将环境危害降到最低,并使拆除材料尽可能再循环利用。

目前生命周期设计的方法还不完善。由于生命周期分析针对的是建筑的整个生命周期,包括从原材料制备到建筑产品报废后的回收处理及再利用的全过程,涉及的内容具有很大的时空跨度。另外,市场上的产品种类众多,产品的质量、性能程度不一,使得生命周期设计具有多样性和复杂性。因此,在设计实践中应用该项原则时,现阶段主要是吸纳生命周期设计的理念和处理问题的方法。

6.2.3　参与式设计方法

参与式设计是指在绿色建筑的设计过程中,鼓励建筑的管理者、使用者、投资者及一些相关利益团体、周边邻里单位参与设计的过程,因为他们可以提供带有本地知识和需求的专业建议。

在设计阶段,通过组织类似于社区参与环节的公众参与,达到鼓励使用者参与设计的目标。通过明确设计对象,清楚地了解使用者的需求,达到一定层次的公众参与会为设计提供帮助。针对传统的参与方式效率低下、双方缺乏良好的交流的问题,利用网络和计算机支持协同工作(computer supported cooperative work,CSCW)技术来实现公众参与,以提高参与度,有效地达到公众参与的目的,也可更好地促进使用者与投资者参与到设计中。政府决策者、投资者和使用者通过参与设计活动,可提高决策者的绿色意识,同时提高投资者和使用者的绿色价值观和伦理观。

6.3　绿色建筑设计要点及咨询管理工作内容

6.3.1　绿色建筑设计要点

(1)进行科学的选址。

在进行建筑设计中,为了秉承生态环保的理念,需要进行科学的选址,在进行建筑物选址之前要进行前期的考察和勘探,通过充分地了解当地的气候条件以及地质环境,结合多种要素来进行绿色建筑的设计和规划。为了保证基础设施较为完善,应该选择交通便利的地区,而且应该保证建筑居民的生活便利性,避免在进行建筑设计时,破坏周边的自然环境以及生态环境。通过前期的考察,做好科学的选址,是秉承绿色建筑设计理念的首要前提。只有选址正确,才能使建筑设计更加符合居民的需求,不仅能够与公共交通工具比较接近,便利人们的出行,更重要的是与当地的气候条件等相一致,能够充分地运用地理环境以及周边资源,确保建筑设计更加安全、科学、合理。

(2)对建筑布局进行科学合理的设计。

只有做好布局设计才能够充分地运用各种资源,使得环境要素得到有效的控制,尤其是保证建筑物能够随时接受光照,提高光照条件,进一步优化建筑设计过程当中的功能区域分工。除了保证建筑设计更加舒适健康之外,还要确定周边的资源得到了有效的利用和开发,这就需要在进行建筑布局的过程当中能够结合能源和成本的消耗,进行科学合理的判断,尤其是对当地的风向、温度以及经纬度等,都要有明确的了解,这样才能够使建筑朝向更加符合能源的利用条件。另外,通过对建筑施工现场进行规划,可以利用一些已长成的树木和周边的各种建筑物,实现绿色建筑设计。建筑布局关乎今后的光照以及通风性,因此,为了把功能分区设置得更加科学合理,尽量保证符合当地的地形条件,使其能够充分地运用自然能量。比如说,在进行建筑设计时,应该尽量减少对周边树木的砍伐,尽量保证周边环境不受到破坏,并且使得建筑设计更加绿色。

(3)充分运用自然采光和自然通风。

新型绿色建筑设计的基本概念就是低碳环保。因此,为了使得绿色建筑设计更加健康、舒适、环保而且节能,应该选择一些自然光源,运用自然光能够使人们的视觉感受更加舒适,而且也能够减少在建筑设计中所消耗的能源。因此,在建筑设计中应该坚持绿色设计的理念,充分地运用自然采光技术,比如镜面的反光、玻璃金属的反光等。自然采光和通风新技术的应用能够有效提高建筑设计的绿色环保性,而且使得建筑设计的采光和通风更加便捷自然。

(4)做好建筑节地设计。

由于城市建设用地面积越来越大,土地资源稀缺,为了充分地利用土地资源,在建筑设计中应该进行建筑节地设计,这样才能够充分节省土地资源。对建筑进行科学合理的整体规划,如果建筑物所在地不平整,在进行设计时就可以将地下车库设计成半地下室车库,这样一方面减少了地下室的土方挖量,另一方面也能够确保建筑设计与周边环境保持一致。这样既能够充分地利用原有的土地资源,而且也有效地提高了用地的容积率。

(5)做好节水设计。

我国水资源分布不均匀,人均占有量不足,在建筑设计中也应该秉承节水设计的理念,对水资源进行充分利用。绿色设计中应该将地下水进行有效环保处理并且再利用,能够有效减少水资源的浪费,这就需要在施工现场和生活区域设计节水系统和工具,严格按照节水方案对水资源进行使用,避免出现浪费现象,大大地提高对水资源的利用率。总之,一定要综合考虑绿色建筑设计当中的水资源利用状况,进行水资源应用时,应该遵循循环再利用的原则,提高对水资源的重复利用率,避免水资源的无故浪费。施工人员在进行施工时要秉承水资源保护的原则,科学合理地运用水资源。

(6)注重噪声控制。

在绿色建筑设计中应减少噪声污染,保证对噪声的管理,并采取有效的措施来防治噪声污染,为居民提供一个宁静的生活环境,保障环保工作的正常进行。为了加强整体房屋的隔声效果,可以采取加固窗户的措施。建筑物的缝隙过大,同样会导致建筑物隔声效果的降低。在整体的建筑规划设计中,窗墙比对外围护墙体的综合隔声效果有很大的影响。

(7)合理利用资源。

建筑中利用较多的清洁能源主要是太阳能和风能。太阳能资源丰富,可用于建造太阳能光电屋顶、太阳能电力墙和太阳能光电玻璃,实现太阳能向电能和热能的转化,为建筑本身所用。风能同样也是一种清洁能源,不仅能够用于建筑的自然通风,而且还能通过风力发电和风力致热的设备,进行电能和热能的转化。

在绿色建筑的设计中要充分利用旧建筑材料,如钢材、保温材料、砖石等,当然,旧材料一定要在保证建筑质量的前提下使用,不能为了降低工程成本,使用不满足要求的旧建筑材料。

(8)因地制宜地用材料。

建筑生产过程中会消耗大量的资源和能源,并带来较高的环境污染。建筑师在对材料进行选择时,应具备生态和经济的意识,选择对环境造成的负荷小的材料。设计中运用耐久性较好的建材,以延长建筑的使用寿命,最好做到建筑材料的使用寿命与建筑同步,减少材料的更换、维护,从而节约费用。建筑中加大木材、废纸、纤维保温材料等可再生材料的利用,不仅能够减少建筑的投资,还可减少人类过度开采自然资源引发的生态问题。

(9)加强围护结构布局设计。

围护结构布局设计主要针对的是外窗、外墙等的布局设置,而体形系数又不能全面反映建筑物热环境受到外围护结构影响的复杂性。建筑外墙的东、西面受日照时间较长,外墙如果采用色彩比较深的颜色,很容易吸收热能,导致室内温度升高,可能会加大空调的能耗,不利于节能环保。所以外墙表面尽量采用浅色设计,以减少太阳辐射热的吸收。建筑门窗是建筑围护结构热工性能最薄弱位置,控制窗墙比,提高窗户的保温性能,是提高建筑外围护结构节能指标的有效途径。在保证居室采光通风条件的前提下,控制窗墙比,减少外墙传递的热量。外窗采用中空镀膜玻璃PVC-V塑钢门窗、断桥铝合金门窗、节能门窗,既降低外界的噪声又增加玻璃的强度,使节能住宅的热性能大大提高,夏季需要空调降温的时间相应减少。

(10)注重舒适健康的光环境设计。

合理设计采用自然采光和人工照明相结合的方式,将室内的照度控制在合理的区间内,在设计上应尽可能地挖掘自然采光的优越性。

在设计过程中,对于自然采光的情况,应对光线的强度、对比度进行有效的控制,避免强光照射,建立建筑采光与热量需求之间的平衡。

遮阳设施在设计上应根据建筑室外光线的实际情况、特征及其具体的形式,进行综合的考虑,合理地遮阳,在固定遮阳时,合理选择水平和垂直遮阳板及其角度的布置。

在建筑的人工照明设计上,应积极提高能源的使用效率,力求节能。

(11)强化建筑平面设计。

合理的朝向设计能使建筑物从阳光中获得大量的能量,住宅往往需要平行布置,并朝向南面,同时彼此之间留出足够的间距,保证冬季有充足的阳光。建筑物的体形系数直接影响建筑物能耗的大小,体形系数越大,建筑物能耗越大。在同体积时,分散的布局模式的能耗要比集中布局模式的能耗大,故应首选高层与中高层建筑。具体设计时应减少建筑外墙面积,合理地控制层高,建筑层高确定时,对于一定的建筑面积,都有与之相适应的最佳节能楼层数,同时应尽量减少楼层凸凹变化,采用规则平面形式。合理的建筑布局可以充分利用现场资源来减少建筑能耗以及改善室内环境,详细划分建筑内实用功能区,使得不需要窗户的分区尽量设置在北面,有相似功能的区域设置在同一功能区。

6.3.2 咨询管理工作内容

绿色建筑设计咨询管理是从项目规划、设计、施工到最终验收阶段,为业主提供专业的建筑设计管理和节能咨询,力求项目决策和实施各阶段、各环节的设计工作具有可持续性,提供最优的方案,从而实现真正意义上的绿色建筑设计。绿色建筑评估咨询流程见图6.1。

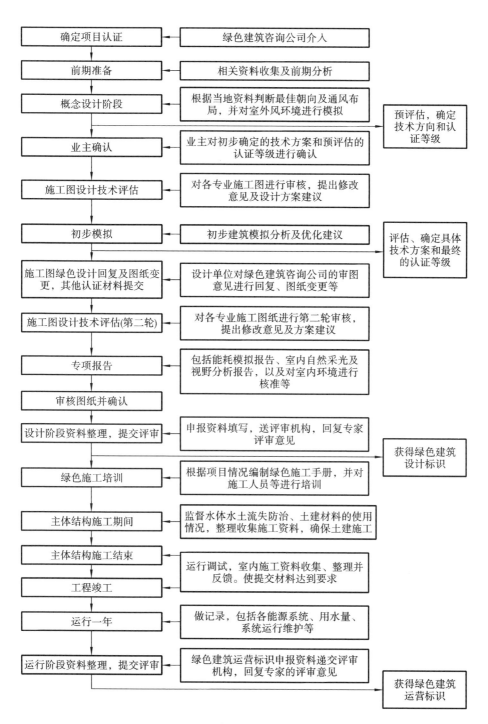

图 6.1　绿色建筑评估咨询流程

1. 规划咨询阶段

咨询单位对于规划咨询阶段的控制主要体现在采取措施降低绿色建造成本,研究、总结新型绿色建筑成套建造技术,从而提高其经济效益,结合费用效益分析的理论,确定对绿色建筑的经济效益、社会效益、环境效应和生态效应的分析方法,从经济及社会角度来为业主方分析建设项目的可行性和必要性。根据业主对建筑的要求和定位,通过分析区域环境以充分利用环境因素,可从项目概况、项目目标及亮点、围护结构节能、采暖空调节能、资源利用、光与通风、噪声控制、智能化系统及其他绿色措施、增量成本分析、项目预评估和项目总结等方面分析综述,编制绿色建筑可行性研究报告。

2. 方案设计阶段

工程咨询单位在设计阶段应该充分考虑建造成本的降低因素。在绿色建筑可行性研究报告基础上,进一步进行绿色建筑方案设计。

(1)初步方案阶段。

对项目进行初步能源评估、环境评估、采光照明评估,并提出绿色建筑节能设计意见,与设计部门沟通,提出有效的绿色建筑节能技术策略,并协助设计部门完成高质量的绿色建筑方案设计。

初步方案阶段流程大致如下。①确定项目整体的绿色建筑设计理念和项目目标,并分析项目适合采用的技术措施及具体的实现策略;②分析整理项目资料,明确项目施工图及相关方案的可变更范围;③基于上述工作,完成项目初步方案、投资估算和绿色建筑等级预评估;④向业主方提供"项目绿色建筑预评估报告"。

(2)深化设计阶段。

根据业主的要求,对设计部门提交的设计文件、图纸资料进行深入细致的分析,并要求结合相应的审核意见,给出各专业具体化、指标化的建筑节能设计策略。比如空调系统的选择建议,墙体保温、建筑整体能耗等分析和节能技术生命周期成本分析。

本阶段具体的实施步骤如下。①基于业主方确定的目标以及绿色建筑等级自评估结果,确定项目所要达到的要求;②按项目工作计划和进度安排,完成建筑设计、机电设计、景观设计、室内设计的技术要点,以及其他专业深化设计,完成设计方案的技术经济分析;③完成绿色建筑认证所需的各项模拟分析,并提供相应的分析报告;④向业主方提供"项目绿色建筑设计方案技术报告"。

(3)施工图设计阶段。

在施工图设计阶段,为确保项目设计符合业主方的预期,进一步对方案进行调整和完善,对设计策略中提出的标准和指标进行落实,并对各种实施策略做最终的评估。

施工图设计阶段的主要工作划分为以下几点。①根据已制订的设计方案,提供相关技术文件,指导施工图设计,结合绿色建筑理念并融入绿色建筑技术;②提供施工图方案修改完善建议书,并指导施工图设计。

(4)结构设计优化方案。

保证结构设计在既满足项目总体开发要求,又满足有关规范所规定的安全度的条件下,利用合理的技术措施,尽量降低结构成本,即以最低的结构经济指标保质保量地完成建筑物的结构设计。在对结构设计的全过程、全方位管理过程的设计咨询中,可分为结构方案阶段、初步设计阶段和施工图设计阶段,各阶段的主要服务内容为:选定合理的结构体系,合理布置结构(结构方案阶段);正确分析结构概念、结构计算和结构内力(初步设计阶段);保证细部设计和结构措施的合理性,并采用合理的施工工艺(施工图设计阶段)。

(5)设计评价标识申报阶段。

按绿色建筑标准的相关要求,完成各项方案分析报告,再编制和完善相应的申报材料,进行现场专家答辩。与评审单位进行沟通交流,对评审意见进行反馈及解释,协助业主方完成绿色建筑设计标识的认证工作。

(6)设计评比及政策扶持。

根据专家评审意见及完整的方案图纸等资料,结合国家、地方新技术产业政策,申请相应项目扶持资金。

3. 绿色建筑的评价

(1)评价原则。

①科学性原则。绿色建筑的评价应符合人类、建筑、环境之间的相互关系,遵循生态学和生态保护的基本原理,阐明建筑环境影响的特点、途径、强度和可能的后果,在一个适当空间和时间范围内寻求保护、恢复、补偿与改善建筑所在地原有生态环境的途径,并预计其影响和发展趋势。评价过程应当有一套清晰明确的分类和组织体系,对一定数量的关键问题进行分析,利用标准化的衡量手段,为得出正确的评价结论提供有效支撑。

②可持续发展原则。绿色建筑评价的实质是建筑的可持续发展评价,必须考虑到当前和今后人们之间的平等和差异,将这种考虑与资源的利用、过度消耗、可获取的服务等问题恰当地结合起来,有效地保护人类赖以生存的自然环境和生态系统。

③开放性原则。评价应注重公众参与。评价的准备、实施、形成结论都应该和公众(包括社区居民、专业人士、社会团体、公益组织等)进行良好的沟通,公众能够从中获取足够信息,表达共同意愿,监督运作过程,确保评价得到不同价值观的认可,吸取积极因素为决策者提供参考。

④协调性原则。绿色建筑评价体系应能够协调经济、社会、环境和建筑之间的复杂关系,协调长期与短期、局部与整体的利益关系,提高评价的有效性。

(2)评价目标。

评价目标是指采用设计、建设、管理等手段,使建筑相关指标符合某种绿色建筑评价标准体系的要求,并获取评价标识。这是目前绿色建筑设计中常采用的作为设计依据的目标。黄献明博士通过研究指出,目前国内外绿色建筑评价标准体系可以划分为两大类,其中一类是依靠专家的主观判断与决策,通过权重实现对绿色建筑不同生态特征的整合,进而形成统一的比较与评价尺度的评价方法。其优点在于简单,便于操作。

(3)评价内容。

①节地与室外环境。

项目选址应符合所在地城乡规划,且应符合各类保护区、文物古迹保护的建设控制要求。场地应无洪涝、滑坡、泥石流等自然灾害的威胁,无危险化学品、易燃易爆危险源的威胁,无电离辐射、含氡土壤等危害。场地内不应有排放超标的污染源。建筑规划布局应满足日照标准,且不得降低周边建筑的日照标准。

②节能与能源利用。

建筑设计应符合国家现行有关建筑节能设计标准中强制性条文的规定。冷热源、输配系统和照明等各部分能耗应进行独立分项计量。各房间或场所的照明功率密度值不得高于现行国家标准《建筑照明设计标准》(GB 50034—2013)中的现行值规定。

③节水与水资源利用。

应制订水资源利用方案,统筹利用各种水资源。给排水系统设置应合理、完善、安全,应采用节水器具。

④节材与材料资源利用。

不得采用国家及地方禁止及限制使用的建筑材料及制品。混凝土结构中梁、柱纵向受力普通钢筋应采用不低于400 MPa的热轧带肋钢筋。建筑造型要素应简约,且无大量装饰性构件。

⑤室内环境质量。

主要功能房间的室内噪声级,主要功能房间的外墙、隔墙、楼板和门窗的隔声性能应满足现行国家标准《民用建筑隔声设计规范》(GB 50118—2010)中的低限要求。建筑照明数量和质量应符合现行国家标准《建筑照明设计标准》(GB 50034—2013)的规定。采用集中供暖空调系统的建筑,房间内的温度、湿度、新风量等设计参数应符合现行国家标准《民用建筑供暖通风与空气调节设计规范》(GB 50736—2012)的规定。在室内设计温度、湿度条件下,建筑围护结构内表面不得结露。屋顶和东西外墙隔热性能应满足现行国家标准《民用建筑热工设计规范》(GB 50176—2016)的要求。室内空气中的氨、甲醛、苯、总挥发性有机物、氡等污染物浓度应符合现行国家标准《室内空气质量标准》(GB/T 18883—2022)的有关规定。

⑥施工管理。

应建立绿色建筑项目施工管理体系和组织机构,并落实各级责任人。施工项目部应制定施工全过程的环境保护计划,并组织实施。施工项目部应制定施工人员职业健康安全管理计划,并组织实施。施工前应进行设计文件中绿色建筑重点内容的专项交底。

⑦运营管理。

应制定并实施节能、节水、节材、绿化管理制度。应制定垃圾管理制度,合理规划垃圾物流,对生活废弃物进行分类收集,垃圾容器设置规范。运行过程中产生的废气、污水等污染物应达标排放。节能、节水设施应工作正常,且符合设计要求。供暖、通风、空调、照明等设备的自动监控系统应工作正常,且运行记录完整。

6.3.3 全过程工程咨询模式下的绿色建筑管理注意要点

1. 决策阶段开发管理

决策阶段开发管理主要包括分析投资机会,确定项目建议书,开展可研分析,完成节能、环境、职业卫生、安全、风险、水土保持、交通等专项评估审查。全过程工程咨询团队需具备项目投融资咨询、项目总控、环境资源评估、风险评估等相关领域的组织、管理、经济和技术能力。

建筑及社区项目引入绿色发展理念,很大程度上是希望保护场地生态环境,降低开发对周边气候、水土、交通的不利影响,增加社区多样性,提升项目品质,进而在后期销售运营阶段实现项目的增值回报。全过程工程咨询决策阶段绿色建筑管控要点如表6.1所示。

表6.1 全过程工程咨询决策阶段绿色建筑管控要点

序号	工程咨询要项	绿色建筑要点	工程咨询集成管控要点
1	投资机会分析及项目建议书	认证体系的适用性,投资回报率	分析项目定位目标、潜在客户群体、商业模式、社会效益需求,比较不同国家、不同类型、不同等级认证标准体系的差异性及市场应用现状,给出最适合于项目的体系建议。如中国绿色建筑体系更适用于政府投资型大型公建,LEED体系更适用于面向境外租户的商业楼宇、WELL体系更适用于关注健康的住宅及室内办公空间
2	项目可行性研究	绿色建筑目标可实现,增量投资可控	分析场地气候及资源环境,结合开发方既有产品标准(确定绿色建筑的实施基准),就不同绿色建筑目标的可达性进行初步评估分析;开展初步增量造价分析,供决策支持
3	专项申报与受理	场地生物多样性、场地径流及水土保持、低碳交通可达性、社区资源共享、场地微气候(通风、噪声)、区域能源利用等	结合项目节能节水评估、环境影响评价、安全与职业卫生评价、水土保持方案、交通影响评价等前期审批流程,对项目绿色建筑相关因素进行重点测评分析,并给出合理性开发建议

注:(1)LEED(leadership in energy and environmental design),国内多翻译为"能源与环境设计先锋",是一个评价绿色建筑的工具,由美国绿色建筑委员会(U.S. green building council, USGBC)所建立的领先能源与环境设计建筑评级体系,也是目前在绿色建筑评估以及建筑可持续性评审标准中,被公认为是最完善、最有影响力的评估标准。(2)WELL 即 WELL 建筑标准,2014 年 10 月由国际健康建筑研究院(international well building institute, IWBI)发布了世界上第一部健康建筑评价标准——the well building standard V1.0,该标准以人的健康和福祉为导向,从多个层面研究了人与建筑环境之间的依存关系。2018 年 5 月发布 WELL V2 试行版,WELL 建筑标准的晋级版(WELL V2™ pilot, the next iteration(or version) of the WELL building standard™,简称"WELL V2")。

2. 实施阶段管理

实施阶段项目管理主要包括勘察设计管理与优化、施工项目管理、施工监理、招投标管理、造价咨询、全过程BIM咨询、竣工管理与备案、全过程报批与信息管理等。团队需具备专项设计、施工技术、造价控制、项目管理、风险管控等相关领域的组织、管理、经济和技术能力。

项目实施阶段对于绿色建筑项目至关重要,需详细解读设计、招标、施工、竣工不同阶段的专业提资需求和深度,对绿色建筑实施目标进行层级拆分,协同各工种有条不紊地推进绿色建筑的目标实施。全过程工程咨询实施阶段绿色建筑管控要点如表6.2所示。

表6.2 全过程工程咨询实施阶段绿色建筑管控要点

序号	工程咨询要项	绿色建筑要点	工程咨询集成管控要点
1	勘察设计管理与优化	节约用地、场地生态保持、良好的室外微气候、便捷交通及共享空间;能源高效利用及智能控制;节水及健康饮水;安全节约型结构体系、生态循环建材使用;良好的室内光声热环境及空气品质;健身及共享空间设计、室内空间美学及亲自然设计等	在概念方案、方案设计、扩初设计、施工图设计、专项深化设计等不同阶段,结合规划、建筑、结构、暖通空调、给排水、电气等主体设计工种,以及幕墙、景观、照明、智能化、内装、声学、雨中水系统、可再生能源建筑一体化等不同专项设计工种,分步开展绿色建筑相关要素设计提资、专项分析、图纸审核及优化咨询
2	施工项目管理与监理	良好的场地环境(扬尘、噪声、污水、眩光等污染排放控制);施工废弃物的循环利用;预制装配式等高效施工组织模式;施工材料及设备符合绿色设计要求;环保健康的施工工艺控制,如化学污染源隔离、风管内粉尘控制及冲洗、防震动设备暗转、机电调试等	项目管理、施工监理制定或督促施工方建立良好的管理制度、管控流程;纳入日常施工例会管控,开展不定期专项巡查及统计监管;对施工方、第三方测评机构提供的成果予以审核确认

续表

序号	工程咨询要项	绿色建筑要点	工程咨询集成管控要点
3	招投标管理	符合服务提供商、材料及设备采购控制	在招标文件中纳入材料、设备性能参数、施工工艺及后续运维要求,对供应商进行专项审核
4	全过程造价咨询	确保设计、施工方案及期间变更方案满足预期的绿色性能目标及造价增量目标要求	结合设计、施工方案及期间变更,及时开展绿色建筑增量分析,协同管理项目成本与绿色性能目标
5	全过程BIM咨询	采用数字化手段实现设计优化和施工管控,为后期运维提供良好的数据基础	建立全生命期协同的BIM标准和平台体系;BM协同设计审核;建筑能源模拟、建筑物理数字化性能分析;施工BIM管控及造价分析平台纳入绿色建筑专项因素
6	竣工管理与备案	开展项目竣工调试,满足项目业主需求和设计标准	组织开展机电调试、竣工能源及环境专项测评
7	全过程报批与信息管理	通过绿色建筑政府审批流程,获得中国绿色建筑、健康建筑设计评价标识,相关境外认证体系设计预认证及竣工认证	在提交政府审批的方案设计、扩初及施工图设计文本中纳入绿色建筑设计专篇;完成相关标识的认证资料准备及评审答辩

3. 运营阶段管理

运营阶段项目管理主要包括项目后评估及绩效评价、项目设施管理、环境管理、资产管理等。全过程工程咨询团队需具备专业运维、资产评估等相关领域的组织、管理、经济和技术能力。

能源品质是指能否为入住者提供高效舒适的空间及环境、是否具有便捷智能的应用系统、楼宇用能用水系统是否经济高效、是否促成了周边社区联动并形成良好的社会经济效应,简言之,项目的建成环境应达到预期可持续目标,实现资产的增值保值。因此,绿色建筑的竣工验收不是项目实施的终点,而是运营维护的起点,项目的运维模式和管理水平对于实现项目的价值目标至关重要。全过程工程咨询运营阶段绿色建筑管控要点如表 6.3 所示。

表 6.3　全过程工程咨询运营阶段绿色建筑管控要点

序号	工程咨询要项	绿色建筑要点	工程咨询集成管控要点
1	项目后评估及绩效评价	入住者及资产持有者均对项目保有较高的满意度	开展绿色建筑后评估调研,包括综合问卷及测试分析的使用后评价(post occupancy evaluation, POE)及后评估和现场测量(post evaluation & field measurement, PEFM)评估方法。根据评估结果对项目进行必要的运行模式调整及系统调试、维护和改造提升
2	项目设施及环境管理	提供舒适、健康、智能、便捷、愉悦的物理、空间及设施环境;楼宇智能及设备系统运行高效	提升智能系统的运行效率;对环境、能源相关机电设备开展定期维护、保养及调试;对室内空间及设施环境开展不定期的维护及更新布置
3	项目资产管理	资产保值、增值	在 BIM 运维系统中及时记录、更新设备设施及相关资产的状态;通过合同能源管理等模式提升楼宇能效

第7章 装配式建筑的工程设计及咨询管理

7.1 装配式建筑概述

装配式建筑是以构件工厂预制化生产、现场装配式安装为模式,以标准化设计、工厂化生产、装配化施工、一体化装修和信息化管理为特征,整合研发设计、生产制造、现场装配等各个业务领域,实现建筑产品节能、环保、全周期价值最大化的可持续发展的新型建筑生产方式。

7.1.1 装配式建筑的定义

装配式建筑是指由预制构件通过可靠连接方式建造的建筑。装配式建筑有两个主要特征:第一个特征是构成建筑的主要构件,特别是结构构件是预制的;第二个特征是预制构件连接方式必须可靠。

按照装配式混凝土建筑、装配式钢结构建筑和装配式木结构建筑的国家标准关于装配建筑的定义,装配式建筑是"结构系统、外围护系统、内装系统、设备与管线系统的主要部分采用预制部品部件集成的建筑"。这个定义强调装配式建筑是4个系统(而不仅仅是结构系统)的主要部分采用预制部品部件集成。

7.1.2 装配式建筑的分类

现代装配式建筑按结构材料分类,有装配式钢结构建筑、装配式钢筋混凝土建筑、装配式木结构建筑、装配式轻钢结构建筑和装配式复合材料建筑(钢结构、轻钢结构与混凝土结合的装配式建筑)。古典装配式建筑按结构材料分类,有装配式石材结构建筑和传统装配式木结构建筑。

装配式建筑按高度分类,有低层装配式建筑、多层装配式建筑、高层装配式建筑和超高层装配式建筑。

装配式建筑按结构体系分类,有框架结构、框架-剪力墙结构、筒体结构、剪力墙结构、无梁板结构、预制钢筋混凝土柱单层厂房结构等。

装配式建筑按结构预制率分为超高预制率(70%以上)、高预制率(50%～70%)、普通预制率(20%～50%)、低预制率(5%～20%)和局部使用预制构件(小于5%)几种类型。

7.1.3　装配式建筑设计阶段划分

(1)技术设计。装配式建筑的技术设计具有非常重要的作用,需要引起相关单位高度的重视,需要对工程的外在环境条件、目标及成本等有深入的了解,从而确保预制构件的规范化、标准化。应主动和施工单位进行沟通,双方经过研究,制定出一套可行性设计方案,为后续装配式建筑提供参考。

(2)初步设计。以专业技术要点为依据,做好协调设计,根据建筑要求设计现浇底部层数。对不同专业管线,以及设备预埋位置进行考量,进而选择适合的预制构件。注重建筑项目的稳定性、价值性,对建筑施工时间、质量及所需费用等进行综合分析,进而制定出合理的技术方法。

(3)构件设计。根据装配式建筑技术设计,对平面、立面进行优化设计,在保障装配式建筑功能的前提下,秉承着少规格、多组合的构件设计原则,使建筑符合规范化、系统化的要求。在立面设计阶段,需要对不同结构构件进行着重分析,根据装配式建筑特点设计出不同的立面结构。

(4)构件加工设计。在进行构件加工的过程中,生产厂家需要和建筑设计人员进行充分的沟通。生产厂家根据设计要求加工构件,建筑设计人员需要向厂家提供构件的大小和类型等。同时还需要注意预制构件在建筑施工场地的固定和安装孔、吊钩等的设计。

(5)施工方案设计。参照初步设计技术方法、预制构件的设计参数,在进行装配式建筑施工方案设计过程中,需要对不同专业的预埋预留构件作全面考量,注重装配式建筑中隔声及防火功能的设计。

(6)构造节点设计。装配式建筑设计中,构造节点的设计非常重要,对于外墙门窗的洞口、连接缝隙等防水性较低的材料,其构造点需要具有耐久的物理力学等性能。根据本地区的气候特点,对构造点设计进行优化,尽可能体现节能效果。采取构件防水、材料防水相结合的方式,科学设计外墙板垂直缝,参照不同外界环境设计适度的接缝。

(7)预制构件设计。装配式建筑在预制构件设计的过程中,需要秉承模式化、标准化的设计理念,尽可能减少使用构件,保障构件的标准化,降低项目造价。装配式建筑中开洞、降板等环节可以选择现浇施工方法,对构件吊装、运输加工、生产进行考量。构件需要具有防火、耐久效果,在构件设计过程中需要注意构件的安全性、稳定性等。如果构件尺寸较大,可以增加预埋吊点、构件脱模数量。根据不同的隔热保温需求,设计符合要求的外墙板,满足空调要求。在进行建筑物非承重墙设计时,需要选择具有一定的隔声效果、便于安装、较轻的隔板。根据不同的功能,对室内进行功能划分,保持建筑结构、非承重隔板连接的稳定性、牢固性。

总之,随着装配式建筑技术的进步以及国家的大力支持,其发展将会越来越好。

7.1.4　装配式建筑的优势

(1)保证工程质量。传统的现场施工受限于工人素质参差不齐,质量事故时有发生。而装配式建筑构件在预制工厂生产,生产过程中可对温度、湿度等条件进行控制,构件的质量更容易得到保证。

(2)降低安全隐患。传统施工大部分是在露天作业、高空作业,存在极大的安全隐患。装配式建筑的构件运输到现场后,由专业安装队伍严格遵循流程进行装配,大大提高了工程质量并降低了安全隐患。

(3)提高生产效率。装配式建筑的构件由预制工厂批量采用钢模板生产,减少脚手架和模板数量,因此生产成本相对较低,尤其是生产形式较复杂的构件时,优势更为明显;同时省掉了相应的施工流程,大大提高了生产效率。

(4)降低人力成本。目前我国建筑行业劳动力不足、技术人员缺乏、工人整体年龄偏大、成本攀升,导致传统施工方式难以为继。装配式建筑由于采用预制工厂生产,现场装配施工,机械化程度高,减少现场施工及管理人员数量近90%。节省了可观的人工费,提高了劳动生产率。

(5)节能环保,减少污染。装配式建筑循环经济特征显著,由于采用的钢模板可循环使用,节省了大量脚手架和模板作业,节约了木材资源。此外,由于构件在工厂生产,现场湿作业少,大大减少了噪声。

7.1.5　装配式混凝土建筑介绍

1. 装配整体式与全装配式

装配式混凝土结构建筑,即预制混凝土(precast concrete,PC)建筑,相当于把现浇混凝土结构拆成一个个预制构件,再装配起来。根据连接方式不同,PC建筑分为"装配整体式混凝土结构"和"全装配式混凝土结构"。

(1)装配整体式混凝土结构。

装配整体式混凝土结构的定义是由预制混凝土构件通过可靠的方式进行连接并与现场后浇混凝土、水泥基灌浆料形成整体的装配式混凝土结构。装配整体式混凝土结构的连接以"湿连接"为主要方式。

装配整体式混凝土结构具有较好的整体性和抗震性。目前,大多数多层和全部高层 PC 建筑都是装配整体式混凝土结构,有抗震要求的低层 PC 建筑也多是装配整体式混凝土结构。

(2)全装配式混凝土结构。

全装配式混凝土结构的 PC 构件靠干法连接(如螺栓连接、焊接等)形成整体。预制钢筋混凝土柱单层厂房就属于全装配式混凝土结构。国外一些低层建筑或非抗震地区的多层建筑也采用全装配式混凝土结构。

2. 等同原理

等同原理是指装配整体式混凝土结构应基本达到或接近与现浇混凝土结构等同的效果,尤其是指连接方式的等同效果。

3. 主要连接方式

(1)后浇混凝土连接。在 PC 构件结合部留出后浇区,现场浇筑混凝土进行连接。

(2)套筒灌浆连接和浆锚搭接。套筒灌浆连接和浆锚搭接用于受力钢筋连接。①套筒灌浆连接。套筒灌浆连接的工作原理是:将需要连接的带肋钢筋插入金属套筒内"对接",在套筒内注入高强度且有微膨胀特性的灌浆料,灌浆料凝固后在套筒筒壁与钢筋之间形成较大的压力,在带肋钢筋的粗糙表面产生较大的摩擦力,由此得以传递钢筋的轴向力。②浆锚搭接。浆锚搭接的工作原理是:将从预制构件表面外伸一定长度的不连续钢筋,插入所连接的预制构件对应位置的预留孔道内,钢筋与孔道内壁之间填充无收缩、高强度灌浆料,形成钢筋浆锚连接。

(3)叠合连接。叠合连接是预制板(梁)与现浇混凝土叠合的连接方式,包括梁和板等,叠合构件的下层为 PC 构件,上层为现浇层。

4. 装配式混凝土预制率

一些地方政府对工程项目的 PC 预制率有刚性要求。PC 预制率是指预制混凝土占总混凝土量的比例。有的地方政府计算 PC 预制率以地面以上混凝土计算,即预制混凝土占地面以上总混凝土量的比例。

一般情况下,PC 建筑的基础、首层楼板、顶层楼板、楼板叠合层和一些构件的结合部位需要现浇混凝土,有的高层建筑的裙楼部分,由于层数少、开模量大,也选择现浇。对于有抗震要求的建筑,规范会规定一些部位必须现浇,如框架-剪力墙结构的剪力墙、筒体结构的剪力墙核心筒、剪力墙结构的边缘构件等。如果只有叠合楼板、楼梯和阳台构件预制,PC 预制率大约在 10%;再考虑外墙板预制,PC 预制率可达到 20% 以上;大多数构件都预制的话,预制率可达到 60% 以上。日本鹿岛有一座筒体结构办公楼,采用最新装配式技术,所有的 PC 梁、柱连接点都没有后浇连接,仅叠合板现浇,PC 预制率达到 90% 以上。

5. 装配式混凝土建筑适用范围

就结构而言,框架结构、框架-剪力墙结构、筒体结构和剪力墙结构都适宜做 PC 建筑。

就建筑高度而言,高层建筑和超高层建筑比较适宜做 PC 建筑,日本最高 PC 住宅高达 208m。低层建筑和多层建筑模具周转次数少,做 PC 建筑成本较高,只有相同楼型数量较多的情况下,做 PC 建筑才经济。

就建筑造型而言,复杂多变没有规律而又层数不多的建筑不适合做 PC 建筑。

7.2 装配式建筑设计

7.2.1 设计责任

PC 建筑的设计应当由设计单位承担责任。即使将拆分设计和拆分后的构件设计交由有经验的专业设计公司分包,也应当在工程设计单位的指导下进行,并由工程设计单位审核出图。因为拆分设计必须在原设计基础上进行,拆分和构件设计者未必清楚地了解原设计的意图和结构计算结果,也无法组织各专业的协调。将拆分和构件设计工作交由拆分设计公司或制作厂家进行,原设计单位不参与此项工作,是重大的责任漏洞。

PC 建筑的设计过程应当是建筑师、结构设计师、装饰设计师、水电暖通设计师、拆分和构件设计师、制造厂家工程师与施工安装企业工程师互动的过程。有经验的拆分设计人员和制作、施工企业技术人员是建筑师和结构设计师了解和正确设计 PC 建筑的桥梁,但不能越俎代庖。PC 构件厂家只能独立进行制作工艺设计、模具设计和产品保护设计,施工企业只能独立进行施工工艺设计。

PC 建筑设计工作量增加较多,设计费会有较大幅度的增加,建设单位对此应当了解并认可,并列出设计工作量增加的清单。

有的建设单位为了节省 PC 建筑的设计费,直接让 PC 工厂免费进行拆分设计和构件设计,PC 工厂为了能拿到工程,不得不答应建设单位。这种做法是对技术的蔑视,也是对工程不负责任。即使拆分设计分包出去,也应当由设计单位分包,建设单位应当把 PC 建筑设计的全部设计费和全部责任都交付给设计单位。

7.2.2　PC 建筑的限制条件

尽管从理论上讲,现浇混凝土结构都可以做装配式,但实际上还是有限制条件的。环境条件不允许、技术条件不具备或增加成本太多,都可能使装配式不可行。所以,一个建筑是不是做装配式,哪些部分做装配式,必须先进行必要性和可行性研究,对限制条件进行定量分析。

1. 环境条件

(1)抗震设防烈度。抗震设防烈度 9 度地区,做 PC 建筑目前没有规范支持。

(2)构件工厂与工地的距离。如果工程所在地附近没有 PC 工厂,工地现场又没有条件建立临时工厂,或建立临时工厂代价太大,该工程就不具备装配式条件。根据某地区的统计,当运距在 100 km 以内时,PC 构件的运费约为 PC 构件价格的 4%～7%;当运距达到 200 km 时,PC 构件的运费约为 PC 构件价格的 7%～12%。

(3)道路。如果预制工厂到工地的道路无法通过大型构件运输车辆,或道路过窄、大型车辆无法转弯调头,或途中有限重桥、限高天桥、限高隧洞等,会对能否做装配式或装配式构件的重量与尺寸形成限制。

(4)PC工厂生产条件。PC工厂的生产条件,如起重能力、固定或移动模台所能生产的最大构件尺寸等,是 PC 构件拆分的限制条件。

2. 技术条件

(1)高度限制。现行行业标准规定,有些 PC 建筑的最大适用高度比现浇混凝土结构要低一些,如 PC 剪力墙结构的最大适用高度就比现浇剪力墙结构低 10~20 m。

(2)形体限制。装配式建筑不适宜形体复杂的建筑。不规则的建筑会有各种非标准构件,且在地震作用下内力分布比较复杂,不适宜采用装配式。

(3)立面造型限制。建筑立面造型复杂,或里出外进,或造型不规则,可能会导致模具成本很高,复杂造型不易脱模,连接和安装节点比较复杂等情况。所以,立面造型复杂的建筑做装配式要审慎。

(4)外探大的悬挑构件。建筑立面有较多外探大的悬挑构件,与主体结构的连接比较麻烦,不宜做装配式。

3. 成本约束

模具费用是 PC 建筑成本大项,模具周转次数少会大幅度增加成本。一栋多层建筑,一套模具周转次数只有几次,就不宜做装配式建筑。如果多栋一样的多层建筑,模具周转次数提高了,成本就会下降。高层和超高层建筑就模具成本而言比较适合做装配式建筑。

7.2.3 装配式混凝土建筑设计意识

PC 建筑设计是面向未来的具有创新性的设计过程,设计人应当具有 PC 建筑意识。设计意识包括以下几点。

(1)特殊性意识。PC 建筑具有与普通建筑不一样的特殊性,设计人员应遵循其特有规律,发挥其优势,使设计更好地满足建筑使用功能和安全性、可靠性、耐久性要求,更具合理性。

(2)节约环保意识。PC 建筑具有节约资源和环保的优势,设计师应通过设计使这一优势得以实现和扩展,而不是仅仅为了完成装配率指标,为装配式而装配式。精心和富有创意的设计可以使 PC 建筑节约材料、节省劳动力、降低能源消耗并降低成本。

(3)模数化、标准化意识。PC 建筑设计应实现模数化和标准化,实现模数协调,如此才能充分实现装配式的优势,降低成本。装配式建筑设计师应当像"乐高"设计师那样,用简单的单元组合丰富的平面立面、造型和建筑群。

(4)集成化意识。PC建筑设计应致力于一体化和集成化,如建筑、结构、保温、装饰一体化,集约式厨房,整体卫浴,各专业管路的集成化等,进而更大比例地实现建筑产业的工厂化,提升质量,提高效率,降低成本。

(5)精细化意识。PC建筑设计必须精细,制作、施工过程不再有设计变更。设计精细是构件制作、安装正确和保证质量的前提,是避免失误和损失的前提。

(6)面向未来的意识。PC建筑是建筑走向未来的基础,是建筑实现工业化、自动化和智能化的基础,PC建筑可以更方便地实现太阳能与建筑、结构、装饰一体化。设计师应当有强烈的面向未来的意识和使命感,推动创新和技术进步。

7.2.4 设计依据与原则

PC建筑设计首先应当依据国家标准、行业标准和项目所在地的地方标准。

由于我国装配式建筑设计处于起步阶段,有关标准比较审慎,覆盖范围有限(如对筒体结构就没有覆盖),一些规定也不具体明确,远不能适应大规模开展装配式建筑的需求,许多创新的设计也不可能从规范中找到相应的规定。所以,PC建筑设计还需要借鉴国外成熟的经验,进行试验以及请专家论证等。

PC建筑设计特别需要设计、制作和施工环节的互动和设计各专业的衔接。

1. 设计依据

PC建筑设计除了执行混凝土结构建筑有关标准外,还应当执行关于装配式混凝土建筑的现行行业标准《装配式混凝土结构技术规程》(JGJ 1—2014)。

北京、上海、辽宁、黑龙江、深圳、江苏、四川、安徽、湖南、重庆、山东、湖北等地都制定了关于装配式混凝土结构的地方标准。北京、上海、辽宁等地还编制了装配式混凝土结构标准图集。

在我国PC建筑行业发展前期,国家标准及行业标准尚处在制定与修订阶段,设计单位应多结合国外成功项目经验,多进行行业交流,促进我国PC建筑行业发展,加快完善我国行业标准的制定。

2. 整体及建筑设计原则

(1)借鉴国外经验原则。

欧美以及日本、新加坡等地区有多年PC建筑经验,尤其是日本,许多超高层PC建筑经历了多次大地震的考验。对国外成熟的经验,宜采取借鉴方式,但应配合相应的试验和专家论证。

(2)试验原则。

PC建筑在我国刚刚兴起,经验不多。国外PC建筑的经验主要是框架、框架-剪力墙和筒体结构,高层剪力墙结构的经验很少;装配式建筑的一些配件和配套材料目前国内也处于刚刚开发阶段。因此试验尤为重要。设计在采用新技术、选用新材料时,涉及结构连接等关键环节,应基于试验获得可靠数据。

例如,保温夹芯板内外叶墙板的拉结件,既有强度、刚度要求,又要减少热桥,还要防火和耐久,这些都需要试验验证。有的国产拉结件采用与塑料钢筋一样的玻璃纤维增强塑料制成,但塑料钢筋用的不是耐碱玻璃纤维,埋置在水泥基材料中耐久性得不到保障,目前塑料钢筋在国外只用于临时工程。

(3)专家论证原则。

当设计超出国家标准、行业标准或地方标准的规定时,例如建筑高度超过最大适用高度限制,必须进行专家审查。在采用规范没有规定的结构技术和重要材料时,也应进行专家论证。在建筑结构和重要使用功能问题上,审慎是非常重要的。

(4)设计、制作、施工的沟通互动原则。

PC建筑设计人员应当与PC工厂和施工安装单位的技术人员进行沟通互动,了解制作和施工环节对设计的要求及约束条件。

例如,PC构件有一些制作和施工需要的预埋件,包括脱模、翻转、安装、临时支撑调节安装高度、后浇筑模板固定、安全护栏固定等预埋件,这些预埋件设置在什么位置合适,如何锚固,会不会与钢筋、套筒、箍筋太近而影响混凝土浇筑,会不会因位置不当导致构件开裂,如何防止预埋件应力集中产生裂缝等,设计师只有与制作厂家和施工单位技术人员沟通互动才能给出安全可靠的设计。

(5)各专业衔接集成原则。

PC建筑设计需要各个专业密切配合与衔接。比如拆分设计,建筑师要考虑建筑立面的艺术效果,结构设计师要考虑结构的合理性和可行性,为此需要建筑师与结构工程师沟通。再比如,PC建筑围护结构应尽可能实现建筑、结构、保温、装饰一体化,内部装饰也应当集成化,为此,需要建筑师、结构设计师和装饰设计师密切合作。又比如,避雷带需要埋设在预制构件中,需要建筑、结构和防雷设计师衔接。总之,水、暖、电、通信、设备、装饰各个专业对预制构件的要求都要通过建筑师和结构设计师汇总集成。

(6)一张(组)图原则。

PC建筑多了构件制作图环节,与目前工程图样的表达习惯有很大的不同。

PC构件制作图应当表达所有专业、所有环节对构件的要求,包括外形、尺寸、配筋、结构连接、各专业预埋件、预埋物和孔洞、制作施工环节的预埋件等,都清清楚楚地表达在一张或一组图上,不用制作和施工技术人员自己去查找各专业图样,也不能让工厂人员自己去标准图集上找大样图。

一张(组)图原则不仅会给工厂技术人员带来便利,最主要的是会避免或减少出错、遗漏和各专业的"撞车"。

(7)"少规格、多组合"的设计原则。

装配式混凝土建筑的平面设计在满足平面功能的基础上,需考虑装配式建筑建造的相关要求,同时需符合建筑模数,遵循"少规格、多组合"的设计原则,建筑平面应进行标准化、定型化设计,建立标准化部件模块、功能模块与空间模块,实现模块多组合应用,提高基本模块、构件和部品重复使用率,有利于提升建筑品质、提高建造效率及控制建设成本,并满足制作及运输能力、交通法规和施工设备的要求。预制构件在单体建筑中重复使用量最多的三个构件的总个数占同类构件总个数的比例均不低于50%。平面设计建议采用大开间形式,平面布局灵活分隔,平面的凸凹变化不要过大。

(8)外立面设计应以简洁为原则。

外立面设计应以简洁为原则,不宜有过多的外装饰构件及线脚。同时在简洁中追求完善,在统一中创造多样的美学要求,打造个性化高品质的建筑作品。外围护构件饰面可采用艺术造型面彩色混凝土、清水混凝土、露骨料混凝土、图案混凝土,也可采用涂料、面砖、石材等不同饰面材料展现不同肌理与色彩变化,体现装配式建筑的立面特征,外饰面宜采用一次反打成型工艺。门窗采用标准化部件,门窗框宜采用预装法。预制外墙板的接缝设计应满足结构、热工、防水、防火及建筑装饰等要求,预制外墙板需考虑防雷接地并应预埋好有效接地导体,确保防雷效果。要预先确定预埋窗及扶手栏杆的相关资料。

应协调业主、设计、施工、制备各方之间的关系,并应加强建筑、结构、设备、装修等各专业之间的配合,土建及内装需一体化设计。预制装配式建筑设计应对制作、产品保护、存放、运输及施工提出明确的技术要求。

3. 结构拆分设计原则

装配整体式结构拆分是设计的关键环节。拆分基于多方面因素,如建筑功能性和艺术性、结构合理性、制作运输安装环节的可行性和便利性等。拆分不仅是技术工作,也包含对约束条件的调查和经济分析。拆分应当由建筑、结构、预算、工厂、运输和安装各个环节技术人员协作完成。

建筑外立面的构件拆分原则。建筑外立面构件拆分以建筑艺术和建筑功能需求为主,同时满足结构、制作、运输、施工条件和成本因素。建筑外立面以外部位结构的拆分,主要从结构的合理性、实现的可能性和成本因素考虑。

拆分工作包括:①确定现浇与预制的范围、边界;②确定结构构件在哪个部位拆分;③确定后浇区与预制构件之间的关系,包括相关预制构件的关系,例如,确定楼盖为叠合板,由于叠合板钢筋需要伸到支座中锚固,支座梁相应地也必须有叠合层;④确定构件之间的拆分位置,如柱、梁、墙、板构件的分缝处。

(1)从结构角度考虑拆分。

从结构合理性考虑,拆分原则有如下几点。

①结构拆分应考虑结构的合理性,如四边支承的叠合楼板,板块拆分的方向(板缝)应垂直于长边。

②构件接缝选在应力小的部位。

③高层建筑柱、梁结构体系套筒连接节点应避开塑性铰位置。具体地说,柱、梁结构一层柱脚,最高层柱顶,梁端部和受拉边柱,这些部位不应设计套筒连接部位。日本鹿岛的装配式设计规程特别强调这一点。我国现行行业标准规定装配式建筑一层宜现浇,顶层楼盖现浇,如此可避免柱的塑性铰位置有装配式连接节点。避开梁端塑性铰位置,梁的连接节点不应设在距离梁端 h 范围内(h 为梁高)。

④尽可能统一和减少构件规格。

⑤应当与相邻的相关构件拆分协调一致,如叠合板的拆分与支座梁的拆分需要协调一致。

(2)制作、运输、安装条件对拆分的限制。

从安装效率和便利性考虑,构件越大越好,但必须考虑工厂起重机能力、模台或生产运输限高限宽限重约束、道路路沉限制、施工现场塔式起重机能力限制等。

①重量限制:工厂起重机起重能力(工厂起重机一般为 12~25 t);施工塔式起重机起重能力(施工塔式起重机一般为 10 t 以内);运输车辆限重一般为 20~30 t。此外,还需要了解工厂到现场的道路、桥梁的限重要求等。数量不多的大吨位 PC 构件可以考虑大型汽车起重机,但汽车起重机的起吊高度受到限制。

②尺寸限制:运输超宽限制为 2.2~2.45 m;运输超高限制为 4 m,车体高度

为1.2 m,构件高度在2.8 m以内,如果斜放,可以再高些;有专业运输PC板的低车体车辆,构件高度可以达到3.5 m;运输长度依据车辆不同,最长不超过15 m。还需要调查道路转弯半径、途中隧道或过道电线通信线路的限高等。

③形状限制:一维线性构件和两维平面构件比较容易制作和运输,三维立体构件制作和运输都会麻烦一些。

4. 楼盖拆分范围与原则

(1) 楼盖现浇与预制范围。

装配整体式结构的楼盖宜采用叠合楼盖。结构转换层宜采用现浇楼盖。平面复杂或开洞较大的楼层宜采用现浇楼盖。作为上部结构嵌固部位的地下室楼层宜采用现浇楼盖。高层装配式框架结构顶层楼盖宜现浇。

(2) 楼盖拆分原则。

在板的次要受力方向拆分,板缝应当垂直于板的长边。在板受力小的部位分缝。板的宽度不超过运输超宽的限制和工厂生产线模台宽度的限制。尽可能统一或减少板的规格,宜取相同宽度。有管线穿过的楼板,拆分时须考虑避免与钢筋或桁架筋的冲突。顶棚无吊顶时,板缝应避开灯具、接线盒或吊扇位置。

5. 柱、梁拆分设计原则

装配整体式框架结构地下室与一层宜现浇,与标准层差异大的裙楼也宜现浇,最顶层楼板应现浇。其他楼层结构构件拆分原则如下。

装配式框架结构中预制混凝土构件的拆分位置除宜在构件受力最小的地方拆分和依据套筒的种类、结构弹塑性分析结果(塑性铰位置)来确定外,还应考虑生产能力、道路运输、吊装能力及施工方便等条件。

梁拆分位置可以设置在梁端,也可以设置在梁跨中,拆分位置在梁的端部时纵向钢筋套管连接位置距离柱边宜不小于$1.0h$(h为梁高),应不小于$0.5h$(考虑塑性铰,塑性铰区域内存在套管连接,不利于塑性铰转动)。

柱拆分位置一般设置在楼层标高处,底层柱拆分位置应避开柱脚塑性铰区域,每根预制柱长度可为1层、2层或3层高。

在PC柱、梁结合部位,叠合梁和叠合楼板的叠合层后浇筑混凝土部位的拆分方法为:拆分时,每根预制柱的长度为1层,连接套筒预埋在柱底;梁要按照柱距的1个跨度为单位预制,梁主筋连接通常是在柱距的中心部位进行后浇筑混凝土,钢筋连接方式为注胶套筒连接,也可采用机械套筒连接。

6. 剪力墙拆分设计原则

(1)高层装配整体式剪力墙结构底部加强部位的剪力墙宜采用现浇混凝土。

(2)对于带转换层的装配整体式结构:当采用部分框支剪力墙结构时,底部框支层不宜超过2层,且框支层及相邻上一层应采用现浇结构。部分框支剪力墙以外的结构中,转换梁、转换柱宜现浇。

(3)预制剪力墙宜按建筑开间和进深尺寸划分,高度不宜大于层高;预制墙板的划分还应考虑预制构件制作、运输、吊运、安装的尺寸限制。

(4)预制剪力墙的拆分应符合模数协调原则,优化预制构件的尺寸和形状,减少预制构件的种类。

(5)预制剪力墙的竖向拆分宜在各层层高处进行。

(6)预制剪力墙的水平拆分应保证门窗洞口的完整性,便于部品标准化生产。

(7)预制剪力墙结构最外部转角应采取加强措施,当不满足设计的构造要求时可采用现浇构件。

7. 外墙板拆分设计原则

(1)与主体结构连接点位置的影响。外挂墙板应安装在主体结构构件上,即结构柱、梁、楼板或结构墙体上,墙板拆分受到主体结构布置的约束,必须考虑到实现与主体结构连接的可行性。如果主体结构体系的构件无法满足墙板连接节点的要求,应当引出如"牛腿"类的连接件或次梁、次柱等二次结构体系,以满足建筑功能和艺术效果的要求。

(2)墙板尺寸。外挂墙板最大尺寸一般以一个层高和一个开间为限。欧美国家也有跨两个层高的超大型墙板,但制作和运输都很不方便。

(3)开口墙板的边缘宽度。开口墙板如设置窗户洞口的墙板,洞口边板的有效宽度不宜低于300 mm。

7.2.5 建筑主要设计内容

PC建筑设计是一个有机的过程,"装配式"的概念应当伴随着设计全过程,需要建筑师、结构设计师和其他专业设计师密切合作与互动,需要设计人员与制作厂家和安装施工单位的技术人员密切合作与互动。PC建筑设计是具有高度衔接性、互动性、集合性和精细性的设计过程,还会面对一些新的课题。

1. 设计前期

工程设计尚未开始时，关于装配式的分析就应当先行。设计者首先需要对项目是否适合做装配式进行定量的技术经济分析，对约束条件进行调查，判断是否有条件做装配式建筑，做出结论。

(1) 基本规定。

装配式住宅的安全性能、适用性能、耐久性能、环境性能、经济性能和适老性能等应符合国家现行标准的相关规定。

装配式住宅应在建筑方案设计阶段进行整体技术策划，对技术选型、技术经济可行性和可建造性进行评估，科学合理地确定建造目标与技术实施方案。整体技术策划应包括下列内容：①概念方案和结构选型的确定；②生产部件部品工厂的技术水平和生产能力的评定；③部件部品运输的可行性与经济性分析；④施工组织设计及技术路线的制定；⑤工程造价及经济性的评估；⑥工程材料选择标准。

装配式住宅建筑设计宜采用住宅建筑通用体系，以集成化建造为目标实现部件部品的通用化、设备及管线的规格化。

装配式住宅建筑应符合建筑结构体和建筑内装体的一体化设计要求，其一体化技术集成应包括下列内容：①建筑结构体的系统及技术集成；②建筑内装体的系统及技术集成；③围护结构的系统及技术集成；④设备及管线的系统及技术集成。

装配式住宅建筑设计宜将建筑结构体与建筑内装体、设备管线分离。装配式住宅建筑设计应满足标准化与多样化要求，以少规格多组合的原则进行设计，应包括下列内容：①建造集成体系通用化；②建筑参数模数化和规格化；③套型标准化和系列化；④部件部品定型化和通用化。

装配式住宅建筑设计应遵循模数协调原则，并应符合现行国家标准《建筑模数协调标准》(GB/T 50002—2013)的有关规定。装配式住宅设计除应满足建筑结构体的耐久性要求，还应满足建筑内装体的可变性和适应性要求。装配式住宅建筑设计选择结构体系类型及部件部品种类时，应综合考虑使用功能、生产、施工、运输和经济性等因素。装配式住宅主体部件的设计应满足通用性和安全可靠要求。装配式住宅内装部品应具有通用性和互换性，满足易维护的要求。装配式住宅建筑设计应满足部件生产、运输、存放、吊装施工等生产与施工组织设计的要求。装配式住宅应满足建筑全生命周期要求，应采用节能环保的新技术、新工艺、新材料和新设备。

（2）建筑设计。

①平面与空间。

装配式住宅平面与空间设计应采用标准化与多样化相结合的模块化设计方法，并应符合下列规定：套型基本模块应符合标准化与系列化要求；套型基本模块应满足可变性要求；基本模块应具有部件部品的通用性；基本模块应具有组合的灵活性。

装配式住宅建筑设计应符合建筑全生命周期的空间适应性要求。平面宜简单规整，宜采用大空间布置方式。装配式住宅平面设计宜将用水空间集中布置，并应结合功能和管线要求合理确定厨房和卫生间的位置。装配式住宅设备及管线应集中紧凑布置，宜设置在共用空间部位。装配式住宅形体及其部件的布置应规则，并应符合国家现行标准《建筑抗震设计规范》(GB 50011—2016)(2016年版)的规定。

②模数协调。

装配式住宅建筑设计应通过模数协调实现建筑结构体和建筑内装体之间的整体协调。

装配式住宅建筑设计应采用基本模数或扩大模数，部件部品的设计、生产和安装等应满足尺寸协调的要求。装配式住宅建筑设计应在模数协调的基础上优化部件部品的尺寸和种类，并应确定各部件部品的位置和边界条件。装配式住宅主体部件和内装部品宜采用模数网格定位方法。

装配式住宅的建筑结构体宜采用扩大模数 2 nM、3 nM 模数数列(n 为自然数；M 为基本模数 100 mm)。装配式住宅的建筑内装体宜采用基本模数或分模数，分模数宜为 M/2、M/5。装配式住宅层高和门窗洞口高度宜采用竖向基本模数和竖向扩大模数数列，竖向扩大模数数列宜采用 nM 模数数列。

厨房空间尺寸应符合国家现行标准《住宅厨房及相关设备基本参数》(GB/T 11228—2008)和《住宅厨房模数协调标准》(JGJ/T 262—2012)的规定。卫生间空间尺寸应符合国家现行标准《住宅卫生间功能及尺寸系列》(GB/T 11977—2008)和《住宅卫生间模数协调标准》(JGJ/T 263—2012)的规定。

2. 方案设计阶段

在方案设计阶段，建筑师和结构设计师需根据 PC 建筑的特点和有关规范的规定确定方案。方案设计阶段关于装配式建筑的设计内容包括以下几个方面。

(1)在确定建筑风格、造型、质感时分析判断装配式建筑的影响和实现可能性。例如,PC建筑不适宜造型复杂且没有规律性的立面,无法提供连续的无缝建筑表皮。

(2)立面分析应考虑到立面底部基座及墙屋顶构架的造型复杂,复制率低。

(3)立面设计时应考虑外观造型对建筑使用过程产生的影响,避免建筑常见问题出现(例如门窗造型、挑檐造型)。

(4)平面分析,预制率越高成本越高。项目在预制构件的优先顺序为:预制楼梯、预制阳台板、预制空调板、预制外墙(含预制凸窗)、预制叠合楼板、预制非承重内隔墙等。

(5)在前期方案时,尽量统一构件开洞尺寸,提高构件重复率以此降低模具成本,提高构件生产效率及现场施工效率,进一步缩短工程建设工期。

(6)在确定建筑高度时考虑装配式的影响。

(7)在确定形体时考虑装配式的影响。

(8)一些地方政府在土地招拍挂时设定了预制率的刚性要求,建筑师和结构设计师在方案设计时须考虑如何实现这些要求。

3. 施工图设计阶段

(1)建筑设计。

在施工图设计阶段,建筑设计关于装配式的内容包括:①与结构设计师确定预制范围;②设定建筑模数,确定模数协调原则;③在进行平面布置时考虑装配式的特点与要求;④在进行立面设计时考虑装配式的特点,确定立面拆分原则;⑤依照装配式特点与优势设计表皮造型和质感;⑥进行外围护结构建筑设计时,尽可能实现建筑、结构、保温、装饰一体化;⑦设计外墙预制构件接缝防水防火构造;⑧根据门窗、装饰、厨卫、设备、电源、通信、避雷、管线、防火等专业或环节的要求,进行建筑构造设计和节点设计,与构件设计对接;⑨将各专业对建筑构造的要求汇总。

(2)结构设计。

施工图设计阶段,结构设计关于装配式的内容包括:①与建筑师确定预制范围;②因装配式而附加或变化的作用与作用分析;③对构件接缝处水平抗剪能力进行计算;④因装配式而需要进行的结构加强或改变;⑤因装配式而需要进行的构造设计;⑥依据等同原则和规范确定拆分原则;⑦确定连接方式,设计连接节点,选定连接材料;⑧对夹芯保温构件进行拉结节点布置、外叶板结构设计和拉结件结构计算,选择拉结件;⑨对预制构件承载力和变形进行验算;⑩将建筑和其他专业对预制构件的要求集成到构件制作图中;⑪装配整体式剪力墙结构设计控制预制剪力墙承担的地震倾覆力矩小于结构底部总倾覆力矩的50%。对同一层内既有预制墙又有现浇墙的装配式剪力墙结构,现浇墙的水平地震作用弯矩和剪力乘1.1的放大系数。钢筋套筒及灌浆料分别符合国家现行标准《钢筋连接用灌浆套筒》(JG/T 398—2019)和《钢筋连接用套筒灌浆料》(JG/T 408—2019)的要求。

(3)其他专业设计。

给水、排水、暖通、空调、设备、电气、通信等专业的设计师须将与装配式有关的设计要求,准确定量地提供给建筑师和结构设计师。

(4)拆分设计与构件设计。

结构拆分和构件设计是结构设计的一部分,也是装配式结构设计中非常重要的环节之一,拆分设计人员应当在结构设计师的指导下进行拆分,应当由结构设计师和项目设计单位审核签字,承担设计责任。

拆分设计与构件设计内容包括:①依据规范,按照建筑和结构设计要求和制作、运输、施工的条件,结合制作、施工的便利性和成本因素,进行结构拆分设计。②设计拆分后的连接方式、连接节点、出筋长度、钢筋的锚固和搭接方案等,确定连接件材质和质量要求。③进行拆分后的构件设计,包括形状、尺寸、允许误差等。④对构件进行编号。构件有任何不同,编号都要有区别,每一类构件有唯一的编号。⑤设计预制混凝土构件制作和施工安装阶段需要的脱模、翻转、吊运、安装、定位吊点和临时支撑体系等,定位吊点和支承位置,进行强度、裂缝和变形验算,设计预埋件及其锚固方式。⑥设计预制构件存放、运输的支承点位置,提出存放要求。

(5)其他设计。

装配式混凝土结构建筑的其他设计包括制作工艺设计、模具设计、产品保护设计、运输装车设计和施工工艺设计,由PC构件工厂和施工安装企业负责,其中模具还可能需要专业模具厂家负责或参与设计。

(6)施工图设计阶段。

装配式建筑施工图设计流程见图7.1。

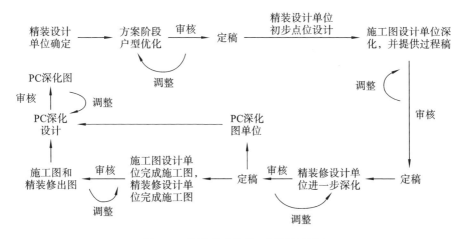

图 7.1 装配式建筑施工图设计流程

7.2.6 设计及管理要点

PC 建筑的设计涉及结构方式的重大变化和各专业各环节的高度契合,对设计深度和精细程度要求较高,到施工时才发现设计出现问题,此时许多构件已经制成,往往会造成较大损失,也可能会延误工期。PC 建筑不能像现浇建筑那样在现场临时修改或砸掉返工,因此必须保证设计精度、细度、深度、完整性,必须保证设计质量。

设计及管理的要点包括以下几个方面。

(1)技术策划。对于预制装配式建筑,技术策划有着不可替代的重要作用,相关设计单位要详细了解建筑项目的外部条件、成本限额、产业化目标、建设规模以及项目定位等内容,提高预制构件的规范化、标准化程序,加强和建设单位的沟通交流,最终确定合适的技术实施方案,为预制装配式建筑设计提供参考和依据。

(2)科学拆分。实现标准化的关键点体现在对构件的科学拆分上。预制构件科学拆分对建筑功能、建筑平立面、结构受力状况、预制构件承载能力、工程造价等都会产生影响。根据功能与受力的不同,构件主要分为垂直构件、水平构件及非受力构件。对构件的拆分主要考虑五个因素:受力合理,制作、运输和吊装的要求,预制构件配筋构造的要求,连接和安装施工的要求及预制构件标准化设计的要求。最终达到"少规格、多组合"的目的。

(3)构件加工图设计。预制构件加工厂和设计单位要加强沟通交流,共同配

合设计预制装配式建筑构件加工图,建筑师可以结合实际的建筑项目需求,向设计单位提供预制构件的类型和尺寸。除了精确定位机电管线和预制构件门窗洞口以外,还应注意预制构件的生产运输过程,需考虑预制装配式建筑施工现场各种固定和临时设施安装孔、吊钩的预埋预留。

(4)预制构件设计。在设计预制构件时,应坚持模数化、标准化的原则,减少使用构件类型的数量,确保构件的精确化和标准化,降低工程造价。对于预制装配式建筑中的降板、异形、开洞等部位,可以采用现浇施工方式,全面考虑当地的构件吊装、运输和加工生产能力,要求预制构件必须具有良好的耐火性和耐久性,预制构件设计应注意成品的安全性、生产可行性和便利性。

(5)构造节点设计。预制装配式建筑结构设计的关键在于优化构造节点设计,预制外墙板的门窗洞口、接缝等防水性不足的材料和构造节点必须满足建筑的装饰、耐久、力学和物理性能,结合所在地区气候和项目实际情况,优化构造节点设计,满足节能和防水要求,采用构造防水和材料防水相结合的方法合理设置预制外墙板垂直缝,结合地震作用、风荷载、热胀冷缩等外界环境因素,设计合适宽度的接缝。

(6)处理连接节点。连接节点处理的重点包括外保温及防水措施。"三明治"式的夹芯外墙板,内侧是混凝土受力层,中间是保温层,外侧是混凝土保护层,通过连接件将内外层混凝土连接成整体,既保证了外墙稳定的保温性能和传热系数,也提高了防火等级。防水措施主要体现在板缝交接处,竖向板缝采用结构防水与材料防水相结合的防水构造,水平板缝采用构造防水与材料防水相结合的防水构造。

(7)BIM全产业链应用。BIM软件可全面检测管线之间及管线与土建之间的所有碰撞问题,并提供给各专业设计人员进行调整,理论上可消除所有管线碰撞问题。将BIM与产业化住宅体系结合,既能提升项目的精细化管理和集约化经营,又能提高资源使用效率、降低成本、提升工程设计与施工质量水平。

(8)设计开始就建立统一协调的设计机制,由富有经验的建筑师和结构设计师负责协调衔接各个专业的设计师。

(9)列出与装配式有关的设计和衔接清单,避免漏项。

(10)列出与装配式有关的设计关键点清单。

(11)制定装配式设计流程。

(12)对不熟悉装配式设计的人员进行培训。

(13)与装配式有关的各个专业应当参与拆分后的构件制作图校审。

(14)落实设计责任。

7.2.7　图纸会审与技术交底

装配式建筑图纸会审与技术交底的内容与现浇建筑有所不同,应注意技术交底内容要点,具体有以下几点。

(1)设计对制作与施工环节的基本要求与重点要求。

(2)制作和施工环节提出设计不明确的地方,由设计方答疑。

(3)装配式混凝土建筑常见质量问题在本项目的预防措施。

(4)装配式混凝土建筑关键质量问题在本项目的预防详细措施。

(5)构件制作与施工过程中重点环节的安全防范措施。

装配式建筑图纸会审与技术交底的内容与现浇建筑有所不同,应注意图纸会审要点,具体有以下几个方面。

(1)拆分图、节点图、构件图是否有原设计单位签章。有些项目的拆分设计图不是原设计单位设计出图,这样的图样及其计算书必须得到原设计单位的复核认可并签章,方可作为有效的设计依据。

(2)审核水电暖通装修专业、制作施工各环节所需要的预埋件、吊点、预理物、预留孔洞是否已经汇集到构件制作图中,吊点设置是否符合作业要求。为避免预埋件遗漏需要各个专业协同工作,通过BIM建模的方式将设计、制作、运输、安装以及之后使用的场景进行模拟;做到全流程的BIM设计与管理,从而有效地避免预埋件的遗漏。如项目不具备BIM建模条件,要求各专业内容交叉对比,防止出现漏项,以免给后期施工造成麻烦。

(3)审核构件和后浇混凝土连接节点处的钢筋、套筒、预埋件、预埋管线与线盒等距离是否过密,距离过密将影响混凝土浇筑与振捣。要求各专业人员优化施工图纸,在满足质量要求和施工规范的前提下,做到便于施工。

(4)审核是否给出了套筒、灌浆料、浆锚搭接成孔方式的明确要求,包括材质、力学、物理性能、工艺性能、规格型号的要求,灌浆作业后不得扰动或负荷的时间要求。

(5)审核夹心保温板的设计是否给出了拉结件材质、布置、锚固方式的明确要求。

(6)审核后浇混凝土的操作空间是否满足作业要求,如钢筋挤压连接操作空间的要求等。

(7)审核是否给出了构件堆放位置、运输支撑点的位置、捆绑吊装的构件捆绑点位置、构件安装后临时支撑位置与拆除时间的要求等。

(8)对于建筑、结构一体化构件,审核是否有节点详图,如门窗固定窗框预埋件是否满足门窗安装要求。可对特殊项目安装做专题方案,保证按图和方案施工。

(9)对制作、施工环节无法或不易实现的设计要求进行研究,提出解决方法。

7.2.8 注意事项

(1)设计不仔细,发现问题就出联系单更改。但安装时才能发现预制构件有问题,此时已经无法更改,会造成很大的经济损失,也会影响工期。

(2)各专业设计"撞车""打架",以往可在施工现场协调。但装配式建筑几乎没有现场协调的机会,所有"撞车""打架"必须在设计阶段解决,这就要求设计必须细致、深入协同。

(3)电源线、通信线等管线、开关、箱槽埋设在混凝土中。发达国家未使用此种方法,预制构件更不能埋设管线箱槽,只能埋设避雷引线。如果不在混凝土中埋设管线,就需要像国外建筑天棚吊顶、地面架空以增加层高,如此设计会增加成本。

(4)习惯用螺栓后锚固办法。而预制构件不主张采用后锚固法,避免在构件上打眼,所有预埋件都在构件制作时埋入。如此,需要建筑、结构、装饰、水暖电气各个专业协同设计,设计好所有细节,将预埋件等埋设物落在预制构件制作图上。

(5)传统现浇建筑误差较大,实际误差以 cm 计。而装配式建筑的误差以 mm 计,连接套筒、伸出钢筋的位置误差必须控制在 2 mm 以内。

(6)砸墙凿洞在装配式建筑上是绝对不允许的,一旦砸到结构连接部位,就可能酿成重大事故。装配式建筑从设计、构件制作、施工安装到交付后装修,都必须事先做好准备,做到精细施工。

(7)BIM 建模是装配式建筑设计过程中解决各专业配合问题的好帮手,可以在设计阶段解决大部分安装过程中可能出现的问题,为建设、施工、监理单位避免现场施工过程出现安装难题。

7.3　装配式建筑全过程工程咨询管理

7.3.1　全过程咨询视角下装配式建筑项目特点

目前,我国政府鼓励装配式建筑项目的推广,装配式建筑在未来建筑市场中将占据较大份额,装配式建筑的不断发展决定了很多业主需要聘请一家综合能力较强的单位来提供咨询服务,为全过程工程咨询应用于装配式建筑提供了契机。为使全过程工程咨询更有效地服务于装配式建筑,应从全过程工程咨询视角出发,对装配式建筑项目特点进行分析。与传统现浇建筑相比,装配式建筑项目特点主要归纳为以下几点。

(1)组织模式原则上采用总承包。我国多项政策文件中提到装配式建筑原则上采用工程总承包模式,目前总承包模式已在装配式建筑中逐步应用。虽然在一定程度上减少了装配式建筑业主合同管理的工作量,但如何规范管理总承包单位成为业主的一大顾虑。

(2)施工方式和施工组织变化。传统现浇建筑主要以现场湿作业施工为主,仅个别构件采用预制,装配化程度较低,现场施工劳动力投入量大;装配式建筑大部分采用设计、工厂预制、车辆运输、构件现场安装的方式,工序更多,产业队伍需经过专业培训,对操作技能要求较高。因此,传统现浇建筑的管理模式已不能满足装配式建筑的需要,专业和全过程的管理模式更有利于装配式建筑的发展。

(3)建设流程不同。装配式建筑与传统现浇建筑在建设流程方面有所不同,参建方也随之发生变化,装配式建筑建设流程可以分为前期策划决策、设计与深化设计、生产制造、构件运输、构件存放、施工安装、运营维护阶段七个环节,每个环节或参建方出现问题都将对项目进度、质量、投资、安全产生影响,这必然会对管理提出新的要求。

(4)增加预制构件质量管理环节。与传统现浇建筑相比,装配式建筑增加了大量的预制构件,预制构件的质量对建筑整体的质量和安全至关重要,因此对预制构件的质量管理环节必不可少。

(5)项目进度管控措施不同。装配式建筑施工方式、施工组织和工艺复杂程度均与现浇建筑不同,因此其进度管控的关键及措施制订与现浇建筑不同。

(6)成本影响因素不同。装配式建筑比现浇建筑增加了多个环节,如预制构件的制作、运输机械及运输路线的选择、施工过程机械及操作人员熟练度、构件存放是否合理等均会对其成本产生影响。

(7)信息化程度要求高。传统现浇建筑与装配式建筑应用信息化的背景不同,装配式建筑特殊的生产方式及施工过程要求较高的精度以及参建方之间有效的信息传递,以实现装配式建筑全过程一体化管理。

装配式建筑的特点决定了其实施全过程工程咨询的要点与传统现浇建筑不同,装配式建筑建设过程各环节及环节之间联系紧密,都会对项目质量、进度、投资等目标产生影响。因此,在实施全过程工程咨询时应关注每个环节的注意要点,结合装配式建筑现阶段咨询情况,总结装配式建筑实施全过程工程咨询各阶段应重点关注的细节,如图7.2所示。

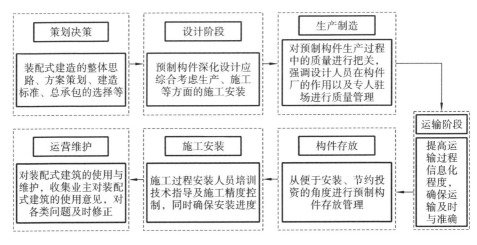

图 7.2 装配式建筑全过程工程咨询各阶段关键点分析

7.3.2 装配式建筑项目实施全过程工程咨询的优势

(1)服务模式灵活,契合业主需求。

装配式建筑原则上采用总承包模式,而总承包模式有多种类型,如图7.3所示。例如,装配式建筑业主采用总承包类型2,其承包范围从初步设计开始,那么全过程工程咨询单位可以协助业主前期决策、协助业主方案设计或设计管理、协助业主过程管理,如果装配式建筑业主采用其他承包类型,全过程工程咨询单位亦可满足业主其他需求。总之,在不同总承包类型下业主可根据项目需求确定全过程咨询服务模式,很好地契合业主的需求,同时也避免了装配式建筑传统单项服务供给模式下咨询单位过多的问题,业主仅需委托一家全过程咨询单位代表其监管总承包单位。

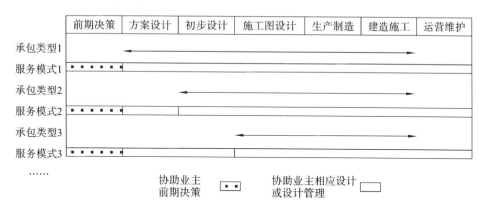

图 7.3 装配式建筑不同总承包类型下全过程咨询模式选择

(2) 贯穿项目全程,提高整体管控水平。

装配式建筑项目在施工方式、施工组织以及建设流程上与传统现浇建筑不同,这就要求其产业链上各个环节有效对接以及生产组织体系的有效整合,全过程工程咨询理念在于对项目的整体管理,其贯穿项目全过程,提供自决策、设计、生产、施工至运营等全寿命周期的各类咨询服务,有利于对装配式建筑各环节的整体管控。

(3) 加强预制构件质量管理。

用于承重结构的预制构件会影响建筑质量与安全,而全过程工程咨询可提供自预制构件生产到施工全过程精细化管理,并通过预判机制识别施工过程中质量安全的危险源,制定预防措施,避免单一服务模式产生的管理疏漏问题。

(4) 确保项目进度。

装配式建筑理论上可以实现提高效率等可持续发展的要求,但在实际施工过程中,因预制构件调度不及时、现场组织不合理、施工人员操作不熟练等问题导致实际进度滞后,全过程工程咨询能够在装配式建筑全寿命周期内监控项目进度,及时采取纠偏措施,进行精确指导。

(5) 便于投资动态管理。

装配式建筑成本较高,这也是制约装配式建筑发展的重要因素之一。影响装配式建筑全寿命周期成本的因素有很多,而全过程工程咨询便于装配式建筑全过程的投资动态管理,从前期决策科学化,到提出设计经济优化建议和设计方案专家论证,再到生产制造和建造施工标准化管理以减少不必要消耗,并通过全过程投资动态分析来实时管控每一环节的成本,确保投资可控。

(6)与 BIM 技术结合。

随着 BIM 技术的发展和逐步应用于工程咨询行业,装配式建筑在实施全过程咨询服务时,可进行全过程模型搭建、决策阶段项目各方案投资收益比选、设计优化和变更管理、预制构件生产信息管理、施工吊装定位、每一环节自动化算量和成本控制等,能够提高咨询水平和质量。

7.3.3　装配式建筑项目实施全过程工程咨询难点与建议

1. 装配式建筑项目实施全过程工程咨询难点

虽然在装配式建筑中实施全过程工程咨询优势明显,但是目前在装配式建筑中推行全过程工程咨询的项目还比较少。因此,寻找装配式建筑实施全过程工程咨询的难点,对在此类项目中实施全过程工程咨询具有重要意义。全过程工程咨询在装配式建筑领域中执行的主要难点如图 7.4 所示。

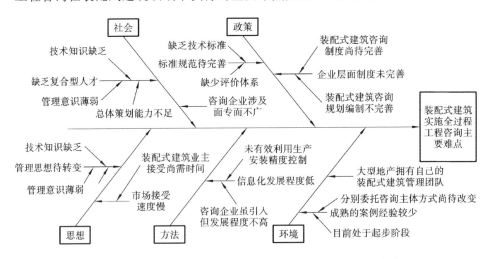

图 7.4　全过程工程咨询在装配式建筑领域中执行的主要难点

(1)政策层面。

自 2017 年全过程工程咨询理念提出后,我国出台了许多全过程工程咨询相关文件要求,在政策上给予鼓励,但对于装配式建筑的全过程工程咨询服务技术标准、组织模式、评价体系等方面缺乏指导性文件;对装配式建筑咨询企业而言,其开展全过程工程咨询时以企业资质范围内的咨询(如项目管理、监理、造价咨询等)简单加和的方式进行,缺乏对装配式建筑全过程工程咨询的具体制度和规划地了解。

(2)社会文化层面。

参与装配式建筑全过程咨询的总项目经理,一方面要掌握装配式建筑各环节专业技术知识;另一方面要熟知全过程咨询流程,当现场发生问题时能够有效协调和准确指导,确保项目建设顺利完成。然而目前多数咨询企业涉及面"专而不广",在装配式建筑总体策划、设计、生产、施工管理等方面的复合型专业人才较少,缺乏系统知识。

(3)思想观念方面。

目前装配式建筑正在逐步推广,全过程工程咨询尚处于试点阶段,而业主适应了装配式建筑以往单一化的咨询方式,接受全过程工程咨询需要一定时间。此外,不管是咨询单位还是装配式建筑业主,在实施全过程工程咨询时都面临着管理思想转变的挑战。一方面,对咨询单位来说,在对装配式建筑由传统的单方面咨询到多元化咨询,需要树立整体性、全局性的思想意识;另一方面,对装配式建筑业主来说,从分别将咨询服务委托不同团队或不委托咨询服务,到把一个项目全过程管控交付给一个团队,需要配合、支持全过程工程咨询单位的工作。

(4)信息化方法。

工业化的进步与发展离不开信息技术的配套服务,装配式建筑作为建筑工业化的代表,在预制构件生产、现场安装过程等方面有严格的精度要求,因而对新技术、信息化手段需求越来越高,而目前我国多数咨询企业虽然已经引入信息化技术,但发展程度不高,影响了装配式建筑全过程工程咨询服务质量。

(5)外部环境。

目前装配式建筑多采用分别委托咨询服务主体的方式,导致各咨询服务主体之间联系松散、信息沟通不畅,而鲜少有装配式建筑在建设过程中采用全过程工程咨询服务,尚未形成成熟的案例经验。通过调研可知,大型房地产企业多拥有自己的装配式建筑管理团队,对聘请全过程工程咨询单位的需求不高。

2.装配式建筑项目实施全过程工程咨询的建议

全过程工程咨询能够很好地契合装配式建筑业主的需求,提升装配式建筑整体管控水平,但是在执行方面也存在标准规范不完善、复合型人才缺乏、信息化程度不高、管理思想待转变、案例经验缺乏等难点。基于此,提出以下几点建议。

(1)加强政府宏观引导,完善装配式建筑咨询组织模式与评价体系。

政府宏观引导对于装配式建筑实施全过程工程咨询具有重要作用。虽然自2017年以来国家大力推行全过程工程咨询,住房和城乡建设部等也发布一系列政策文件以促进全过程工程咨询的实施,但是在装配式建筑建设组织模式方面,除支持总承包模式外,建议鼓励业主委托具有相应资质的全过程工程咨询单位对总承包单位进行管理,形成装配式建筑业主—全过程工程咨询—总承包单位三足鼎立关系。

业主与总承包单位按合同要求办事,业主委托一家全过程工程咨询单位对总承包单位进行监管,可以有效规避装配式建筑传统管理模式咨询单位的众多问题,减少界面矛盾,同时建立装配式建筑全过程咨询服务标准和配套评价体系、收费依据和标准等,装配式建筑业主负责评价、考核全过程工程咨询单位,推动此类项目咨询的标准化开展。此外,装配式建筑业主亦可根据不同需求选择采用全过程管理咨询或全过程的综合性咨询,全过程咨询单位在此基础上编制咨询制度与规划,使之更有效地服务于装配式建筑。

(2)加强对装配式建筑全过程咨询实施组织结构研究,重视咨询人才培养。

应根据装配式建筑的咨询需求分析管理团队构成和组织结构,提出对装配式建筑项目全过程工程咨询总负责人的资格要求。从事装配式建筑咨询的企业应组织管理团队培训以储备专业人才,建议培训从三个维度展开,如图7.5所示。时间维度强调根据装配式建筑不同阶段的特点提供不同层面的服务;知识维度强调对管理人员系统知识的培养,鼓励在装配式技术、管理等方面综合发展;性质维度强调对管理人员装配式建筑咨询各项标准的培训,以确保咨询程序的规范性。

(3)建立基于BIM技术的装配式建筑全过程咨询信息管理平台。

与传统现浇建筑相比,装配式建筑从设计到生产再到安装环节均需要较高的精度,因而在提供全过程工程咨询服务时引入信息技术,将有利于提高装配式建筑质量,提升咨询企业管理水平。目前多数咨询企业虽然已经引入BIM等技术,但是发展程度不高,因此这些企业下一步应加大在信息技术方面的投入力度,建议咨询单位建立基于BIM技术的装配式建筑全过程咨询信息管理平台,如图7.6所示。装配式建筑建设过程中各阶段会产生大量信息,由于其特殊的工艺流程,需要信息之间高效协同,将信息及时导入BIM数据库,BIM数据库通过识别、分析、整合,将有效信息传递给全过程工程咨询单位,全过程工程咨询单位接收信息后,各部门展开相关工作或根据信息对后续咨询工作提前进行策划,

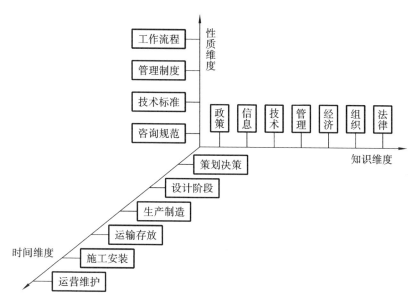

图 7.5　装配式建筑全过程工程咨询人才培养三维结构

并形成咨询成果导入信息管理平台,业主可随时查看项目信息并反馈问题至平台,全过程工程咨询单位通过 BIM 数据库可随时查看问题并进行改进。通过信息管理平台,实现装配式建筑全过程信息集成共享、各阶段重难点精细化管控,提高咨询效率和业主满意度。

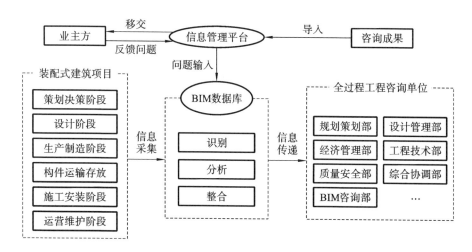

图 7.6　基于 BIM 技术的装配式建筑全过程咨询信息管理平台

(4)转变传统管理思想,积极应对外部不利因素。

以往装配式建筑咨询单位众多、责任相互分离,全过程工程咨询作为一种新型建设组织模式,能够提升装配式建筑整体管控水平,面对案例经验缺乏及市场需求不高的外部环境,建议有能力开展全过程工程咨询的单位主动引导全过程工程咨询在装配式建筑中的市场需求,转变传统管理思想,树立整体性意识,建立基于典型案例的装配式建筑全过程工程咨询实施推进机制,如图7.7所示。以装配式建筑试点项目或政府投资的装配式建筑项目为重点,尽可能灵活地满足业主对项目全过程工程咨询的需求,积累咨询案例经验,通过实际案例展示装配式建筑开展全过程工程咨询的优势,能够加强预制构件质量管理、施工实时进度控制和对投资进行动态管理等,助推全过程工程咨询在此类建筑中实施;同时以点带面,通过示范项目的咨询提高装配式建筑业主认可度乃至社会认知度、引导装配式建筑咨询市场需求,从而支持和拉动装配式建筑全过程工程咨询的实施。

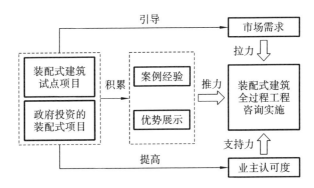

图7.7 基于典型案例的装配式建筑全过程工程咨询实施推进机制

7.3.4 装配式住宅建筑全过程工程咨询管理

此处以某装配式住宅建筑项目为例,结合BIM技术,介绍装配式建筑全过程工程咨询管理要点。

1. 工程概况

以某装配式住宅建筑项目为例,总建筑面积为13万平方米,共有10栋住宅楼组成,住宅楼地上6~18层,地下2层,整体建筑高度为50.7 m。钢结构总量为1.1万吨,楼板结构和上梁结构,全部采用钢筋桁架楼承板,外墙采用多孔砖,内墙为石膏砌块等。全过程工程咨询管控过程主要涉及设计阶段、招标阶段、工程造价阶段、生产阶段、施工阶段、竣工阶段以及运营阶段等。同时,利用BIM技术进行了全过程工程咨询管控,呈现了良好的管控效果。

2. 设计阶段

案例工程中原计划采用DBB模式,将各个参与方依次投入,主要包括业主招标、施工设计单位、确定总承包方以及施工和验收等阶段。然而在该模式下,物流方和施工以及构件厂商难以提前参与设计阶段,导致施工设计阶段和施工后期产生明显差异,影响施工进度和质量。因此,在案例工程中为避免这一问题,选用了BIM技术构建数据参考库、PC构件库,以及完善设备等,为设计阶段的合理性提供保障。

在实际工作中,设计阶段包括以下几个方面。

第一,初步方案设计。其主要包括构件设计和户型设计两个方面,装配式住宅建筑设计前期,需要明确构件类型和数量,再利用BIM技术对装配式住宅建筑工程的外墙、内墙、阳台以及楼梯等区域,进行标准设计。在户型设计过程中,应根据装配式住宅建筑实际情况,对应设计不同样式的户型,充分利用现有资源,通过组合的方式,建立丰富的装配式住宅建筑户型。

第二,构件拆分设计。装配式住宅建筑整体设计结束后,需要对构件进行拆分,选择科学合理的构件装配方式,促使构件装配方式满足装配规范标准。构件拆分过程中应选择合理的构件参数,保证其与装配式住宅建筑项目吊装能力相互契合。案例工程中,通过PKPM-PC软件(装配式建筑设计软件)对构件进行拆分设计,针对剪力墙构件设置对应的参数,减少构件数量,保证构件吊装顺利完成。

第三,在构件深化设计过程中,案例工程主要对碰撞检测以及模型进行优化,利用BIM技术搭建构件模型。并且对构件进行碰撞检测,当检测全部完成后,再使用PKPM-PC软件设置地上梁、剪力墙以及墙柱的参数。

3. 招投标咨询阶段

案例工程招投标咨询过程中,通过BIM技术不仅为招标编制、质量管理、施工进度以及工程计量提供助力。搭建三维装配式住宅建筑模型,促使装配式住宅建筑模型具备可视化的特点,展示装配式住宅建筑项目各个环节和施工效果,并根据搭建的装配式建筑模型计算装配式住宅建筑工程量,提升工程量计算的精准性,为装配式住宅建筑项目工程总造价的控制提供参考数据。将这些数据信息全部融入招投标文件内容中,能够使招投标文件内容更具直观性和精准性。同时,将建模信息与实际工程的信息进行对比,若发现工程量清单与实际工程有所差距,可以对应调整。因此,通过BIM技术不仅能提升数据整合的效率,还可以避免招投标文件中出现失误,为装配式施工单位以及全过程工程咨询企业降低经济损失。

4. 全过程造价咨询

装配式住宅建筑全过程工程咨询应对全过程造价严格管理,在案例工程中为充分满足业主的建设需求,以及实现装配式住宅建筑,全过程工程咨询目标,提升全过程工程咨询企业以及建筑施工企业的经济效益,案例工程中应利用BIM技术对装配式住宅建筑项目生命周期进行全过程造价控制。具体来说,在全过程工程造价咨询管控过程中,工作人员通过BIM技术计算案例工程量清单,提升工程量清单的精准性,使工程整体预算内容能够在短时间内获取,有助于案例工程的各款项能够及时得到高质量结算。根据BIM技术进行自动化计算,能够减少工程造价人员的计算时间,提高工程造价的计算效率。全过程工程咨询中,利用BIM技术可以将工程变更内容融入建筑模型中,BIM模型能够直观反映因工程变更,进而及时发现并分析案例工程中产生的成本变化,提升全过程造价管理效率与质量。

5. 生产阶段

在传统的装配式住宅建筑构件生产过程中,通常先搭建二维平面,再对各个构件进行生产加工。由于二维图纸无法全面地获得数据信息,并且极容易出现错误,导致建筑构件的生产遭受负面影响。为此,案例工程利用BIM技术对建筑项目的相关数据信息进行整合与分析,将分析结果汇总成一个表,并使这些数据信息全部传送给构件生产商。为保证构件生产商的生产效率与生产质量,将BIM技术与物联网技术、全球定位系统(global positioning system,GPS)技术等进行结合,对构件生产商实时跟踪,明确构件生产商生产、出厂以及运输情况,使各个参与方得以及时沟通,有助于参与方明确下一项工作。

针对优化预制构件拆分方面,案例工程中,技术人员将实际工程结构数据作为优化预制构件拆分的基础,秉持着规格少、数目多的应用原则,结合案例工程构件的性能指标、功能,以及现场吊装能力和受力情况等因素,对应调整预制构件的拆分措施,保证预制构件拆分的科学性与合理性。技术人员利用BIM技术软件,保证不改变装配式住宅建筑项目结构的情况下,全面分析构件在各个部分吊装能够承受的能力,以搭建的建筑模型为基础,分别对外墙板构件进行拆分,保证装配式住宅建筑高度保持统一。预制楼板拆分过程中,技术人员应制定完善的预制构件方案,以降低装配式住宅建筑预制楼板拆分模拟成本。生产辅助主要包括模型输出、构件图纸以及材料清单等,技术人员应通过BIM技术,将各个构件模型的应用优势充分体现出来,促使构件清单、碰撞检查等发挥最大作用。装配式住宅建筑中,构件设计、现场安装等环节都可以通过模型辅助,根据三维图纸的尺寸,为构件模型搭建提供数据参考。通过技术软件以及构件生产的基础要求,结合混凝土材料清单,在模型中展现混凝土构件的生产过程,对应选择混凝土数量,以及钢筋的规格、长度和数量等,为后续混凝土搅拌奠定基础。

针对构件的运输阶段,建筑施工单位要按照装配式住宅建筑施工进度,制定对应的构件运输方案。将BIM技术、GPS技术和无线通信技术等进行结合,工作人员可以通过手机客户端精准定位构件运输情况,详细记录和查询构件运输信息,并结合装配式项目的实际情况,实现构件运输线路的科学控制。

6. 施工阶段

装配式住宅建筑全过程工程咨询中,施工阶段作为关键环节之一,应利用BIM技术起到对施工阶段进行高质量的指导的作用。通过BIM技术对装配式住宅建筑工程项目施工现场进行模拟,可实时观察建筑施工场地中材料和加工区域。在搭建脚手架的过程中,应根据现场情况合理设置脚手架的位置,并且要对装配式住宅建筑工程的现场情况进行全面分析与观察,若发现潜在的风险因素,应及时处理,重新规划装配式施工方案,并利用BIM技术对施工方案的合理性进行反复论证。

在案例工程中,一是,针对装配式构件运输和储存以及管理方面,利用BIM技术,在装配式住宅建筑各个环节对预制构件的生产、运输以及存储和现场管理等方面进行管理。在库存管理过程中,将BIM以及射频识别技术(radio frequency identification, RFID)进行有效结合,以提升构件运输和储存管理水平。在装配式住宅建筑施工管理中,通过BIM技术对各个施工环节进行自动化技术验收,促使施工环节符合技术验收标准,降低人工验收带来的误差,避免部分验收人员出现违规验收的情况。施工人员明确装配式住宅构件数据信息后,应利用BIM技术模拟构件安装和储存位置,从而提升装配式构件安装和储存的效率与质量。

二是,在装配式住宅建筑施工综合管理过程中,可以通过BIM技术模拟现场的施工情况和施工全过程,促使施工人员和技术人员明确施工重点和技术重点。若施工环节遇到复杂的构件安装时,需要利用BIM技术对构件的安装进行反复模拟,合理设置构件运输路线,避免构件在运输环节发生损坏。

三是,针对施工流程的优化,可以通过BIM技术搭建3D(three dimensions,指三维、三个维度、三个坐标组成的空间)模型,再结合BIM技术转化为5D模型(即3D模型+时间信息(time)+成本信息(cost),即3D+1D+1D的BIM概念信息模型),使施工人员能够明确现场的能源消耗情况,并针对施工环节不合理的情况,对施工流程进行动态化管理。从而能够在掌握施工流程相关数据信息的同时,对不合理的社会工厂流程进行调整和优化,实现人力资源、资金资源以及材料资源的科学整合。

7. 竣工验收阶段

装配式住宅建筑的竣工验收阶段对于建筑质量的合理把控起到关键的作用,为此,施工单位以及全过程工程资源企业应利用BIM技术搭建装配式住宅建筑工程模型,并利用3D扫描技术,在计算机中呈现3D版的装配式住宅建筑模型。在这一过程中,应检查施工环节的工程模型和施工图纸有无差距,有助于施工单位和全过程工程咨询单位发现装配式住宅建筑工程中的不足。利用BIM技术和3D扫描技术,不仅能提升竣工验收效率,还可以节约竣工验收成本。全过程工程咨询企业通过BIM技术搭建竣工时的实际施工模型,预估实际工程量,减少清算时间。

8. 运营维护阶段

第一,现场设备质量、能源消耗管理过程中,运用BIM技术,可促使装配式住宅建筑具备数字化和信息化的特征,提升与构件生产商对接的效率和质量。在BIM的使用背景下,若在构件运输以及构件安装人员管理过程的某个环节出现质量问题,可及时追究责任。第二,在后期维护管理过程中,利用BIM技术不仅可以提升管理效率,还可以保证装配式住宅建筑施工的规范性。在装修的过程中存在发生火灾的风险,技术人员利用BIM技术可以精准找到火灾发生的位置,并自动启动报警装置,及时制定补救方案。第三,在装配式建筑绿色运行维护过程中,利用 RFID 信息技术可以降低建筑材料的浪费,以及降低能源过度消耗。通过 RFID 信息技术,能够对装配式住宅建筑全过程实时监控,分析建筑模型中所需的材料,并制定对应的解决措施。在建筑材料的拆除过程中,利用 BIM 搭建模型,可以实现各个建筑资源的合理分配及利用,不仅能降低环境污染,还可以节约相关资源。

第8章 全过程工程咨询风险管理

8.1 项目风险管理

8.1.1 风险管理的方法和步骤

1. 风险识别

风险识别是确认有可能会影响项目进展的风险,并记录每个风险所具有的特点。风险识别是风险管理的第一步和基础,同时也是发现、辨认和表述风险的过程,其是在风险事故发生之前,通过运用各种方法系统、连续地认识所面临的各种风险以及分析风险事故发生的潜在原因,包括了解风险环境、分析风险特征、区分风险类别(见图8.1)。

2. 风险量化

风险量化即评估风险和风险之间的相互作用,以便评定项目可能产出结果的范围,也是对风险进行分析,其是系统地运用相关信息来确认风险来源并评估风险,包括发生的概率估计、损失程度(影响)估计,通过数理统计、概率论等风险衡量方法计算量化风险等级。

(1)风险发生概率分析。

风险发生概率是各个风险隐性引发风险事件的可能性,一般采取0~1之间的数值(p)进行标度,数值越小风险发生的可能性越低。在对建设工程项目风险进行概率分析时,应该结合行政法规、行业变化的趋势、社会因素、市场变化规律以及项目本身综合性评估(见表8.1)。

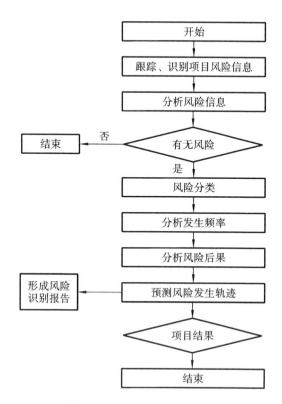

图 8.1　项目风险识别流程图

表 8.1　风险发生概率评判参考标准

等级	定量评判标准	定性评判标准
很高	$0.8 < p \leqslant 1.0$	极有可能发生
较高	$0.6 < p \leqslant 0.8$	很有可能发生
中等	$0.4 < p \leqslant 0.6$	有可能发生
较低	$0.2 < p \leqslant 0.4$	发生的可能性较小
很低	$0 < p \leqslant 0.2$	发生的可能性很小

(2) 风险影响程度评估。

在社会风险评估中,风险影响是指风险一旦发生,对社会稳定性造成负面影响的严重程度,一般用 0~1 之间的数值(q)来标度,数值越小表示严重程度越小,反之越大(见表 8.2)。

表 8.2 风险影响程度评判参考标准

等级	定量评判标准	定性评判标准
严重	$0.8<q\leqslant1.0$	在全国或更大范围内造成负面影响
较大	$0.6<q\leqslant0.8$	在省市范围内造成负面影响
中等	$0.4<q\leqslant0.6$	在当地造成负面影响,短期较难消除
较小	$0.2<q\leqslant0.4$	在当地造成负面影响,可短期消除
微小	$0<q\leqslant0.2$	在当地造成负面影响,宣传解释即可消除

注：在运用这个影响评价标准分析项目建设中风险因素时,可根据风险发生对项目本身的质量、进度、投资的影响程度来分析。

(3)风险程度。

通过分析评估了解风险的发生概率、影响程度后,将两者组合(概率定量值×影响定量值)来评判风险的重要程度,分为重大(0.8以上)、较大(0.4~0.8)、一般(0.2~0.4)、较小(0.1~0.2)、微小(0.1以下)五个等级(见表8.3)。

表 8.3 风险评估汇总表

序号	风险因素	风险发生概率	风险影响程度	风险程度
1	风险因素1	中等(0.5)	较大(0.7)	一般(0.35)
2	风险因素2	较高(0.7)	较大(0.7)	较大(0.49)
3	风险因素3	中等(0.5)	中等(0.5)	一般(0.25)
…	…	…	…	…

在建设项目策划管理中,运用以上分析得出的风险程度数据,形成风险管理表单,为分析对策研究工作和后期风险管控方向提供决策依据,并将较大、重大的风险作为风险对策研究的核心与重点。

3. 风险对策研究

风险对策研究是确定对机会进行选择及对危险做出应对的步骤,是风险决策的过程。其是根据风险估计结果对风险进行分析,确定该风险是可承受还是需要进行处理。决策应采取风险回避、风险控制、风险转移、风险自担等措施中的一种或几种,来合理地分配和控制风险,将风险降到最低程度。

(1)风险回避。风险回避是彻底规避风险的一种做法,即断绝风险的来源。对投资项目决策分析与评价而言,就意味着提出推迟或否决项目的建议。

(2)风险控制。风险控制是针对可控性风险采取的防止风险发生、减少风险损失的对策,也是绝大部分项目主要应用的风险对策。风险控制措施必须针对项目具体情况提出,既可以是项目内部采取的技术措施、工程措施和管理措施等,也可以采取向外分散的方式来降低项目承担的风险。

(3)风险转移。风险转移是试图将项目业主可能面临的风险转移给他人承担,以避免风险损失的一种方法。转移风险有两种方式:第一种是将风险源转移出去,风险源即可能会导致风险后果的因素或条件的来源。第二种是将部分或全部风险损失转移出去,又可细分为保险转移方式和非保险转移方式两种。保险转移方式是采取向保险公司投保的方式将项目风险损失转嫁给保险公司;非保险转移方式是项目前期工作采用较多的风险对策,它将风险损失全部或部分转移给技术转让方。

(4)风险自担。风险自担就是将风险损失留给项目业主自己承担,一般存在以下三种情况:①已知有风险但由于可能获利而需要冒险时,必须保留和承担这种风险(例如,资源开发项目和其他风险投资项目)。②已知有风险,但若采取某种风险措施,其费用支出会大于自担风险的损失时,常常主动自担风险。③风险损失小,发生频率高的风险。

风险对策不是互斥的,实践中常常组合使用。在决策分析与评价中,应结合项目的实际情况,研究并选用相应的风险对策。

实施风险对策研究的目的就是将风险损失降到最低,因此承接上述风险评估的结论应延续到对策研究与结果整理(见表8.4)并及时反馈到投资决策、工程建设的各个方面,据此修改数据或调整方案,进行项目方案的再设计和再策划。对调整后的方案,再次评估分析风险因素后果。

表8.4 风险因素对策分析汇总表

序号	风险因素	风险程度	风险后果分析	风险对策分析结论
1	风险因素1	…	…	…
2	风险因素2	…	…	…
3	风险因素3	…	…	…
…	…	…	…	…

4. 风险对策实施

按照风险决策方案,监控风险发生、处理、消失的过程,包括执行风险管理方案、反馈信息、调整修正、效果评价。即跟踪已识别的风险,按风险控制对策实施风险控制,并分析记录实施过程消减风险的效果、出现的新风险因素,反馈后再次进行风险识别、评估,调整实施新的风险处置措施。这样循环往复,形成风险管理过程的动态性、闭环性(见图8.2)。

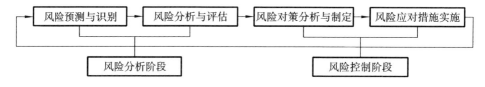

图 8.2　项目风险管理流程图

8.1.2　建筑工程项目风险特点与风险管理目标

随着我国经济水平的发展,建筑行业在建设体量、建设要求上也在不断提高,数千万甚至数亿的大型、特大型项目越来越多,项目的投资额巨大、建设周期长、参建单位多、施工技术复杂、施工难度大,对经济、技术、生态环境、国民经济和社会发展的影响存在较多不确定性因素,在项目建设全生命周期的各个阶段、各个环节都存在风险管理的需求。

1. 建筑工程项目风险特点分析

(1)风险事件发生的概率大。建筑工程的风险因素多,风险事件发生的概率高。这些风险事件一旦发生会带来相当严重的后果。

(2)特别性。建筑工程由于类型独特,决定了其风险事件各有不同之处。即使是同类型的工程,由于各方面的因素也有很大的差别(如施工场地狭窄、施工单位的管理水平及工人素质的差异),其工程的风险也是不同的。所以,建设工程的风险具有特别性。

(3)烦琐复杂性。建筑工程项目的风险事件多,其相互关联、关系复杂又互相影响,决定了建筑工程项目风险的烦琐复杂性,无形中也增加了建筑工程项目风险识别的难度。

(4)各方风险不同。建筑工程项目参建各方均存在一定的工程风险,但各方的风险不尽相同。

2. 建筑工程项目风险管理的目标

建筑工程项目风险管理的目标有以下四个:①合理控制投资成本,使决算投资不超过概算投资,实现项目投资效益目标;②减少内部环节对项目的干扰,保证项目按计划实施,实际工期不超过计划工期;③实际质量满足合同要求;④建设过程无重大安全事故。

建筑工程项目风险涉及投资风险、进度风险、质量风险和安全风险,有时它们是相互关联、相互作用的。从风险产生的原因考虑,将建筑工程项目的风险因素分为自然风险、社会风险、政治风险、经济风险、技术风险五大类,运用分析识别、风险评估、风险对策研究和对策实施动态、闭环风险管控方法,建立合理可行的风险管控措施和管理架构,实现项目增值目标(见图8.3)。

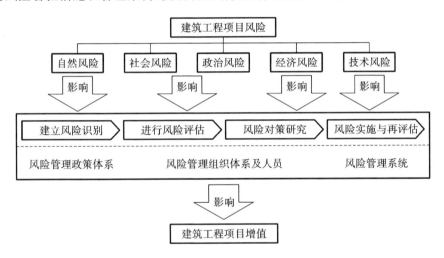

图8.3 项目风险管理目标

8.2 建筑工程项目风险管控内容及措施

8.2.1 参建单位在风险管控中的参与程度

建筑工程因其建设周期持续时间长、参建单位多,所涉及的风险因素多,风险发生时影响面广,但影响程度不同。政治、社会、经济、自然、技术等各方面的风险因素产生的风险事件都会不同程度地作用于建筑工程,产生错综复杂的影响。其中,不乏某些风险因素和风险事件的发生概率很大,往往还造成比较严重的影响。

工程风险管理就是通过风险识别、风险分析与评估、风险决策以及通过多种管理方法、技术手段对项目涉及的工程风险进行有效的控制,是贯穿建筑工程全生命周期的、系统的、完整的过程,需要建设单位、全过程工程咨询单位、施工单位等参加单位共同参与完成(见图8.4)。工程风险管理采取主动控制的方法,扩大风险事件造成的有利后果,减少风险事故造成的不利后果,以最少的成本保证安全、可靠地实现工程项目的总目标。

		投资决策阶段			工程建设阶段							运营维护阶段
		建议书	可研	立项	初勘	初设	详勘	施工图设计	招标采购	施工准备	施工	竣工验收	竣工交付	
建设单位														
全过程工程咨询单位	项目管理													
	勘察													
	设计													
	招标代理													
	造价咨询													
	工程监理													
施工单位														
检测鉴定单位														

图 8.4 参建单位风险管理参与程度

8.2.2 建筑工程风险管控框架建立

建设项目有着不同于其他项目风险管理的侧重点,从项目投资主体来说,建设项目有政府投资方、银行贷款方、国有企业的不同建设主体;从建设项目的发包模式来说,存在有代表性的 EPC、DBB 等不同的发包模式。因项目主体变化、承发包模式变化,项目建设过程中利益相关者对项目建设的支持度、风险因素发生时的影响程度、风险承受能力不尽相同。然而,无论是何种投资主体、承发包模式,建筑工程的质量、进度、投资、安全管控目标方向是不会变化的。因而,在建筑工程风险管控框架策划时,可以将程序合规性风险管理单列,其他以风险因素发生时对质量、进度、投资、安全的影响为脉络,从法律法规(政治因素)、政策规范(社会因素)、市场变化(经济因素)、不可抗力(自然因素)和技术因素来考虑,更加直观、更加贴近管控目标,也便于操作。

因风险管理覆盖建筑工程全生命周期,其本身所覆盖的内容较多,规模较小、业态单一的建筑工程可以将全生命周期全目标的风险管控编制在一张表单中(见表8.5),利于分析各阶段、各风险因素的相互影响性和关联性,有利于风险管理效果。

表8.5 建筑工程风险管控框架表

风险因素		风险识别				风险重要程度	风险对策	风险分配方案			风险对策实施	
		质量风险	进度风险	投资风险	安全风险			发包方	咨询方	承包方	实际情况记录	对策调整建议
政治因素	项目决策											
	工程建设阶段	勘察设计										
		招标采购										
		施工建造										
		竣工验收										
	项目运营阶段											
社会因素												
经济因素												
自然因素												
技术因素												

但对于大型综合群体建筑来说,更要考虑分解管理,但应注意以下方面。

(1)以建筑工程的阶段来划分风险管控界面,要重点考虑风险因素发生时的纵向影响幅度。也就是说,在本阶段的新增风险因素必须考虑风险影响是否辐射到下一阶段。本阶段非新增风险因素,首先应关注该风险在上一阶段的影响和风险对策实施情况,判断是否需要进行风险再评估和风险对策调整;其次要考虑风险因素在下一阶段的影响力度。这样才能形成一个完整的风险管理链条。

如线上投资的风险管控,在项目决策阶段的投资估算中,若不考虑人为因素导致的风险因素,影响投资估算的风险因素会有政策性变化导致决策方案调整、市场因素导致投资估算变化等。对这两个风险因素评估,市场因素风险发生概率较大,在投资估算中也会考虑正常市场变化下的影响程度和应对措施。到工程建设期概算或预算控制阶段,若遇到不可预测的市场变化情况,原有的风险对策已无法最大限度地消除风险带来的负面影响,这种状态下就应该重新评估市场风险因素、调整风险对策,同时预判市场风险应对措施在施工期的可执行力度。

(2)以建筑工程的管控目标来划分风险控制界面,则应该考虑风险发生时的横向影响幅度。结合以上纵向影响分析可以发现,就是风险在质量、进度、投资、安全之间的相互影响。设计变更是项目质量风险管理中发生概率最大的风险因素,设计变更风险因素发生在质量管控上可能是往有利的方向发展。但可能在投资风险管控中往不利的方向发展。这种状态下进行风险对策分析时,必须同时兼顾两方面的风险影响,权衡轻重,先确定项目风险管理的主线,再拟订分析应对的措施。同时在实施中必须动态监管,及时评估风险影响、纠正偏差、调整风险应对措施。

8.2.3 各阶段风险管理关注重点

1. 投资决策阶段

投资决策阶段包含投资机会分析、工程建设前期决策分析、项目建议书、项目可行性研究报告及立项审查,是建设项目的性质、用途、基本内容、建设规模、建设水准、总体功能及构成等总体性目标决策的阶段,是建设工程的基础阶段,也是项目顺利进行的重要保证。

在投资决策阶段,风险管理的关注重点如下:①对项目投资及工期预估不合理;②建设单位决策不科学,论证不完善,造成投资计划和建设方案问题频出;③建设周期及顺序违背自然规律,前期工作不充分;④建设单位自行编制项目建议书,缺乏专业团队,投资匡算偏差大;⑤决策变化导致重要环节返工;⑥忽略建设场地选址前相关咨询工作的重要性与必要性;⑦经审批后的可行性研究报告随意修改和变更;⑧"三超"项目("三超"指决算超预算、预算超概算、概算超估算);⑨忽略工程设计方案编制方法与深度;⑩违章建筑;⑪对有利于项目建设的新技术接纳度不高;⑫缺乏项目前期策划,投资指标水平与市场失衡,导致投资失败;⑬不重视投资决策阶段的投资估算(如,投资估算误差大,不满足项目决策需要;人为因素造成投资估算不真实;缺乏前期投资估算计价依据);⑭建设项目经济评价与现实不符;⑮建设项目用地合规性;⑯投资决策期项目建议书、可研报告等合规报批。

2. 工程建设阶段

工程建设阶段包含了勘察设计、招标采购、工程施工及竣工验收多个子阶段,是项目建设重要实施阶段,也是投资方需求的体现和落地阶段。该阶段涉及的专业任务多、参建单位多,它们站在不同的立场、不同的需求、不同的观点上,是索赔风险的高发阶段。

全过程工程咨询服务作为总管控者,对内、对外应关注以下风险:①勘察设计成果文件存在质量问题,导致变更、索赔;②施工图设计文件审查发现问题,延误进度;③随意压缩勘察设计的工作时限,造成的设计质量事故;④对勘察设计文件管控力度不够,导致设计任务书存在缺陷,引发索赔;⑤设计文件未能真实地满足建设单位的需求;⑥未经勘察设计同意,擅自修改勘察设计成果文件;⑦勘察设计专业未参加工程质量事故分析,或对勘察设计质量事故未及时给予处理措施;⑧设计方案品质超投资估算,未进行设计方案比选、设计优化,造成成本增加;⑨未进行限额设计或限额设计指标确定不合理;⑩市场调研不充分,技术标准确定不合理;⑪建设单位对工程建设阶段投资控制不重视,造成投资失控;⑫风险防控措施与前期拟订的风险应对措施不匹配;⑬建设工程规划许可、施工许可、销售许可等办理不及时导致的索赔等;⑭建设单位急于使用或提前使用导致索赔事项。

3. 项目运维阶段

项目运维阶段是投资方完成项目建设,实现投资回报和社会效益的阶段。运维阶段在项目建设全生命周期中是一个相对独立的阶段,同时对于项目全生命周期成本而言,占据着较大比重的维护维修费用。

在项目前期则应该关注以下风险控制点:①交付标准与交付实体的一致性;②市场变化、时间差异对决策阶段的运维目标导致的影响;③重大设备试运行、交付不充分导致的影响。

第 9 章 全过程工程咨询项目常用分析方法

9.1 系统分析法

9.1.1 系统分析的概念

系统分析就是对系统进行定性分析和定量分析、评价与综合,以便加深认识,查明系统同环境的相互关系、相互影响与作用,以及动态深化过程。从整体上把握系统的功能、行为与演变趋势,实现或改进系统的功能或行为,提出达到目的、实现目标、满足要求的多种可行方案或策略,供决策者选择。

"系统分析法"包含两种含义。一是在分析问题时,应将其视为系统,在这个情况下,"系统分析法"与"系统分析"同义。二是系统分析使用的某些方法。

系统分析是众多现代咨询方法的基础。系统分析蕴含的世界观和方法论有助于咨询人员避免片面孤立地思考或判断问题。

系统分析是咨询研究最基本的方法之一,可以把复杂的咨询项目看作一个系统工程,通过系统目标分析、系统要素分析、系统环境分析、系统资源分析和系统管理分析,可以准确地诊断问题,深刻地揭示问题的起因,有效地提出解决方案以满足客户的需求。

在项目决策之前,要对项目进行充分的系统分析,如明确项目的目标和价值准则,提出可行性研究方案或其备选方案,并对照一定的标准,帮助委托人在复杂的环境中做出正确地选择。

9.1.2 系统分析法的步骤

系统分析法的具体步骤包括:限定问题、确定目标、调查研究和收集数据、提出备选方案和评价标准、备选方案评估、提出最可行方案。

(1) 限定问题。

所谓问题,是现实情况与计划目标或理想状态之间的差距。系统分析的核心内容有两个:其一是进行"诊断",即找出问题及其原因;其二是"开处方",即提出解决问题的可行性方案。所谓限定问题,就是要明确问题的本质或特性、问题存在范围和影响程度、问题产生的时间和环境、问题的症状和原因等。限定问题是系统分析中关键的一步,如果"诊断"出错,以后开的"处方"就不可能对症下药。在限定问题时,要注意区别症状和问题,探讨问题原因不能先入为主,同时要判别哪些是局部问题,哪些是整体问题,问题的最后确定应该在调查研究之后。

(2) 确定目标。

系统分析目标应该根据客户的要求和对需要解决问题的理解加以确定,应尽量通过指标表示,以便进行定量分析。对不能定量描述的目标也应该尽量用文字说明清楚,以便进行定性分析和评价系统分析的成效。

(3) 调查研究和收集数据。

调查研究和收集数据应该围绕问题起因进行,一方面要验证限定问题阶段形成的假设,另一方面要探讨产生问题的根本原因,为下一步提出解决问题的备选方案做准备。调查研究常用的方式有四种,即阅读文件资料、访谈、观察和调查。收集的数据和信息包括事实、见解和态度。要对数据和信息去伪存真、交叉核实,保证真实性和准确性。

(4) 提出备选方案和评价标准。

深入调查研究,使真正有待解决的问题得以最终确定、产生问题的主要原因得到明确,在此基础上就可以有针对性地提出解决问题的备选方案。备选方案是解决问题和达到咨询目标可供选择的建议或设计,应提出两种以上的备选方案,以便提供进一步评估和筛选。为了对备选方案进行评估,要根据问题的性质和客户具备的条件,提出约束条件或评价标准,供下一步应用。

(5) 备选方案评估。

根据上述约束条件或评价标准,对解决问题备选方案进行评估。评估应该是综合性的,不仅要考虑技术因素,还要考虑社会经济等因素。评估小组的成员应该有一定代表性,除咨询项目组成员外,也要吸收客户组织的代表参与,根据评估结果确定最可行方案。

(6) 提出最可行方案。

最可行方案并不一定是最佳方案,它是在约束条件之内,根据评价标准筛选出的最现实可行的方案。如果客户满意,则系统分析达到目标;如果客户不满意,则要与客户协商调整约束条件或评价标准,甚至重新限定问题,开始新一轮系统分析,直到客户满意为止。

9.2　对比分析法

9.2.1　对比分析法概述

对比是把两个相反、相对的事物或同一事物相反、相对的两个方面放在一起,用比较的方法加以描述或说明,也叫对照或比较。文学中运用对比,能把好与坏、善与恶、美与丑这样的对立揭示出来,给人们以深刻的印象和启示。

对比分析法也叫比较分析法,是通过实际数与基数的对比来提示实际数与基数之间的差异,借以了解经济活动的成绩和问题的一种分析方法。

对比分析法在全过程工程咨询的各个阶段运用最为普遍,比如在前期决策阶段建与不建进行对比、在这里建与在那里建进行对比;在方案设计阶段,存在多方案对比,价值最优对比;招标阶段择优选择中标人,选择 A 与选择 B 的对比;施工阶段是否变更对比,变更方案之间的对比,变更方案费用对比;竣工结算阶段,审核金额与送审金额对比,审核报告里的审核明细对比;运维阶段经济最优对比,现金流对比。

9.2.2　对比分析法在项目各阶段的运用

全过程工程咨询常用的对比分析法主要有以下几种:前后对比与有无对比、横向对比、规制对比、标准对比、方案比选。

(1)决策阶段的对比分析法运用。

在前期决策阶段,通过对比分析法,识别并计算项目及建成后的费用和收益,并将其与无此项目时的情况作对比。将其差值视为投资该项目的资金带来的净收益增量,也可能是关乎民生大计方面的显著变化,不一定跟经济直接相关。这种方法是对比"有"与"无"的差别。

(2)方案阶段的对比分析法运用。

方案比选是设计阶段选择最优方案的最常用工程咨询方法,所有拟建项目在方案设计阶段都应该提出一个到若干个可行方案供业主选择。包括场地平面布置、平面之间的关系、外立面效果、室外管网景观布局、工艺技术、投资效益、融资成本、后期建设风险等方案,经过多方案评审,最终选出最佳方案。

(3)招投标阶段的对比分析法运用。

对比分析法贯穿招投标阶段的全过程,从资格预审开始,投标报价分析、清标分析、定标分析都运用了对比分析法,其具体包括以下几个方面:①总价及各个分部造价的汇总对比。②主要分项及主要单价的汇总对比。③主要措施费项目和其他项目报价的汇总对比。④招标文件所要求的其他要素的汇总分析。⑤计算误差分析。⑥商务报价与施工方案及技术措施的对应情况分析。

(4)施工阶段的对比分析法运用。

施工阶段的对比分析法主要是运用在变更对比、是否变更对比、变更方案之间的对比、变更方案费用的对比、材料核价对比、材料品牌选择对比、选择不同品牌材料的效果对比、选择同品牌不同供应商的价格对比、进度支付对比、本期进度支付与往期对比、本期支付与合同金额对比、本期支付与上期支付对比、本年度支付与上次支付比例及金额的对比。

(5)竣工结算阶段的对比分析法运用。

竣工结算阶段的对比分析法主要用于审核金额与送审金额对比、审核报告中审核明细的对比、本次结算与往期同类项目经济指标对比。

在同一地区,如果单位工程的用途、结构和建造标准都一样,其工程造价应该基本相似。因此在总结分析结算资料的基础上,找出同类工程造价及工料消耗的规律性,整理出用途不同、结构形式不同、地区不同的工程单方造价指标、工料消耗指标。然后,根据这些指标对审核对象进行分析对比,从中找出不符合投资规律的分部分项工程,针对这些子目进行重点计算,找出其差异较大的原因。

常用的分析方法有如下几种。①单方造价指标法:通过对同类项目的每平方米造价的对比,可直接反映出造价的准确性;②分部工程比例:基础、砖石、混凝土及钢筋混凝土、门窗、围护结构等占定额直接费的比例;③专业投资比例:土建、给排水、采暖通风、电气照明等各专业占总造价的比例;④工料消耗指标:对主要材料每平方米耗用量的分析,如钢材、木材、水泥、砂、石、人工等主要工料的单方消耗指标。

通过以上对比分析法,可以较准确地审核项目结算造价,把项目结算控制在合理准确的范围内。

(6)运维阶段的对比分析法运用。

运维阶段是否运用BIM技术,是否运用互联网技术,运维是用自有团队还是外聘团队等都可以运用对比分析法加以分析，得出最佳运维方案。比如综合管廊工程，是否运用机器人进行检修，运用机器人检修的成本与不用机器人检修的成本之差额，运用机器人检查的安全因素对比、效率因素对比等。

9.2.3 前后对比与有无对比的比较

工程咨询人员在评价项目时，无法分清有无对比与前后对比之间的差别，不能正确评价项目的真正贡献。下文以某工厂建设为例进行分析说明。

前后对比，就是比较同一事物（如某工厂）不同时间点状态（如该厂更新改造前与更新改造后的产量）的差异和变化。有无对比，就是对比上项目的投入产出与不上项目的投入产出之比。其有两种比较方法：一是先逐年比较"有项目"与"无项目"的产出，计算两者之差；再逐年比较"有项目"与"无项目"的投入，计算两者之差；然后再逐年将二者的产出差额同二者的投入差额比较。二是先逐年算出"有项目"与"无项目"各自的产出与投入差额，然后再比较两种情况下每年的净产出。

很明显，有无对比要在项目实施与项目建成的设施投入运营后的每一个时点上，与无项目情况下可能会有状态的对比。

"有项目"与"无项目"的每年产出之差与投入之差，分别叫作"产出增量"和"投入增量"，或者叫作"边际产出"和"边际投入"。

从微观经济学的角度看，有无对比是一种离散型边际分析，边际分析是微观经济学非常重要的基本方法。按边际分析差别准则，当边际产出不小于边际投入时，"有项目"才是合理的。

9.3 综合评价法

9.3.1 综合评价法概述

1. 综合评价法的种类

综合评价是指运用多个指标对参评对象的不同方面进行评价，然后按照分类、排序或综合各单方面评价结论，得出整体结论。综合评价是多因素评价，更重视将各单因素评价及结果综合成整体。

综合评价法的基本思想是将多个指标转化为一个能够反映综合情况的指标进行评价。

现代综合评价方法包括主成分分析法、数据包络分析法、模糊评价法等。

(1)主成分分析法。主成分分析是多元统计分析的一个分支。它是将其分量相关的原随机向量,借助于一个正交变换,转化成其分量不相关的新随机向量,并以方差作为信息量的测度,对新随机向量进行降维处理。再通过构造适当的价值函数,进一步做系统转化。

(2)数据包络分析法(data envelopment analysis,DEA)。DEA 法不仅可对同一类型各决策单元的相对有效性做出评价与排序,而且还可进一步分析各决策单元非 DEA 有效的原因及其改进方向,从而为决策者提供重要的管理决策信息。

(3)模糊评价法。模糊评价法奠基于模糊数学,它不仅可对评价对象按综合分值的大小进行评价和排序,而且还可根据模糊评价集上的值,按最大隶属度原则去评定对象的等级。

2. 综合评价法的特点

综合评价法的特点表现为:①评价过程不是逐个指标顺次完成的,而是通过一些特殊方法将多个指标的评价同时完成;②在综合评价过程中,一般要根据指标的重要性进行加权处理;③评价结果不再是具有具体含义的统计指标,而是以指数或分值表示参评单位综合状况的排序。

3. 综合评价法的要素

构成综合评价的主要要素有以下几个。

(1)评价者。评价者可以是某个人或某个团体。评价目的的给定、评价指标的建立、评价模型的选择、权重系数的确定都与评价者有关。因此,评价者在评价过程中的作用是不可轻视的。

(2)被评价对象。随着综合评价技术理论与实践活动的开展,评价的领域也从最初的各行各业经济统计综合评价拓展到后来的技术水平、生活质量、小康水平、社会发展、环境质量、竞争能力、综合国力、绩效考评等方面。

(3)评价指标。评价指标体系是从多个视角和层次反映特定评价客体的数量规模与数量水平。它是一个"具体—抽象—具体"的辩证逻辑思维过程,是人们对现象总体数量特征的认识逐步深化、求精、完善、系统化的过程。

(4)权重系数。相对于某种评价目的来说,评价指标的相对重要性是不同的。权重系数确定的合理与否,关系到综合评价结果的可信程度。

(5)综合评价模型。所谓多指标综合评价,就是指通过一定的数学模型将多个评价指标值合成为一个整体性的综合评价值。

4. 综合评价法的步骤

首先,确定综合评价指标体系,这是综合评价的基础和依据。其次,收集数据,并对不同计量单位的指标数据进行同度量处理。然后,确定指标体系中各指标的权重,以保证评价的科学性;并对处理后的指标进行汇总,计算出综合评价指数或综合评价分值。最后,根据评价指数或分值对参评单位进行排序,并由此得出结论。

5. 综合评价法的常用方法

综合评价的方法有很多,亦有定性与定量之分。

(1)定性评价。当评价对象某些方面难以计量或缺乏数据时,常需要借助有经验或专业人士的帮助,给予合理、满足要求的评价;亦可用专家打分法、层次分析法(analytic hierarchy process,AHP)等。

(2)定量评价。当评价对象可计量且有数据可用时,便可利用模型算出评价对象的某些数量指标、参数,并按预算的准则,将评价对象分类、排序进行整体评价。

综合评价,经常将定性评价与定量评价结合起来,互相补充、互相结合,使评价结果合乎要求。综合评价法中有的用于确定加权系数(如 AHP);有的不经过单因素评价,直接给出综合评价结果(如 DEA、多目标线性规划等);还有的方法将多目标评价化为单目标评价(如目标规划、逼近于理想的排序法(technique for order preference by similarity to an ideal solution,TOPSIS)等)。将综合评价化为单目标评价,常用各种衡量差异大小的尺度(例如欧式空间距离、闵可夫斯基空间距离、经济学中的效用函数等)进行处理,然后再按多元函数极值问题求解。

9.3.2 综合评价法在招投标中的运用

在建设工程招投标中,目前常采用两种招标的评分办法:最低价中标法和综合评价法。很显然,采用最低价中标法的结果很难让人满意,给后期施工索赔、结算纠纷留下了很大空间,而综合评价法能有效解决这一问题。

综合评价法是当评价指标无法用统一的量纲进行分析时采用的一种评分方法。它是按照不同指标的评价标准对各评价指标进行评分,然后采用加权相加求得总分。其中商务标所占的比重一般为60%～70%,技术标所占的比重一般为30%～40%。

综合评分法制定的顺序如图9.1所示。

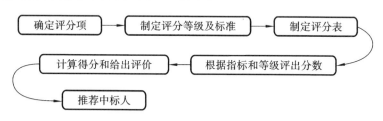

图9.1 综合评分法制定顺序

技术标评审内容包括:对招标项目的认识,对关键施工技术、工艺、工程项目的重点难点进行分析,对人力保障、资金保障、组织保障、企业综合业绩、类似项目业绩、获奖情况等进行阐述。

商务标评审内容包括:一是要选定标底价(或以所有报价的平均值为基准价,或以去掉最高价和最低价之后的平均价为基准价);二是以最低价为基准价,投标报价每高于合理基准价1%的扣2分,以此类推,不足1%用内插法计算,由此计算出商务标得分。

由此看出,在综合评价法中,不仅注重企业的投标报价,更加注重业绩、信誉、奖项、组织保障、财务保障等,使工程更加注重质量、工期、安全,减少索赔风险,降低实际结算费用。

9.4 逻辑框架法

9.4.1 逻辑框架法的概念

逻辑框架法(LFA)是由美国国际开发总署(U. S. agency for international development,USAID)在1970年开发并使用的一种集设计、计划和评价于一体的方法。目前有三分之二的国际组织把它作为援助项目的计划、管理和评价方法。

逻辑框架法是用框架表达问题与结论,以便系统而合逻辑地表明项目的目标层次及其之间的关系,分析、建立、监测项目的影响因素。逻辑框架法广泛应用于全过程工程咨询项目的前期决策阶段、规划设计阶段,实施过程用于监督与评价。

9.4.2 逻辑框架法矩阵

逻辑框架法从确定待解决的核心问题入手,向上逐级展开,得到其影响及后果,向下逐层推演,找到问题出现的原因,得到所谓的"问题树"。将问题树进行转换,即将问题树描述的因果关系转换为相应的手段——目标关系,得到所谓的"目标树"。目标树得到之后,进一步的工作要通过"规划矩阵"来完成。

逻辑框架的基本结构是一个4×4的矩阵,用来表示逻辑框架分析的结果。矩阵自下而上的四行分别代表项目的投入、产出、目的和目标四个层次;自左而右四列则分别为各层次目标文字叙述、定量化指标、指标的验证方法和实现该目标的必要外部条件。目标树对应于规划矩阵的第一列,进一步分析填满其他列后,可以使分析者对项目的全貌有一个非常清晰的认识。

逻辑框架法依赖于假设,但假设是逻辑框架法的薄弱环节,因为假设的条件是不可控制的。逻辑框架矩阵的基本结构见表9.1。

表9.1 逻辑框架矩阵的基本结构

层次纲要	客观验证指标	验证方法	假定外部条件
目标/影响	目标指标	监测和监督手段及方法	实现目标的主要条件
目的/作用	目的指标	监测和监督手段及方法	实现目的的主要条件
产出/结果	产出物定量指标	监测和监督手段及方法	实现产出的主要条件
投入/措施	投入物定量指标	监测和监督手段及方法	落实投入的主要条件

9.4.3 逻辑框架法在项目各阶段的应用

逻辑框架法可用于项目的多个阶段,具体如下所述。①在项目的识别阶段,主要用于判别项目是否与国家、地区或行业发展战略相适应;②在项目可行性研究与评估阶段,主要用于编制具有适宜目标、可度量的结果、风险管理策略和明确管理责任的项目计划;③在项目实施阶段,用作合同管理、运行各阶段工作计划与监督的工具;④在项目后评价与竣工结算阶段,用作监督、回顾和评价项目的手段与工具。

9.4.4 逻辑框架法的目标层次

逻辑框架汇总了项目实施活动的全部要素,并按宏观目标、具体目标、产出成果和投入的层次归纳了投资项目的目标及其因果关系。

项目的宏观目标即宏观计划、规划、政策和方针等所指向的目标,该目标可通过几个方面的因素来实现。宏观目标是指国家、地区、部门或投资组织的整体目标,一般超越了项目的范畴。这个层次目标的确定和指标的选择一般由国家或行业部门选定,一般要与国家发展目标相联系,并符合国家产业政策、行业规划等的要求。

具体目标也叫直接目标,是指项目的直接效果,是项目立项的重要依据,一般应考虑项目为受益目标群体带来的效果,主要是社会和经济方面的成果和作用。这个层次的目标由项目实施机构和独立的评价机构来确定,目标的实现由项目本身的因素来确定。

这里的"产出"是指项目"干了些什么",即项目的建设内容或投入的产出物。一般要提供可计量的直接结果,要直截了当地指出项目所完成的实际工程,或改善机构制度、政策法规等。在分析时应注意,在产出过程中项目可能会提供的一些服务和就业机会,往往不是产出而是项目的目的或目标。

投入和活动层次是指项目的实施过程及内容,主要包括资源和时间等的投入。

9.4.5 逻辑框架法的逻辑关系

逻辑框架在设计阶段应做到:项目初步目标清楚,对项目内容与范围的描述清楚,目标清楚且可度量,各层次和最终目标之间的联系清楚,项目成功与否有测量尺度,项目主要内容、计划和设计时的主要假设、检查项目进度的方法、项目实施所用的资源等项目均有交代。

逻辑框架矩阵分为垂直逻辑关系和水平逻辑关系两种。

1. 垂直逻辑关系

上述各层次的主要区别是,项目宏观目标的实现往往由多个项目的具体目标所构成,而一个具体目标的取得往往需要该项目完成多项具体的投入和产出活动。这样,四个层次的要素就自下而上构成了三个相互连接的逻辑关系。

第一级是如果保证一定的资源投入,并加以管理,则预计有怎样的产出;第二级是如果项目的产出活动能够顺利进行,并确保外部条件能够落实,则预计能取得怎样的具体目标;第三级是项目的具体目标对整个地区乃至整个国家更高层次宏观目标的贡献关联性。这种逻辑关系在LFA中称为"垂直逻辑",可用来阐述各层次的目标内容及其上下层次间的因果关系。

2. 水平逻辑关系

水平逻辑分析的目的是通过主要验证指标和验证方法来衡量一个项目的资源和成果。与垂直逻辑中的每个层次目标对应,水平逻辑对各层次的结果加以具体说明,由验证指标、验证方法和重要的假设条件所构成,形成了LFA的4×4的逻辑框架。

在项目的水平逻辑关系中,还有一个重要的逻辑关系就是重要假设条件与不同目标层次之间的关系,主要内容是:一旦前提条件得到满足,项目活动便可以开始;一旦项目活动开展,所需的重要假设也得到了保证,便应取得相应的产出成果;一旦这些产出成果实现,同水平的重要假设得到保证,便可以实现项目的直接目标;一旦项目的直接目标得到实现,同水平的重要假设得到保证,项目的直接目标便可以为项目的宏观目标做出应有的贡献。

对于一个理想的项目策划方案,以因果关系为核心,很容易推导出项目实施的必要条件和充分条件。项目不同目标层次间的因果关系可以推导出实现目标所需要的必要条件,这就是项目的内部逻辑关系。而充分条件则是各目标层次的外部条件,这是项目的外部逻辑。把项目的层次目标(必要条件)和项目的外部制约(充分条件)结合起来,就可以得出清晰的项目概念和设计思路。

总之,逻辑框架分析方法不仅是一个分析程序,更重要的是一种帮助思维的模式。通过明确的总体思维,把与项目运作相关的重要关系集中加以分析,以确定"谁"在为"谁"干"什么""什么时间""为什么"以及"怎么干"。虽然编制逻辑框架是一件比较困难和费时的工作,但是对于项目决策者、管理者和评价者来讲,可以事先明确项目应该达到的具体目标和实现的宏观目标,以及可以用来鉴别其成果的手段,对项目的计划和实施具有很大的帮助。

9.4.6 逻辑框架法在项目后评价中的运用分析

通过应用逻辑框架法来确立项目目标层次间的逻辑关系,用以分析项目的效率、效果、影响和可持续性。

(1)项目的效率评价主要反映项目投入与产出的关系,即反映项目把投入转换为产出的程度,也反映项目管理的水平。

(2)项目的效果评价主要反映项目的产出对项目目的和目标的贡献程度。

(3)项目的影响分析主要反映项目目的与最终目标间的关系,评价项目对当地社区的影响和非项目因素对当地社区的影响。

(4)项目可持续性分析主要通过项目产出、效果、影响的关联性,找出影响项目持续发展的主要因素,并区别内部因素和外部条件,提出相应的措施和建议。

逻辑框架法可以帮助后评价人员理清项目建设过程中的因果关系、目标与手段关系、外部条件制约关系。当逻辑框架法的 4×4 矩阵各项内容都填满时,可使后评价人员对项目的全貌有一个清晰的认识,从而对后评价工作的顺利进行十分有益。

第 10 章 基于"1＋N"项目思维的全过程工程咨询管理模式

10.1 相关概念及模型概述

10.1.1 "1＋N"项目思维模式概念

1. 国家政策发布的"1＋N"项目思维模式

在 2019 年国家发展改革委、住房和城乡建设部发布的《关于推进全过程工程咨询服务发展的指导意见》(发改投资规〔2019〕515 号)中指出要大力推进全过程工程咨询服务。促进全过程工程咨询服务的多样化、市场环境的规范化,为了实现建筑业集约型经济增长方式,促进组织方式的变革,适应新时代的发展需要,政府大力支持和鼓励咨询单位在推进全过程工程咨询过程中创新服务模式,为投资者或建设单位提供多元化的服务。该文件的发布为"1＋N"咨询模式的出现和发展奠定了一定的政策基础。

吉林省住房和城乡建设厅在 2021 年发布的《关于印发〈吉林省推进房屋建筑和市政基础设施工程全过程咨询服务的实施意见〉的通知》(吉建联发〔2021〕16 号)中阐述了关于全过程咨询的相关内容,指出要大力倡议各单位运用全过程工程咨询模式,以项目管理为基础,以咨询服务为支撑,不断地同其他各项相关服务相结合,不断扩大业务规模,提升服务质量,这种工程咨询模式又称为"1＋N"模式,其中"1"代表项目管理,这是开展工程咨询服务的必选项,"N"代表不断附加在项目管理服务之上,对于投资决策咨询、招标代理、勘察设计、造价、监理等的各项补充。一般认为 N 应该大于或等于 2,且设计或监理二者至少其中一个包含在内。

2. 专家学者定义的"1＋N"项目思维模式

尹贻林教授对于全过程工程咨询进行了深入的研究,在对服务模式的探索中，提出了"1+N"的全过程工程咨询服务模式，他认为"1"代表负责对项目全过程进行全面管理的咨询单位所应负责的工作内容，"N"代表在工作中无须进行项目管理的，也就是"1"以外的专项业务单位负责的工作内容。其团队在研究过程中提出了总咨询师的概念，总咨询师在具体的工程咨询服务中担任"1"的工作，在全过程工程咨询项目中，负责统领、协调其他N个单位，安排各阶段工作任务并对各个流程、文件等进行审核。

王甦雅、钟晖在文章中也提到"1+N"的项目管理思维的概念，认为"1"代表全过程一体化项目管理，"N"是项目管理+专业咨询，专业咨询范围涵盖面较广，包括投资咨询、勘察设计、造价咨询、监理、招标代理等各个阶段的专业咨询等。"1+N"项目思维的提出，实际上也是对全过程阶段进行整合以及集成化管理，因此进行项目管理的全面的整合和各专业咨询阶段的集约化管理在一定程度上可以助力全过程工程咨询的发展。

王晶晶和王慧娇认为在全过程工程咨询服务"1+N"模式中，企业核心业务工作承担"1"的角色，也可以是项目管理承担"1"的任务，"N"就分别是该企业需要联合其他专业公司的短板业务和其他专项业务。

褚得成在文章中指出全过程工程咨询服务的"1+N"模式中，"1"代表项目管理、服务范围（包括投资决策）等全过程工程咨询中的阶段，"N"代表一项或多项（包含勘察设计、工程监理、造价咨询等）独立专项服务。

吴小丽在文章中提出"1+1+N"模式的全过程工程建设项目管理组织架构，建立"1"个核心（即建设单位）、"1"个中心（即全过程工程咨询单位）、"N"个其他参建单位（包括招标代理、勘察设计、监理、施工等单位）为基本重心点的项目建设一体化管理团队。

皮德江在文章中指出"1+N"模式中，"1"指的是受业主委托和授权的咨询机构，承担业主方项目管理工作，没有明确规定特定某类咨询单位，而是具备项目管理能力的监理、造价、设计单位等均可承担"1"的工作，"N"是通过招标选定的专项咨询业务。

综上所述，各个专家、学者对于"1+N"项目思维模式的想法不尽相同，但可以认为"1+N"项目模式就是由"1+N"项目思维形成的一种全过程工程咨询管理模式，其中"1"是指负责主导全过程工程咨询企业开展的项目管理咨询工作，一般由总咨询师负责此部分工作，"N"代表其他（包括勘测设计、监理等）专项咨询工作，用"1"协调"N"。各阶段业务工作渗透整个过程，比如设计管理工作，它就不仅仅只负责管理设计阶段，而是在决策阶段开始负责项目投资机会研究、意向形成等工作;在施工阶段负责设计交底、现场设计配合服务以及设计变更等工作;在收尾阶段负责竣工验收、设计回访等工作,所以这要求全过程工程咨询单位协调好各单位之间的工作以及对接。

10.1.2 理论模型

1. 霍尔模型

霍尔模型是美国系统工程师霍尔(A. D. Hall)等在对系统工程的结构和形式进行了大量实践研究后提出的能够解决大规模且具有复杂结构工程的一种以基本方法论为基础的管理思想方法,而不是以某项自成体系的技术为基础的、霍尔三维结构一般是通过定性分析和定量分析手段获得的最佳解决方案。它利用三个维度进行分析。①时间维:描述了项目生命周期中从开始到结束的一系列活动的时间节点;②逻辑维:处理问题的过程和步骤;③知识维:学科知识或技术等,涵盖各类知识。霍尔模型是系统工程分析的方法,从三个维度描述了在复杂系统分析与设计中在不同阶段所采用的步骤和所涉及的知识,也是集成化管理系统分析与设计中的主要方法,模型如图10.1所示。

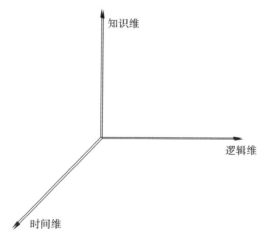

图10.1 霍尔三维模型

(1)时间维。

霍尔模型的时间维是工程在开展过程中,规划项目各阶段进程的时间轴。时间维将系统工程分为七个阶段,其中依据现行国家政策和标准、阶段性环境因素和项目发展战略目标而开展的工作阶段称为规划阶段;根据规划阶段进行方案设计的过程称为设计阶段;分析阶段是指拟定出较为详细的工作计划;运筹阶段主要是指运筹各种资源等;制定出具体的运行计划,依据计划开展运行称为运行阶段;针对运行中出现的各种问题不断更新和改进的过程称为更新阶段。在工程项目中时间维可以表示整个寿命周期,包含决策、设计、实施、运营维护等整个项目实施周期。

(2)逻辑维。

逻辑维将系统工程分为七个步骤,分别是阐明问题、系统设计、系统综合、模型化、最优化、决策和实施,是按照递进的思维逻辑进行的工作步骤。将逻辑维与时间维二者结合,组成一个二维矩阵,表10.1所展示的就是这个系统工程的活动矩阵。其中 a_{ij} 表示在活动矩阵中的某个时间阶段进行某项工作步骤,表示具体活动内容,从规划阶段开始,每个阶段实际上也包含了阐明问题、系统设计、系统综合、模型化、最优化、决策、实施的整个过程,模块与模块之间各自独立又相互关联,通过不断地反复、优化和更新促进每个阶段的活动或工作任务能够不断升级进而使其达到最优。例如,a_{41} 表示在运筹阶段阐明问题,a_{66} 表示在运行阶段进行决策。

表 10.1 系统工程形态学及其活动矩阵

逻辑维	1	2	3	4	5	6	7
时间维	阐明问题	系统设计	系统综合	模型化	最优化	决策	实施
1 规划阶段	a_{11}	a_{12}	a_{13}	a_{14}	a_{15}	a_{16}	a_{17}
2 设计阶段	a_{21}	a_{22}	a_{23}	a_{24}	a_{25}	a_{26}	a_{27}
3 分析阶段	a_{31}	a_{32}	a_{33}	a_{34}	a_{35}	a_{36}	a_{37}
4 运筹阶段	a_{41}	a_{42}	a_{43}	a_{44}	a_{45}	a_{46}	a_{47}
5 实施阶段	a_{51}	a_{52}	a_{53}	a_{54}	a_{55}	a_{56}	a_{57}
6 运行阶段	a_{61}	a_{62}	a_{63}	a_{64}	a_{65}	a_{66}	a_{67}
7 更新阶段	a_{71}	a_{72}	a_{73}	a_{74}	a_{75}	a_{76}	a_{77}

(3)知识维。

在时间维和逻辑维组成的二维矩阵基础上,为确保项目管理工作顺利完成,要借助知识维中的各种专业知识和实践技能来保证项目顺利开展。知识维中包含了项目开展过程中所涉及的不同学科、不同门类的相关知识,无论是交叉学科还是专业学科,都在深度和广度方面为项目开展提供扎实的理论支撑。在知识维中,要综合运用,使得知识和技术相互融合、相互补充。

在这个系统过程中,要运用一定的管理手段和方法使得各个阶段确定的管理内容和管理目标得以实现,它们彼此联系,是一个有机整体。霍尔模型从三个维度考虑,更全面、更立体、更高效地保证了项目开展的进程,在工程实践中,霍尔模型还起到了让项目执行者针对当前工程进展进行自检的作用。霍尔模型结构清晰,方便查出缺漏工作,可以在实际工程中起到提醒作用,即在进行到某个阶段该进行哪项工作。同时霍尔模型还起到了统领全局的作用,使时间、资源得到合理安排。在大型工程项目中,霍尔模型经常被采用,针对这些投资大、技术复杂的工程,霍尔模型可以发挥其优势,避免发生决策上的失误和因计划不周带来的困难。

2. 工作分解结构模型

工作分解结构(work breakdown structure,WBS),其工作原理就如同因式分解,通过逐层分解项目对象,直到将项目范围内规定的所有工作逐一分解为不能再分解的易于管理的独立活动。应用WBS进行独立对象分解可以从空间位置、项目实施过程和功能三个方面进行。结合建设工程项目,一般运用WBS方法会将项目从纵向和横向进行分解,纵向和横向交叉形成WBS矩阵,其中纵向是分解整个工程,横向是分解某个阶段的活动。在决策阶段主要是利用WBS将功能进行分解,在实施阶段主要利用WBS工具将过程进行分解。具体分解步骤是将建设项目分解为每一阶段任务,再将阶段任务分解为每一部分工作,最后将工作划分为具体的活动。工作分解结构针对建设工程项目可以对具体活动的费用、进度、质量进行控制。

WBS各元素之间存在集合关系,现假设集合代表一个完整的建设工程项目,$S=\{A,B,\cdots\}$,A、B为全生命周期中的子项目,$A=\{a_1,a_2,\cdots,a_n\}$,其中a_1,$a_2,\cdots,a_n$为集合中的元素。同理$B=\{b_1,b_2,\cdots,b_n\}$,其中$b_1,b_2,\cdots,b_n$为集合中的元素,WBS满足以下几个原则。

(1)对所分解的工作,应确保工程项目在各个层次上内容完整,分解后的工作包括工程项目所有工作,即上层任务的内容等于下层所有任务的总和。为保证工作不遗漏,需要不断地进行完整性检查。

(2)在WBS中每项任务或工作只出现一次,两两相交为空集,即$A \cap B = \varnothing$,$a_i \cap a_j = \varnothing (i=\{1,2,3,\cdots,n\},j=\{1,2,3,\cdots,n\},i \neq j)$。

(3)设立项目单一责任人,即每个元素:$a_1,a_2,\cdots,a_n,b_1,b_2,\cdots,b_n$都只任命一个负责人。若某项工作必须由多人共同负责,无法再细化分解时,则按规定划分各自责任界限,能够确保任务命令顺利传达。

(4)分解后的工作须符合实际操作需要。从各个工作任务的时间和分工的角度来说,时间长短适中、分工合理,在计划和控制的层面可以保证各部分工作能在规定的时间内完成。

(5)确保各层分解方法一致,比如某层 A 和 B 按要素分解,则 $a_1,a_2,\cdots,a_n$,$b_1,b_2,\cdots,b_n$ 都代表要素。确保 WBS 的一致性,一致性可保证高效开展计划,保证针对过程中的相关探讨进行有效的沟通,确保项目参与的各方都能及时准确地理解 WBS 中的工作范围和职责。

10.2 全过程工程咨询推进中存在的问题

10.2.1 全过程工程咨询服务组织模式尚不成熟

我国自 2017 年开始逐步推行全过程工程咨询,目前全过程工程咨询相对国外而言正处于起步阶段。宏观上,针对全过程工程咨询,国务院、住房和城乡建设部以及各省市已经发布了政策文件,咨询体系也日渐成熟。但各地区在具体实践过程中,对于各部门政策的解读以及应用难以落实到位,各企业还维持原有的传统工程咨询体系,没有形成新的、成熟的全过程工程咨询服务模式。目前,我国的工程咨询公司很难独立承担建设项目咨询的全部阶段,无论是前文提到的全过程工程咨询管理型模式还是全过程工程咨询一体化协同管理模式在成立初期都可在自己公司能力范围内承担工作,并寻找合作者负责范围外的相应工作。而在重组的过程中,虽有一定的改变,但是在实际应用中仍以原有的组织模式为主,多个业务阶段进行组合时,往往会出现工程咨询项目组织结构方面简单叠加的情况;在管理层面上,由于各个阶段的管理层次过多,因此在执行命令时出现多重指令,导致项目团队信息传递存在障碍,没有形成成熟的全过程工程咨询组织结构,使得工程项目工作效率不高,反而会在全过程工程咨询过程中出现"1+1<2"的现象。

10.2.2 工程咨询服务集成性不足

目前我国传统的工程咨询模式已经成熟,体系也已经健全,建设项目的业务流程被划分为若干阶段且具有各自的体系,但是对于全过程工程咨询模式和体系探索仍需进一步完善。通常各阶段专业技术人员利用传统工程咨询业务模式的经验去进行全过程工程咨询,虽然在形式上有一定的改变,但是从本质上来说,管理模式没有改变,仍是运用传统的工程咨询思维和方式,各个业务阶段仍是割裂的,只是传统业务的叠加,各个工作流程都是割裂状态,不具备集成性,则与传统工程咨询无异,没有打破咨询行业传统壁垒,不能发挥出全过程工程咨询的优势。

10.2.3　各阶段目标不统一

在传统工程咨询中就存在目标不统一的问题,在采取全过程工程咨询后,仍没有妥善解决该问题。新组建的全过程工程咨询团队来自各个阶段的不同公司,由于各阶段的工作仍由原单位负责,因此工作人员只注重当前阶段的工作目标,而不注重总目标,往往出现各阶段为了达成属于自己责任范围内的阶段目标而不顾总目标的情况,导致全过程工程咨询服务的主要目标没有得到有效落实。

10.3　构建"1＋N"项目思维下全过程工程咨询三维系统模型

10.3.1　构建"1＋N"全过程工程咨询三维系统模型

为了全面提升全过程工程咨询管理水平,完善管理模式,解决在推进全过程工程咨询的过程中出现的问题,使全过程工程咨询各参与方能够提升工作效率,达到科学的管理目标。此处以霍尔模型作为理论基础,从时间维、逻辑维、知识维三个维度出发,建立了全过程工程咨询三维系统模型。时间维衍生为全过程工程咨询的过程集成,逻辑维对应组织集成,知识维定义为目标集成,并运用WBS工具将三个维度进行逐一分解,构建"1＋N"全过程工程咨询模式管理框架结构,进而建立"1＋N"全过程工程咨询理论模式框架。

1. 知识维(目标集成)

知识维主要反映了全过程工程咨询中应具备的基础理论知识和解决问题的方法体系。根据全过程工程咨询的定义总结其特点,无论是牵头单位还是其他单位的专业技术人员都应该具备技术、经济、管理方面的综合知识能力。在全过程工程咨询三维系统模型中知识维不只是指综合知识与能力更是对应目标的集成。

由于新的咨询团队由不同企业各参与方组建,而且分别在不同阶段进行工作,因此各参与方为了各自工作目标的达成以及目标效益最大化可能与业主总目标不一致,影响总目标的达成。为了解决这个问题,全过程工程咨询知识维需要确定项目建设总目标和分目标,组织、协调项目各参与方的工作,使得各参与方可以互相通力合作,在完成总目标的前提下,保证各阶段分目标的实现。在全过程工程咨询中包括进度目标、投资目标、质量目标、安全目标等多目标要素集成的总目标,保证目标集成。

在构建全过程工程咨询三维模型过程中,首先,利用 WBS 工作方法细化建设工程项目总目标,分解出不同层次的分目标。其次,对各目标以及要素进行深入剖析,找出它们之间存在的联系,并确定影响目标实现的重要因素,使各目标之间保持均衡性和合理性,也为全过程工程咨询的目标管理奠定基础。基于 WBS 工具的目标集成管理模型如图 10.2 所示。

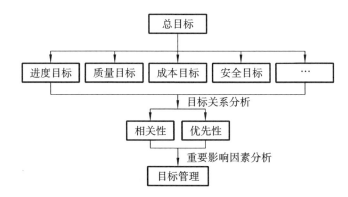

图 10.2 基于 WBS 工具的目标集成管理模型

2. 时间维(过程集成)

在霍尔三维模型中时间维包含七个阶段,结合工程项目的性质特点,将时间维重新定义为建设工程项目按照时间的顺序进行的全过程阶段,包含决策阶段、设计阶段、施工阶段以及运营维护阶段。而全过程工程咨询是涉及两个或两个以上阶段的业务咨询,所以构建全过程工程咨询三维系统模型的时间维需要结合实际工程案例确定。在全寿命周期内,要将工作进程与时间维结合起来,合理规划时间,安排好每个阶段的工作以及将重点放在交接工作处,加强各个阶段之间的联系,高效进行工作交接,保证每个阶段工作能够顺利推进,使得质量、进度、投资等达到最优,提供综合性的咨询服务。

在时间维度运用WBS工具,对全过程工程项目整个寿命周期各阶段工作进程进行分解,使得各阶段内容细化,对于三维模型的建立也更精准。图10.3为基于WBS工具的过程集成管理。

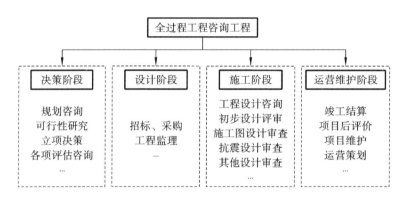

图10.3 基于WBS工具的过程集成管理

3. 逻辑维(组织集成)

逻辑维是在时间维的顺序下,从逻辑维度出发,可以合理安排相应工作人员以及对应的工作任务。并且将各个专业阶段进行重新整合,以实现项目阶段目标和总目标。新的组织集成结构可以使各参建单位高效完成各项工作。

结合WBS以及组织分解结构(organizational breakdown structure,OBS),对全过程工程咨询进行组织分解,OBS与WBS相比较具有类似的基本分解原理,是从WBS工具派生出的侧重对组织管理进行分解的结构,因而从逻辑维度考虑时,不仅要运用WBS对管理内容进行分解,还要在此基础上,结合OBS进行组织分解。基于WBS-OBS工具的组织管理如图10.4所示。

运用WBS工具将全过程工程咨询从三个维度分解后,绘制三维结构模型,图10.5即是全过程工程咨询三维结构模型。该模型从三个维度出发,能够清晰明确地表达建设工程项目中"时间维、逻辑维、知识维"三者的逻辑关系,运用系统工程的思想对全过程工程咨询进行全面研究。通过全过程工程咨询三维结构模型,可以清楚地了解建设工程项目正在进行的阶段、所在的组织步骤和相应的理论技术,有利于认识和解决具体的问题,推动全过程工程咨询的发展。

第10章 基于"1+N"项目思维的全过程工程咨询管理模式

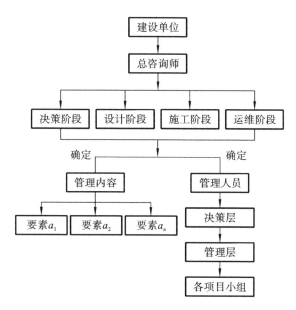

图 10.4 基于 WBS-OBS 工具的组织管理

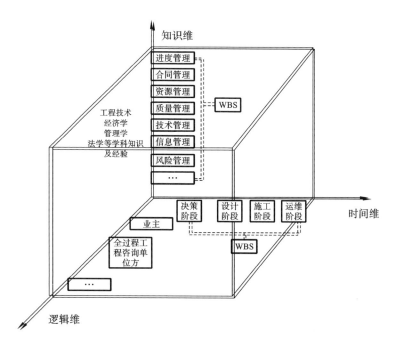

图 10.5 全过程工程咨询三维结构模型

10.3.2 全过程工程咨询各阶段分析

1. 全过程工程咨询决策阶段

在全过程工程咨询决策阶段需总体规划项目全生命周期的全部阶段,具有战略部署的作用,重点验证项目建设的合理性,决定项目是否可行,是全过程工程咨询整个全生命周期中的重要阶段。决策阶段提供了项目策划、可行性研究报告、可研评估、项目申请报告等,使业主方及利益相关方达到目标需求。决策阶段模型从三个维度出发,具体如下所述。

(1)知识维(工作目标)。

在决策阶段要考虑的工作目标主要包括投资目标、功能目标、规模目标、市场目标等。综合考虑包括经济、社会等各种因素,为项目提供整体战略以及决策(主要包括判断项目的可行性、项目规划、投资估算、风险分析等),判断工程建设项目的合理性(在技术上是否可行、经济是否合理、是否对社会产生影响及是否符合国民经济增长需要以及行业和地区的规划要求)。决策阶段对项目来说起到统筹规划的作用。

(2)时间维(工作进程)。

时间维对应全过程各个阶段的工作进程,在决策阶段主要是指前期工作的分配和管理,为下一步工作任务做铺垫。决策阶段主要包括规划咨询、项目投资机会研究、项目策划、立项咨询、评估咨询、项目实施策划报告编制、报批报建和证照办理等。

(3)逻辑维(参与主体)。

"1+N"项目思维中"1"代表项目管理,"N"代表各阶段专业服务。结合三维模型中逻辑维,则表示对应各阶段的参与主体,"1"代表流程管理,"N"代表在决策阶段 N 个实施单位的 N 项业务,包括项目建议书、可行性研究报告、可研评估、环境影响评估、节能评估、社会稳定风险评估等各项管理工作。所以与工作任务对应的逻辑主体包括政府和相关审批单位、业主、全过程工程咨询单位、各运营单位等。

全过程工程咨询单位首先需要考虑投资人建设意图,明确业主的建设目标以完成项目策划,运用技术、经济、管理等方面的跨领域知识对项目进行全方面解析,并编制项目建议书和可行性研究报告,为项目决策提供依据。项目建议书作为决策阶段的首要工作,需要进行多方位全面考察,衡量项目建设的必要性、评价其国民经济的影响程度、识别并分析存在的风险因素,从整体对项目进行评价,并为建设工程项目是否可行提供参考依据。

全过程工程咨询单位中牵头的机构应当负责好"1"的部分,在此阶段应该承担好流程管理工作,协调"N"个专业咨询单位完成"N"项专业咨询服务,编制好决策阶段所需完成的相应文件,并在此阶段初步审核编制完成的文件。在决策阶段,项目建议书和可行性研究是该阶段的核心内容,为项目决策提供科学、合理的建议,因此重点关注这两部分的内容。其中可行性研究报告阶段,总咨询师应保证该项目正确遵守并应用政策法规,重点关注和审查建设项目规模与投资问题。各阶段的专业咨询单位需要负责好评估报告和可行性研究报告的编写,协助总咨询师确定项目规模并进行投资估算等工作。

2. 全过程工程咨询设计阶段

在决策阶段确定项目的可行性等一系列工作之后,就进入全过程工程咨询设计阶段,在全过程工程咨询中,设计阶段实际上是对决策阶段成果的延续,它贯穿于整个全过程工程咨询实施过程,包括项目投资机会的探究、可行性研究、建设选址、项目评估等分析决策过程。在设计阶段将进一步收集资料和调查研究,并分析业主的目标及需求,为业主提供设计方案并提出相应的专业咨询意见,为项目建设奠定基础。设计阶段模型从三个维度出发,具体如下所述。

(1)知识维(工作目标)。

知识维对应于工作目标,设计阶段在全寿命周期中具有举足轻重的作用,直接影响前期的项目决策和后期的工程项目实施,因此在设计阶段必须满足建设单位对于建设工程项目的总体需求,确保实现质量、投资、进度等的目标。

(2)时间维(工作进程)。

在全过程工程咨询设计阶段中,工作进程主要涉及设计准备、方案设计、初步设计、施工图设计以及会审、送审报批等工作阶段。此阶段工作重点在于过程管理,随着工作进程的推进,对与设计相关的活动进行计划、协调、管控,从而实现工作目标。

(3)逻辑维(参与主体)。

结合"1+N"项目思维全过程工程咨询模式,"1"代表项目管理,主要包括流程管理、目标管理,"N"代表设计阶段N个实施单位的N项专业服务,所以在这里逻辑维可以代表各参与方主体,主要包括勘察设计单位、全过程工程咨询单位、业主等。

在设计阶段的设计咨询的主要工作包括:设计任务书的编制以及各类专业设计咨询。在决策阶段了解业主的意图后,在设计阶段更要深入挖掘投资人对项目的建设意图,才能在设计方案评价与优化阶段中提出最优方案。在设计阶段全过程工程咨询单位中总咨询师依然担负起"1"的职责,全面做好设计阶段的过程管理、目标管理,沟通协调使得设计质量、投资和进度控制得到保障,为后续施工阶段提供强有力的保障。

3. 全过程工程咨询施工阶段

施工阶段是建设项目中最核心的环节,是能否实现项目目标的关键,在此阶段施工单位按照设计图纸及相关施工规范,并在保证施工质量目标的前提下于最短工期内完成工程的各项施工任务。此阶段工作更为复杂,这要求全过程工程咨询单位做好项目管理工作,组织、协调各方,明确责任分工及业务关系,稳步推进施工阶段工作的顺利进行,施工阶段模型从三个维度出发,具体内容如下所述。

(1)知识维(工作目标)。

知识维对应于工作目标,在施工阶段主要是根据设计阶段的方案进行建设项目的施工,完成业主的项目投资目标,保证每个时间节点都能完成进度目标,最终达到如期竣工。在保证进度目标的前提下还必须考虑质量目标、安全目标,以及协助业主完成竣工验收、移交等工作,实现竣工移交目标。

(2)时间维(工作进程)。

在施工阶段主要是对此阶段工作任务的分配和监督管理,与工作进程匹配,具体工作进程包括土方工程、深基础工程、砌体工程、混凝土结构工程、安装工程以及竣工验收和移交等,对施工阶段的参与方进行协调管理,保证各阶段工作顺利进行。

(3)逻辑维(参与主体)。

施工阶段的"1"指项目管理,由总咨询师负责,在该阶段涉及单位多、关系错综复杂,所以项目管理工作又可分为进度管理、安全管理、质量管理、验收管理、结算管理;"N"代表负责工程监理、造价管理、跟踪审计等工作的监理单位、工程咨询单位等。

4. 全过程工程咨询运营维护阶段

运维是一个"投入—变换—产出"的过程,在决策阶段投入部分资源,经过设计阶段、施工阶段,完成资源在形式上的转换,最后在运维阶段以某种形式产出,得到价值提升,提供给社会。运维阶段包括总体运营策划、招商策划、销售策划和设施管理以及维护工作。在项目建成投产后,从运营阶段组织、管控工作,最终到业主的目标经济效益。运维阶段模型从三个维度出发,具体内容如下。

(1)知识维(工作目标)。

运营维护阶段是工程全寿命周期最后一个阶段,一般在一个工程项目中侧重于维护,所以主要包括的工作目标是评价建设工程项目能否实现初期目标和运营目标,其核心工作内容是对建设项目进行项目后评价管理,以及对部分项目进行运营管理。

(2)时间维(工作进程)。

时间维对应的工作进程包括总体运营策划、招商策划、销售策划和设施管理等。

(3)逻辑维(参与主体)。

逻辑维对应于参与主体,在运营维护阶段的主体包括建设单位、总咨询师、各参建单位,保证运营目标的实现。

由于总咨询师负责"1"的部分(即项目管理部分),因此更注重能否达到业主的目标,就目前全过程工程咨询来说,大多数企业注重前面几个阶段,认为建设工程项目完成移交即达到了目标任务,而往往忽略运维阶段。而全过程工程咨询在运维阶段也具有一定潜力,因而忽略运维阶段将丧失一定优势。所以总咨询师需全面关注四个阶段的项目管理,在运维阶段根据业主的不同需求为业主提供可选择的运维服务,在提高建设工程效益的同时也发挥咨询企业本身业务特长。

10.4 基于实体工程的案例分析

10.4.1 项目工程概况

1. 项目工程简介

某市万达广场一标段项目占地17.3万平方米,总建筑面积74.63万平方米,其中地上61.53万平方米,地下13.1万平方米,容积率为3.55,总造价在

8.5亿元左右。本次范围为大商业区域,建筑面积31.45万平方米,其中地上建筑面积24.35万平方米,地下建筑面积7.1万平方米,详细面积如表10.2所示。

表10.2 某市万达广场面积详细表

序号	工程(业态)名称	建筑面积/m² 总计	其中 地上	其中 地下	备注
1	购物中心	145000	80000	65000	
2	写字楼	113000	113000	0	100 m 高
3	五星级酒店	32000	26000	6000	
4	外街	24500	24500	0	
	合计	314500	243500	71000	

2.服务阶段和服务内容

在本项目运用全过程工程咨询后,服务阶段涵盖全生命周期的全部阶段,包括决策阶段、设计阶段、施工阶段、竣工运维阶段,服务内容涉及范围也较广,具体包括造价咨询、设计管理、项目管理、工程监理、BIM咨询等,进而达到业主的目标要求。

3.项目团队

根据全过程工程咨询的特点:涵盖项目全寿命周期、强调集成管理、提供智力型服务,这也就要求全过程咨询小组人员应具有跨专业学科知识以及丰富的实践经验与深厚的知识。本项目的小组成员分别来自各个咨询领域,共计10人(其中包含高级工程师5人,中级工程师5人),专业工作年限为15年以上,团队成员具有丰富的经验和综合能力。项目团队的组织结构图如图10.6所示。

万达广场项目选取的服务团队是由设计公司牵头全过程工程咨询队伍,并且为该团队拟定一名总咨询师负责项目管理工作,对全过程工程咨询业务流程进行再造和重组,并根据本次项目特点制定相应的工作方案。该公司联合监理单位、咨询单位、施工单位等,为本项目提供投资决策、勘测设计、招标采购、工程监理、BIM咨询等一系列咨询服务,实现全过程工程咨询业务服务范围的贯穿始终,对实现业主目标、推进项目发展具有重要意义。

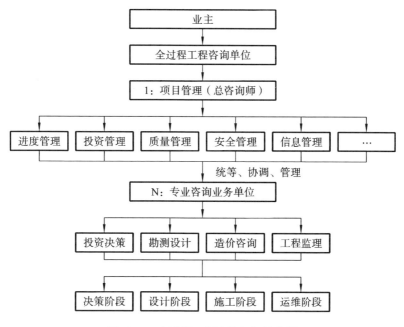

图 10.6　全过程工程咨询组织结构图

10.4.2　万达广场项目各阶段分析

1. 万达广场项目决策阶段分析

将万达广场项目前期决策阶段与全过程工程三维模型结合,图 10.7 即是从三个维度出发构建的万达广场全过程工程咨询前期决策阶段三维工作模型。

从知识维出发,此阶段更是对信息进行集成和组织的重要过程,需要丰富的知识与技能,且需要综合考虑国家方针、政策及该省基本经济情况、发展规划等因素,对"为什么建万达广场"提出解答,并考虑"如何建万达广场""建成后如何运营万达广场"等问题,实现在决策阶段要考虑的效益目标、规模目标、功能目标。

从时间维出发,在万达广场项目前期,进行规划咨询,结合收集的资料以及调查研究,对该项目进行可行性研究。在万达广场项目通过审批后,将对资金需求和融资渠道等进行具体的规划研究,保证万达广场项目朝着正确的方向发展,为日后设计阶段、施工阶段、运维阶段的推进奠定基础。

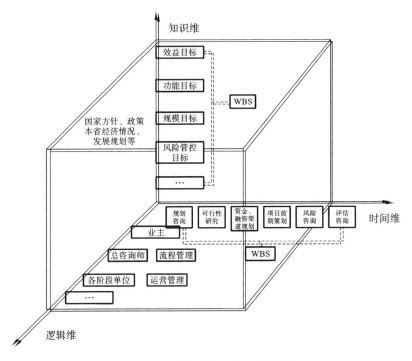

图 10.7 决策阶段三维工作模型

从逻辑维考虑,由全过程工程咨询单位委派的总咨询师负责项目管理,在该阶段主要进行流程管理,首先协调各单位进行该项目投资机会研究,收集数据对市场需求、发展趋势、投入产出进行调查分析,完成投资机会研究,第一时间提交到业主手中。其次协调各部门编制项目建议书和可行性研究报告,该部分是为业主提供决策支持意见,也是为日后向政府和相关审批单位提出申请做准备。最后进行各类评估工作以及风险分析与评价等工作。

2. 万达广场项目设计阶段分析

将万达广场项目设计阶段与全过程工程三维模型结合,构建基于万达广场项目的全过程工程咨询设计阶段三维工作模型,如图 10.8 所示。

从知识维考虑,万达广场项目以设计公司为全过程工程咨询的牵头单位,且工程项目设计指导着整个建设阶段,处于举足轻重的地位。因此在设计过程中要保证业主提出的进度目标、投资目标、质量目标的实现。

从时间维考虑,设计阶段的重点在于设计过程,包括设计准备、方案设计、初步设计、施工图设计以及会审、送审报批等。

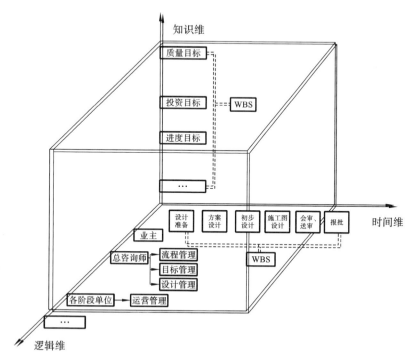

图10.8 设计阶段三维工作模型

从逻辑维考虑，总咨询师进行流程管理、目标管理、设计过程管理等，协调勘察单位、设计单位等进行勘察设计工作。

3. 万达广场项目施工阶段分析

将万达广场项目施工阶段与全过程工程三维模型结合，构建基于万达广场项目的全过程工程咨询施工阶段三维工作模型，如图10.9所示。

从知识维考虑，万达广场投资金额达8.5亿元，需要全过程工程咨询单位利用丰富的实践经验帮助企业实现决策阶段的投资目标。这也就需要在该阶段为工程项目制定进度计划，严格进行进度管理，使得施工单位在规定时间内保证工程的质量目标的前提下完成工作进度目标，进而避免项目工期延误导致成本增加。在施工阶段更要保证安全目标的实现，这是最基本的目标，也是项目进行的终极目标。

从时间维考虑，该项目进行施工建设。万达广场从开工到竣工历时3年，由于考虑该市冬天天气寒冷，建设周期较长，所以对项目工期节点进行把控尤为重要，主要包括基桩完成节点、土方完成节点、垫层及基础完成节点、裙房封顶节

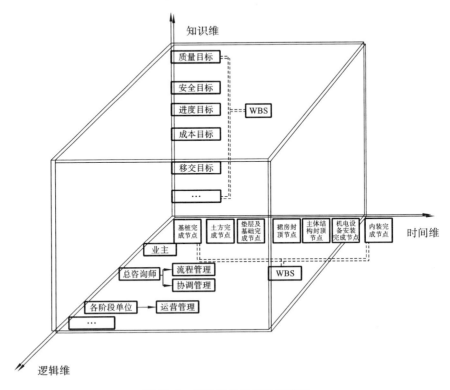

图 10.9 施工阶段三维工作模型

点、主体结构封顶节点、机电设备安装完成节点、内装完成节点。结合知识维度，真正实现进度目标、安全目标、成本目标、质量目标的整体把控。

从逻辑维考虑，施工阶段总咨询师需要结合时间维度各个项目工期节点，利用知识维度的综合项目经验知识，协调工程监理单位、造价咨询单位等部门的进度管理、职业健康安全及环境管理、质量管理等工作，达到知识维度相应的管理目标。

4. 万达广场项目运维阶段分析

将万达广场项目运营维护阶段与全过程工程三维模型结合，构建基于万达广场项目的全过程工程咨询运维阶段三维工作模型，如图 10.10 所示。

从知识维考虑，由于万达广场有自身的运营方式，因此无须委托全过程工程咨询单位进行该部分的管理，但是仍要对该建设项目进行项目后评价工作，因此在该阶段的知识维度主要在于实现万达广场运维阶段的验收目标、运营目标。在该阶段重点工作在于项目后评价，在万达广场项目竣工验收可以投产使用后，

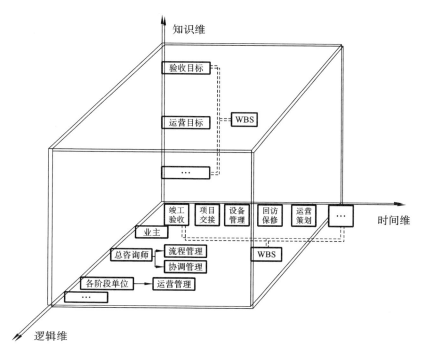

图 10.10 运维阶段三维工作模型

将万达广场建成后所产生的效益与项目的可行性研究报告等文件进行主要内容的对比,完成万达广场项目后评价工作,并进行运行管理,考察该项目是否符合投资目标要求,在该阶段实现竣工验收目标以及运营维护目标。

从时间维考虑,在运维阶段主要包括工程项目的竣工验收和交接以及回访保修、设备管理等方面的工作。综合把握万达广场项目运维阶段每个时间节点,进行进度管理,并对万达广场项目的决策和实施进行评价和总结,做好运营管理工作。

从逻辑维考虑,在万达广场工程项目竣工以后进行移交,由于万达企业有自身的运营模式,如,早期的联合协议、共同参与、平均租金、先租后建四种方式,在后期成立的万达院线、万达百货,且写字楼也能带来大量的资金回流,因此招商策划和销售策划不在运维阶段考虑,本阶段更多的是对于后期的设备管理工作,参与主体主要是为实现运营维护阶段项目目标的实施主体,涵盖万达集团、全过程咨询单位等。

10.4.3 模型搭建取得的实效

1. 完善组织结构

(1) 解决管理层结构混乱问题。

在此次万达广场的建设案例中,全过程工程咨询单位重新组建了以设计单位牵头的项目团队,由总咨询师为团队负责人,进行项目管理,抽调各咨询单位专业技术人员,组成新的项目团队,组织、协调其他项目成员工作任务,保证工程项目目标的实现。运用WBS工具,细化了组织结构,保证了项目组织结构的清晰。由于总咨询师的出现,协调了各成员的工作,解决了全过程工程咨询项目团队由于管理层次过多而出现的信息传递障碍,避免了多个上级管理人员对下级管理人员重复下达指令等问题,进而推动全过程工程咨询的发展。

(2) 解决组织结构僵化问题。

目前,由于一般全过程工程咨询小组都是针对相应的项目后组建的,所谓全过程工程咨询组织结构,基本是采用经验做法,将原有组织结构进行简单搭接,导致组织结构僵化,本次案例中利用"1+N"项目思维模式,采取总咨询师负总责,协调、组织其他阶段及工作。工程项目的组织结构的优化不仅可以增加工程项目的管理幅度,还可以增强成员之间的协调契合度,提高工作效率,使工程项目的复杂问题得到快速解决。

2. 集成化管理

工程项目集成管理是对全生命周期(包含决策、设计、施工和运营四个阶段)的管理,为实现费用目标、进度目标、成本目标、安全目标等,综合集成利益相关者、信息、目标和过程四个关键要素,最终促进总目标的达成的管理过程。

(1) 实现信息集成。

在本次案例中的全过程工程咨询通过建立霍尔三维模型,从知识维、时间维、逻辑维三个维度出发,形成集成化的信息模型,精简信息量,将工程项目各阶段(包括招标、造价、设计、施工、监理阶段)中两个及两个以上阶段咨询服务信息集成起来,便于总咨询师的项目管理。

(2) 实现目标集成。

总咨询师则是以整体目标为出发点,对建设项目全生命周期的各阶段各过程的信息集成和整合,运用WBS工具将各阶段目标进行分解,掌握最全面信息,提高沟通效率进而进行全方位高效管理,保证质量目标、进度目标、投资目标、运营目标等得以实现,使各要素相互协调,解决全过程工程咨询中只是传统业务的叠加,缺乏集成化管理的问题。

(3)实现组织集成。

在万达广场项目中"1+N"全过程咨询模式在具体的实施过程中,为了达到业主要求,总咨询师负责管理,将投资决策、勘察设计等各阶段参与方进行集成管理,使得各参与方即使个体独立又互相联系,达到组织集成的目标。

(4)实现过程集成。

从逻辑维的角度出发,对应的是各参与方,各参与方对应的是时间维度的是各阶段的工作进程,通过运用WBS将时间维进行细化,分析各阶段工作任务的关系,运用集成的整合性,实现项目一体化的集成管理。

3. 统一目标

在"1+N"全过程工程咨询模式下,总咨询师是第一责任人,因此总咨询师组织、协调其他N个单位,分配各阶段任务、确定完成工作的时间、明确各阶段目标及总目标等,因此该项目团队就能有更明确、统一的目标,目标是每一个组织存在的必要条件,是各阶段能相互合作、推进项目顺利进行的根本所在。

参 考 文 献

[1] 中国建筑业协会.全过程工程咨询服务管理标准:T/CCIAT 0024—2020[S].北京:中国建筑工业出版社,2020.

[2] 常莎莎,周景阳,何鹏旺.全过程工程咨询在装配式建筑领域的应用研究与建议[J].建筑经济,2020(S1):23-28.

[3] 葛曹燕.全过程工程咨询模式中绿色建筑技术应用流程及要点分析[J].建设监理,2018(6):35-36+54.

[4] 呙春燕,杨明芬,王孝云,等.全过程工程咨询竣工阶段[M].北京:化学工业出版社,2022.

[5] 黎永艳.全过程工程咨询项目组织管理体系研究[D].长春:长春工程学院,2021.

[6] 李丹彤.全过程工程管理咨询体系的构建研究[D].大连:东北财经大学,2022.

[7] 刘辉义,李忠新,张文勇.全过程工程咨询操作指南[M].北京:机械工业出版社,2020.

[8] 马秀琴.建设工程前期咨询工作重点探析[J].工程建设与设计,2020(5):265-266.

[9] 欧阳方.BIM技术在装配式住宅建筑全过程工程咨询中的探讨[J].居舍,2023(12):177-180.

[10] 孙士雅.工程总承包模式下全过程工程咨询服务探讨[J].工程建设与设计,2021(24):188-190+194.

[11] 肖稔秋,王瑞珏,彭婉婷,等.全过程工程咨询的模式研究[J].中国市场,2020(13):98-100.

[12] 严菊生.全过程工程咨询服务的探索与思考[J].工程建设与设计,2019(23):257-258+261.

[13] 严玲,宁延,鲁静,等.全过程工程咨询理论与实务[M].北京:机械工业出版社,2021.

[14] 杨明宇,张江波,卓葵,等.全过程工程咨询总体策划[M].北京:化学工业

出版社,2021.

[15] 张江波,高腾飞,方钧生,等.全过程工程咨询运维阶段[M].北京:化学工业出版社,2022.

[16] 张江波,郭建秋,刘仁轩,等.全过程工程咨询决策阶段[M].北京:化学工业出版社,2021.

[17] 张江波,李蘅,李金玲,等.全过程工程咨询设计阶段[M].北京:化学工业出版社,2021.

[18] 张江波,王雁然,潘敏,等.全过程工程咨询实施导则[M].北京:化学工业出版社,2021.

[19] 张江波,徐旭东,郭嘉祯,等.全过程工程咨询施工阶段[M].北京:化学工业出版社,2021.

[20] 赵越.基于"1＋N"项目思维下全过程工程咨询管理模式研究[D].长春:吉林建筑大学,2023.

[21] 中华人民共和国住房和城乡建设部.装配式混凝土结构技术规程:JGJ 1—2014[S].北京:中国建筑工业出版社,2014.

[22] 中华人民共和国住房和城乡建设部.建筑模数协调标准:GB/T 50002—2013[S].北京:中国建筑工业出版社,2014.

[23] 中华人民共和国住房和城乡建设部.绿色建筑评价标准:GB/T 50378—2019[S].北京:中国建筑工业出版社,2019.

[24] 中华人民共和国住房和城乡建设部.建筑施工企业信息化评价标准:JGJ/T 272—2012[S].北京:中国建筑工业出版社,2012.

[25] 周亮.建设工程全过程咨询管理的创新与实践[J].四川水泥,2022(9):96-98.

[26] 朱元石,李皓,尹鹏飞,等.工程总承包和全过程工程咨询的结合应用研讨[J].工程建设与设计,2023(4):208-210.

后　　记

当前建筑行业快速发展,已经成为材料学、施工管理、人力资源控制、质量验收、项目运营以及成本控制等多学科内容相融合的综合体,一个工程项目的顺利竣工离不开多方面的协作和保障,而建筑全过程咨询管理就是通过专业咨询与引导的方式来保障工程项目各个环节的顺利开展。通过利用创新的全过程咨询管理,建筑工程企业和工程项目的效益显著提升,工程质量、工程安全、工程成本也得到有效控制。建筑工程全过程咨询管理能够起到引导与完善作用,将建筑的设计和施工过程进行关联,解决当下建筑工程建设中面临的诸多问题。

当前,在建筑行业内全过程咨询的方式已经有了初步应用。全过程工程咨询的推行符合我国建筑业发展的需要,在行业政策推动下,未来建筑行业咨询服务的主流方式必将是全过程工程咨询。对此,相关政府工作部门、企业以及工作人员,应在国家和行业发展战略框架下,积极推动全过程工程咨询服务的发展,构建科学的全过程工程咨询体系,从而完善建筑行业的管理体系,为我国建筑行业的健康发展提供指引。